Giordano Bruno

Die heroische Leidenschaft

Giordano Bruno
Der Nolaner

Die heroische Leidenschaft
(De gli eroici furori)

Dem hochedlen Ritter Sir Philip Sidney

Übersetzt von Erika Rojas

Impressum

© 2021

Herstellung und Verlag: BoD – Books on Demand, Norderstedt

ISBN: 978-3-7534-5411-5

Die 4 Sonette auf den Seiten 95, 96, 124, 134 hat der Autor im italienischen Originaltext den Werken Luigi Tansillos (1510 – 1568), entnommen, der auch in den ersten 5 Dialogen als Sprecher auftritt.

Bilder:

https://als.m.wikipedia.org/wiki/Datei:Schnorr_von_Carolsfeld_Bibel_in_Bildern_1860_027.png

https://commons.wikimedia.org/wiki/File:Presagio_su_Giordano_Bruno.jpg

https://commons.wikimedia.org/wiki/File:Giordano_Bruno2.jpg

Zeichnungen im Text: Ludwig Kuhlenbeck, Eroici furori, 1907

Giordano Bruno in una stampa d'epoca

Inhaltsverzeichnis

Einleitung von Erika Rojas

Giordano Brunos Werke und Denken sind für Menschen unserer Zeit schwer verständlich. Er vermischt Dinge, die für das moderne Verständnis nicht vermischt werden dürfen, wie Intuition und Logik, Emotionen und Intellekt, Spiritualität und Wissenschaft. In der abendländischen Tradition wird der Mensch seit hunderten von Jahren schon in der Kindheit dazu erzogen, diese Fähigkeiten zu trennen. Es heißt: Jetzt wird gelernt, nicht gespielt! Träum nicht, pass auf! Erkenntnisse müssen objektiv sein, Subjektives ist wertlos! Emotional ist gleichbedeutend mit primitiv und ungebildet, intellektuell mit gebildet und kultiviert. Die menschlichen Fähigkeiten werden fein säuberlich in Schubladen eingeteilt, die nichts miteinander zu tun haben dürfen. Giordano Bruno schreibt:

Veggiamo bene che mai la pedantaria è stata più in exaltazione per governare il mondo, che a'tempi nostri.

(Es ist gut zu erkennen, dass die Pedanterie noch nie mit solchem Enthusiasmus die Weltherrschaft anstrebte wie in unseren Tagen.)

So macht Giordano Brunos Denken den Eindruck, er habe alle diese Schubladen auf einen Haufen geworfen und dann gründlich durcheinandergewirbelt, denn für ihn kann nur der Mensch als Ganzes mit allen seinen Fähigkeiten und Eigenschaften die Wahrheit begreifen.

Was bedeutet heroische Leidenschaft?

Es gibt im Menschen eine angeborene Sehnsucht nach Transzendenz, Spiritualität, Gott. C.G. Jung nannte dies den „Archetyp Gottes". Diese Sehnsucht nach dem Göttlichen steht in enger Beziehung zur menschlichen Liebesfähigkeit und Sexualität. Wer sich nicht der Mystik oder Religiosität verdächtig machen will, nennt dies die Suche nach Sinn.

Das bewusste spirituelle Empfinden und kontemplative Begreifen dieser Sehnsucht nach Gott nannte Giordano Bruno *heroische Leidenschaft*. Sie weist den Weg zum lebendigen Gott und zum göttlichen Potenzial, das in jedem Menschen schlummert und das zur Verwandlung des Menschen in ein göttliches Wesen führt, so dass er Wahrheit und Sinn seiner Existenz verstehen und nicht induktiv forschend, sondern in intuitiver Schau alles Sein begreifen kann.

Nel qual stato ritrovandosi, viene a perder l'amore et affezzion d'ogni altra cosa tanto sensibile quanto intelligibile; perché questa congionta a quel lume dovien lume essa ancora, e per consequenza si fa un Dio.

(Wer sich auf dieser Stufe befindet, verliert die Liebe und das Verlangen nach allem anderen, sei es sinnlich oder geistig wahrnehmbar, denn wer sich mit diesem Licht verbindet, wird selbst zu Licht und verwandelt sich somit in einen Gott.)

Im Buch „Die Fackel der dreißig Statuen" stellt Giordano Bruno die Schöpfung der Welt in vier Stufen dar, was jedoch kein zeitlicher Ablauf, sondern ein ewiger Schöpfungsakt ist: Aus dem Geist, dem universalen Licht, Gott, entsteht das universale Bewusstsein, in dem Gott sich selbst betrachtet, und aus dieser Selbstbetrachtung Gottes kommt die Liebe hervor, die als Spiritualität des Universums in die Welt strömt. Sie wird Seele der Welt genannt und bringt durch die Verbindung mit der Materie, die dem Chaos, dem Orkus und der Dunkelheit entstammt, die sichtbare materielle Welt hervor.

Dum mens se ipsam contemplatur, circulum quendam producit et primum generat intellectum.

(Während der Geist sich selbst betrachtet, bringt er einen Kreis hervor und zeugt das erste Bewusstsein.)

Qua conceptione perfecta in imagine essentiae suae sibi complacens fulgorem emittit, quem amorem appellant.

(Durch diese vollkommene Empfängnis sendet er einen Strahl aus, während er sich am Bild seines Wesens erfreut, den sie Liebe nennen.)

Primus intellectus concipit sui ideam et in simplici illa specie ideas universorum, quarum specie delectatus quasi calore quodam percitus spiritum producit, qui ab eo procedit veluti a luce fulgor; hic sane fulgor implet universa, in omnia se totus diffundit, et sicut intellectus intelligit omnia in omnibus, ita este affectat omnia in omnibus, operatur omnia in omnibus; unde anima mundi dicitur et spiritus universorum.

(Das erste Bewusstsein empfängt die Idee seiner selbst und in jenem einfachen Anblick die Ideen der ganzen Welt. Durch deren Anblick erfreut und wie durch eine gewisse Wärme erregt, bringt es die Spiritualität hervor, die aus ihm entsteht wie der Glanz aus dem Licht. Dieser Glanz erfüllt wahrlich alles, in alles strömt er

als Ganzes ein, und wie das Bewusstsein alles in allem versteht, so will er alles in allem ergreifen und bewirkt alles in allem. Deshalb heißt er die Seele der Welt oder die Spiritualität des Universums.)

Von der Spiritualität des Universums heißt es:

(Actio illius non pendet a tempore, a casu et a fortuna, sed ab ipsa pendet tempus et certa ratione quicquid nobis casuale videtur et fortuitum.)

(Ihr Wirken hängt nicht von der Zeit ab, vom Zufall oder vom Glück, sondern die Zeit hängt von ihr ab, und auf gewisse Weise alles, was uns als vom Zufall oder vom Glück abhängig zu sein scheint.)

Die Kräfte des Erkennens und Begehrens

Wie aus dem göttlichen Geist das Bewusstsein und die Spiritualität des Universums hervorkommen, so kann der Mensch durch die Verbindung von Bewusstsein (intellectus), und Spiritualität (spiritus) das göttliche Potenzial, die Quelle der Liebe, den Geist (mens), in sich erwecken. Die Voraussetzung dafür ist der harmonische Zusammenklang von Denken und Fühlen, der von Giordano Bruno durch die Augen und das Herz symbolisiert wird.

O chi disunirà quel che m'annoia e danna, da quel che sì mi piace et apremi le porte del cielo, perché gradite sieno le fervide fiamme del mio core, e fortunati i fonti de gli occhi miei?

(Wer wird trennen, was mich ermüdet und quält, von dem, was mich so erfreut und mir die Pforte des Himmels öffnet, auf dass mir

die heißen Flammen meines Herzens willkommen sind und der
Born meiner Augen mich beglückt?)

Mit diesen beiden Fähigkeiten, fühlend und denkend, nimmt der Mensch die Welt und sich selbst in der Welt wahr: Sie werden auch als Wollen und Begreifen, Wille und Vorstellung oder Eros und Logos bezeichnet. Wie durch das gleichzeitige Sehen mit dem rechten und dem linken Auge das Bild der Welt Tiefe gewinnt, so gewinnt durch die Verbindung von Gefühltem und Erkanntem die Welt Realität.

Là si manifesta qualmente la volontà è risvegliata, addirizzata, mossa e condotta dalla cognizione; e reciprocamente la cognizione è suscitata, formata e ravvivata dalla volontade, procedendo or l'una da l'altra, or l'altra da l'una. Là si fa dubio se l'intelletto o generalmente la potenza conoscitiva, o pur l'atto della cognizione, sia maggior de la volontà o generalmente della potenza appetitiva, o pur de l'affetto: se non si può amare più che intendere, e tutto quello ch'in certo modo si desidera, in certo modo ancora si conosce, e per il roverso.

(Hier lässt sich erkennen, wie das Wollen vom Begreifen erweckt, aufgerichtet, bewegt und geführt wird, und umgekehrt das Begreifen vom Wollen erregt, gestaltet und neu belebt wird, wobei bald das eine dem anderen, bald das andere dem einen vorangeht. Hier wird erörtert, ob das Bewusstsein oder generell die Erkenntnisfähigkeit oder das reine Erkennen Vorrang habe vor dem Wollen oder generell der Fähigkeit des Begehrens oder den reinen Emotionen, ob man nicht mehr lieben als verstehen kann, und ob man al-

les, was man in bestimmtem Maße begehrt, auch in bestimmtem Maße begreift und umgekehrt.)

In jeder Kultur wird der Zusammenklang von Denken und Fühlen auf die eine oder andere Weise unterbunden. Sie werden einander entfremdet und wenden sich gegeneinander. Entweder unterdrückt das Erkennen das Begehren mit Hilfe der Moral oder das Fühlen das Denken mit Hilfe von Tabus. Der Zugang zur Realität geht verloren und wird durch kulturelle Wertvorstellungen ersetzt, obwohl selbst innerhalb der Kultur die Realität geheilt und die Verbindung von Denken und Fühlen vorübergehend wiederhergestellt werden kann, zum Beispiel durch Drogen und Sex.

Auch Neues entsteht, wenn sich in der Alchemie der Seele Denken und Fühlen in ihren jeweiligen Formen verbinden, um ein Drittes zu zeugen. Durch die Verbindung von Emotionen und Verstand wird die Kreativität im Menschen erweckt. In ihrer höchsten Form, der Kunst, öffnet sich dem Menschen in der künstlerischen Inspiration ein neuer Blick auf die Realität. Auch das passive Erleben von Kunst als vorübergehender Kurzschluss zwischen Denken und Fühlen kann in der Ekstase einen Blick auf die Realität gewähren, vor allem durch Musik.

Im Gespräch zwischen dem Herz und den Augen stellt Giordano Bruno die Verbindung von Bewusstsein und Spiritualität, von Erkennen und Begehren des göttlichen Lichts, dar. Die Gleichwertigkeit in dieser Verbindung ist die Voraussetzung für das Erwecken des göttlichen, geistigen Potenzials, denn wenn eines stärker wäre, könnte es das andere überwältigen und die Wahrnehmungsfähigkeit würde zerstört. Da es im Endlichen keine absolute Gleichheit gibt, müssen das Streben des Bewusstseins nach dem Wahren und das Sehnen der Spiritualität nach der göttlichen Schönheit und Güte zumindest potenziell ebenso unendlich sein wie die Gottheit. So entsteht zwar kein statisches, aber ein dynamisches Gleichgewicht.

In questo dumque che l'intelletto concepe la luce, il bene, il bello, per quanto s'estende l'orizonte della sua capacità, e l'anima che beve del nettare divino e de la fonte de vita eterna per quanto comporta il vase proprio; si vede che la luce è oltre la circunferenza del suo orizonte dove può andar sempre più e più penetrando; et il nettare e fonte d'acqua viva è infinitamente fecondo, onde possa sempre oltre et oltre inebriarsi. Da qua non séguita imperfezzione nell'oggetto né poca satisfazzione nella potenza; ma che la potenza sia compresa da l'oggetto e beatificamente assorbita da quello. Qua gli occhi imprimeno nel core, cioè nell'intelligenza, suscitano nella volontà un infinito tormento di suave amore, dove non è pena, perché non s'abbia quel che si desidera: ma è felicità, perché sempre vi si trova quel che si cerca; et in tanto non vi è sazietà, per quanto sempre s'abbia appetito, e per consequenza gusto...Atteso che la felicità de dèi è descritta per il bevere non per l'aver bevuto il nettare, per il gustare non per aver gustato l'ambrosia.

(In diesem Fall begreift das Bewusstsein das Licht, das Gute und das Schöne ebenso weit, wie sich der Gesichtskreis seiner Aufnahmefähigkeit ausdehnt, und die Seele trinkt so viel vom göttlichen Nektar und aus der Quelle des ewigen Lebens, wie sie in sich als seinem Gefäß aufnehmen kann. Dadurch zeigt sich, dass das

Licht weit über den Umkreis des Horizonts hinausreicht, in den das Bewusstsein immer weiter eindringen kann, und dass der Nektar und die Quelle des lebendigen Wassers unendlich ergiebig sind, weshalb sich die Seele immer von neuem daran berauschen kann. Daraus folgt nicht die Unvollkommenheit des Ziels noch eine geringere Befriedigung für sein Streben, sondern dass sein Streben vom Ziel umfasst und auf beglückende Weise in ihm aufgenommen wird. Dies prägen die Augen dem Herzen, dem Bewusstsein, ein und erregen im Verlangen eine unendliche Qual süßer Liebe. Dort gibt es kein Leid, weil man nicht hätte, wonach man sich sehnt, sondern Glück, weil man immer findet, was man sucht. Dabei gibt es dort keine Sättigung, denn man kann immer Verlangen fühlen und deshalb auch immer Lust...Denn die Seligkeit der Götter wird durch das Trinken des Nektars beschrieben und nicht dadurch, dass sie ihn getrunkenen haben, durch das Kosten von Ambrosia und nicht dadurch, dass sie davon gekostet haben.)

Aktaion als Symbol der Individuation

Or l'esca de la mente bisogna dire che sia quella sola che sempre da lei è bramata, cercata, abbracciata, e volentieri più ch'altra cosa gustata, per cui s'empie, s'appaga, ha prò e dovien megliore: cioè la verità.

(Als einzige Speise des Geistes muss nun jene bezeichnet werden, die er stets begehrt, sucht und ergreift, die ihm besser als alles andere schmeckt, die ihn sättigt und zufriedenstellt, die ihm bekommt und ihn verbessert: Diese Speise ist die Wahrheit.)

Realistisch betrachtet kann niemand, der dies ernst nimmt, ein normales Leben führen, denn die gesellschaftliche Normalität beruht auf Anpassung, das heißt auf Unterwerfung unter Illusionen und Unwahrheiten. Wer es trotzdem versucht, wird entweder seelisch gebrochen oder ausgeschlossen und verfolgt.

Anzi insani son chiamati quelli che non sanno secondo l'ordinario, o che tendano più basso per aver men senso, o che tendano più alto per aver più intelletto.

(In der Tat werden jene verrückt genannt, deren Wissen nicht der Norm entspricht, weil sie entweder herabsinken und weniger verstehen, oder weil sie höher streben und mehr Bewusstsein haben.)

Wer konsequent stets der Wahrheit den Vorrang gibt, kommt früher oder später an einen Punkt, an dem er sich außerhalb der Mauern des angepassten menschlichen Miteinanders befindet, außerhalb des Bereichs, in dem sich das Rad der Normalität dreht, das angetrieben wird vom Streben nach Glück (Akzeptanz, Reichtum, Status) und Angst vor Leid (Ausgrenzung, Armut, Verachtung).

Non tante e tante altre condizioni de cose che noi ordinariamente admiriamo: perché non queste cose delle quali si desidera la copia ne rendeno talmente ricchi, ma il dispreggio di quelle.

(Es sind nicht all die vielen Eigenschaften und Güter, die normalerweise bewundert werden, nicht all das macht so reich, was die Menge begehrt, sondern dessen Verachtung.)

Aus „De Immenso": *Dives est qui multa habet, ditior cui pauca sufficiunt, ditissimus qui haec omnia contemnit.*

(Reich ist, wer vieles besitzt, reicher, wer wenig benötigt, am reichsten, wer dies alles verachtet.)

Auch seine eigene soziale Identität muss der Suchende irgendwann in Frage stellen. Denn er muss sich nicht nur mit der gesellschaftlichen Ausgrenzung, sondern auch mit dem eigenen kritischen Denken auseinandersetzen. Er wird entscheiden müssen, ob er Beschimpfung und Verachtung ertragen kann und will, oder ob er sich nicht doch lieber den Illusionen und den als notwendig bezeichneten Unwahrheiten der Normalität unterwirft. Er wird entscheiden müssen, ob er sich der Kritik seiner eigenen Gedanken stellt, die ihm klar machen, dass seine soziale Rolle im Widerspruch steht zu dem, was er als wahr erkannt hat, oder ob er sie lieber zum Schweigen bringt. Dieser innere Konflikt wird in dem aus dem Altertum stammenden Satz ausgedrückt:

Impius animam dissidentem habet: unde nec secum ipse convenire potest neque cum aliis. (Der Ruchlose hat eine zerrissene Seele, weshalb er weder mit sich selbst noch mit anderen übereinstimmen kann.)

In der Gestalt des Jägers Aktaion wird der Verlust des angepassten Ichs auf der Suche nach dem Wahren sinnbildlich dargestellt. Er jagt mit der Meute seiner großen Hunde, seiner Gedanken, nach der Wahrheit. Als er sie in Gestalt der Göttin Diana erblickt, werden seine Gefühle von ihrer Schönheit überwältigt, so dass er ihr Bild in sich aufnimmt. Dadurch verwan-

delt er sich in einen Hirsch und wird zur Beute seiner eigenen
Gedanken, seiner Hunde, die ihn verschlingen.

Alle selve i mastini e i veltri sclaccia
Il giovan Atteon, quand'il destino
Gli drizz'il dubio et incauto camino,
di boscareccie fiere appo la traccia.
Ecco tra l'acqui il più bel busto e faccia
Che veder poss'il mortal e divino,
in ostro et alabastro et oro fino.
Vedde: e'l gran cacciator dovenne caccia.
Il cervio ch'a' più folti
Luoghi drizzav'i passi più leggieri,
ratto voraro i suoi gran cani e molti.
I' allargo i miei pensieri
ad alta preda, et essi a me rivolti
morte mi dan con morsi crudi e fieri

(Windhunde und Doggen hetzt Aktaion heute,
Der Jüngling, den des Schicksals Schluss
Voll Leichtsinn auf gefahrvoll' Wege führen muss.
Ins tiefe Dickicht folgt der Fährte seine Meute.

Dort im Wasser: Voll Anmut die Gestalt, das Antlitz hold,
Herrlicher als je es Menschen oder Gott erfreute.
Aus Purpur, Alabaster, laut'rem Gold.
Der große Jäger sah's und wurde selbst zur Beute.

In einen Hirsch verwandelte er sich,
Der flüchtig flink ins Dickicht wich,
Doch schnell zerfetzte ihn die Meute seiner großen Hunde.

Edle Beute jagten die Gedanken zu dieser Stunde,
Doch sie jagten mich und haben mich zerrissen,
Gaben mir den Tod mit erbarmungslosen Bissen.)

Er wird ein Einzelner, Anderer, denkt unerlaubte Gedanken, stellt Tabuisiertes in Frage, verlässt die fraglose Gemeinsamkeit mit der sozialisierten Menge. Für seine Mitmenschen ist er gestorben, denn seine Gefühle und Gedanken sind nicht mehr die gemeinsamen Gefühle und Gedanken aller anderen normalen Menschen.

Ecco dumque come l'Atteone, messo in preda de suoi cani, perseguitato da proprii pensieri, corre e drizza i novi passi: è rinovato a procedere divinamente e più leggiermente, cioè con maggior facilità e con una più efficace lena a'luoghi più folti, alli deserti, alla reggion de cose incomprensibili; da quel ch'era un uom volgare e commune, dovien raro et eroico, ha costumi e concetti rari, e fa estraordinaria vita... Qua finisce la sua vita secondo il mondo pazzo, sensuale, cieco e fantastico; e comincia a vivere intellettualmente: vive vita de dèi, pascesi d'ambrosia et inebriasi di nettare.

(Sieh also, wie Aktaion als Beute inmitten seiner Hunde von den eigenen Gedanken verfolgt wird, fortläuft und neue Wege einschlägt. Er ist wiederhergestellt und läuft göttlich, lockerer, mit größerer Schnelligkeit und Ausdauer ins Dickicht, in die Einöde,

zu Bereichen des Unbegreiflichen. Er war ein normaler und gewöhnlicher Mensch, jetzt ist er andersartig und heroisch, hat seltene Gewohnheiten und Überzeugungen und führt ein außergewöhnliches Leben...Hier endet sein Leben für diese verrückte, sinnliche, blinde und irreale Welt und er beginnt bewusst zu leben, lebt das Leben der Götter, nährt sich von Ambrosia und berauscht sich an Nektar.)

C.G. Jung nannte die Individuation den unvollendbaren Weg zum Selbst, ein fernes Ziel, dass immer angestrebt, aber niemals erreicht werden kann. Doch es ist wohl eher so, dass dieses Ziel nie erreicht werden soll oder darf, denn dort wartet der endgültige und riskante Bruch mit Normen und Konventionen. Dualität wird wieder zu Polarität, einander ausschließende Gegensätze werden zu einander ergänzenden Polen, die letztlich ein- und dasselbe sind: Glück und Leid, Leben und Tod, Arm und Reich, Macht und Ohnmacht, Gut und Böse. Während die seelische Stabilität normaler Menschen auf dem Glauben an die Wirklichkeit ihrer wertenden Dualität beruht – unabhängig davon, welche konkreten Werte je nach Ort und Zeit darin eingesetzt werden - beruht die geistige und emotionale Freiheit durch die Individuation auf der Überwindung dieses Glaubens. Doch wer die allgemeingültige Realität in Frage stellt, gilt als gefährlich.

Ho notato un luogo che dice esser stolti e pazzi tutti quelli che hanno senso fuor et estravagante dal senso universale de gli altri uomini; ma cotal estravaganza è di due maniere, secondo che si va estra o con ascender più alto che tutti e la maggior parte sagliano o salir possano: e questi son gli inspirati de divino furore; o con descendere più basso dove si trovano coloro che hanno difetto di senso e di raggione più che aver possano gli molti, gli più, e gli ordinarii.

(Ich las eine Stelle, wo stand, dass alle närrisch und verrückt seien, die auf eine abweichende Weise wahrnehmen und sich außerhalb der allgemeinen Wahrnehmung der anderen Menschen stellen. Doch von einer solchen Abweichung gibt es zwei Arten. Denn entweder stehen sie außerhalb, weil sie sich zu einer größeren Höhe erheben als alle, und als der größte Teil erreicht oder erreichen könnte, denn sie werden von göttlicher Leidenschaft beseelt, oder weil sie tiefer sinken, wo sie sich bei Menschen wiederfinden, die mehr als die Vielen, die Meisten und die Normalen an Wahrnehmungs- und Denkstörungen leiden.)

Die Überwindung der wertenden Dualität wird auf verschiedene Weise beschrieben:

Giordano Bruno:

Coincidentia oppositorum

(Zusammentreffen der Gegensätze)

Perché questo male non è absolutamente male: ma per certo rispetto al bene secondo l'opinione, e falso; quale il vecchio Saturno ha per condimento nel devorar che fa de proprii figli.

(Denn dieses Böse ist nicht absolut böse. Doch sicher ist es falsch, wenn man es in Beziehung setzt zu der Meinung darüber, was gut sei. So verschlang auch der alte Saturn seine Speisen mit den Gewürzen, die er aus seinen eigenen Kindern gewann.)

XIV

Sokrates: *Ich weiß, dass ich nichts weiß.*

Friedrich Nietzsche: *Jenseits von Gut und Böse*
Der Irrsinn ist bei einzelnen etwas Seltenes – aber bei Gruppen,
Parteien, Völkern, Zeiten die Regel.

Laotse: *Wenn auf Erden alle das Gute als gut erkennen,*
　　　so ist dadurch schon das Nicht-Gute gesetzt.
　　　Denn Sein und Nichtsein erzeugen einander.

Wer diese Grenze überschreitet, stürzt entweder in eine tiefe psychische Krise oder er erlebt - wenn die seelische Stabilität groß genug ist - eine tiefgreifende Verwandlung: Ihn berührt die Gegenwart des Göttlichen. Er spürt sie in seiner eigenen Seele, in seinem Bewusstsein, in der Natur. Alle Einschränkungen, die für normale Menschen gelten, verlieren ihre Wirksamkeit. Götter kennen weder Moral noch Tabus und deshalb auch keine Scham oder Furcht. Erkennen und Begehren stehen sich plötzlich nackt gegenüber. Dies löst eine rauschhafte Euphorie aus, ein Gefühl des Alleins-Seins, das ein unvorbereitetes Gemüt die Bodenhaftung verlieren lässt. Das Wort „furore" bedeutet im Italienischen nicht nur „Leidenschaft", sondern auch „Wut", „Raserei", „Rausch", „Euphorie", „Ekstase" und „Wahnsinn". Alle diese Bedeutungen hat das Wort „furore" auch in diesen Texten: Es ist die leidenschaftliche Suche nach Gott, die Ekstase in der Vereinigung mit der Gottheit, die rasende Wut in der Verteidigung der Wahrheit, das Erkennen des menschlichen Wahnsinns in der Gegensätzlichkeit von Normalität und Individuation, und die rauschhafte Euphorie der Individuation. Die dafür nötige seelische Stabilität beruht auf dem, was Giordano Bruno als *invitto* (*unbesiegt, unbeugsam*) bezeichnete.

Come, dico, volete ch'io possa esprimere quella allegrezza e tripudio de voci, di spirto e di corpo, che lor medesimi tutti insieme non posseano esplicare? Fu per un pezzo il veder tanti furiosi debaccanti, in senso di color che credono sognare, et in vista di quelli che non credeno quello che apertamente veggono.

(Wie, sage ich, könnte ich euch die Freude und den Jubel der Stimmen, der Spiritualität und der Körper wiedergeben, die sie sich selbst alle zusammen nicht erklären konnten? Für eine Weile zeigten sie sich als ekstatische Bacchanten, wie jene, die sich im Traum wähnen, und sie schauten drein wie jene, die nicht glauben können, was ihnen offen vor Augen steht.)

Onde da volgare, ordinario, civile e populare, doviene salvatico come cervio, et incola del deserto; vive divamente sotto quella procerità di selva, vive nelle stanze non artificiose di cavernosi monti, dove admira gli capi de gli gran fiumi, dove vegeta intatto e puro da ordinarie cupiditadi, dove più liberamente conversa la divinità.

(Dadurch verwandelt er sich von einem normalen, gewöhnlichen, bürgerlichen und geachteten Menschen in einen wilden, der wie ein Hirsch in der Wildnis lebt, wie ein Gott unter dem hohen Laubdach des Waldes, in den natürlichen Räumen der zerklüfteten Berge, wo er die Quellen der mächtigen Ströme bewundert, wo er sich rein und unberührt von gewöhnlichen Begierden heilt, wo er freier mit der Gottheit sprechen kann.)

Qua non bisognano altre armi e scudi che la grandezza d'un animo invitto, e toleranza de spirito che mantiene l'equalità e tenor della vita.

(Dafür sind keine anderen Waffen und Schilde nötig, als die Größe eines unbeugsamen Gemüts und die Ausgeglichenheit der Spiritualität, die das Gleichmaß und die Spannkraft des Lebens bewahrt).

Friedrich Nietzsche riss ebenso wie Giordano Bruno die Mauern der Normalität durch kompromissloses Denken ein. Er nannte den Zustand der euphorischen Grenzerfahrung "Rausch der Nüchternheit". Er wollte alle Tafeln, alle Werte, jedes Gut und Böse zerbrechen. Inmitten all seiner zerbrochenen Tafeln bemerkte er, dass er ohne Tafeln selbst zu Gott werden musste, zu jenem Gott, den er gerade für tot erklärt hatte. Friedrich Nietzsche aus einem Brief an Jacob Burckhardt v. 5.1.1889:

Lieber Herr Professor, zuletzt wäre ich sehr viel lieber Basler Professor als Gott; aber ich habe es nicht gewagt, meinen Privat-Egoismus so weit zu treiben, um seinetwegen die Schaffung der Welt zu unterlassen.

Ein Gott aber, der nicht Herr seiner Gefühle ist, kann keine Welt erschaffen. Er wird zur Erde und in den Wahnsinn stürzen. Sein Schicksal wird in der Allegorie des siebten Blinden gezeigt:

Parla il settimo cieco
La beltà che per gli occhi scorse al core
Formò nel petto mio l'alta fornace

Ch'assorbì prima il visuale umore,

sgorgand'in alt'il suo vampo tenace;

e poi vorando ogn'altro mio liquore,

per metter l'elemento secco in pace,

m'ha reso non compaginabil polve,

che ne gli atomi suoi tutto dissolve.

Se d'infinito male

Avete orror, datemi piazza, o gente;

Guardatevi dal mio fuoco cuocente;

Che se contagion di quel v'assale,

crederete che inverno

sia, ritrovars'al fuoco de l'inferno.

(Es spricht der siebte Blinde:

Die Schönheit, von den Augen dem Herzen verkündet,

Hat in der Brust einen feurigen Ofen gezündet,

Der zuerst die Feuchtigkeit der Augen verglühte,

Und sodann heftige Flammen aufsprühte.

Hierauf hat er all mein Nass verschlungen,

Und mich mit Dürre und Trockenheit bezwungen,

So dass alles als loser Staub verweht,

Sich in einzelne Atome auflöst und vergeht.

Fürchtet euch vor der unermesslichen Qual!

Öffnet den Weg, ihr Leute, ihr habt keine Wahl!

Weichet zurück vor meiner Flammen Schrecken!

Solltet ihr euch an diesem Fieber anstecken,
Ihr würdet glauben, es sei des eisigen Winters Wut,
Wenn ihr erleidet des Höllenfeuers Glut.)

Durch die Individuation und die Berührung des Göttlichen lockert sich die Bindung der Seele an die Materie. Ein Teil löst sich aus dem Körper und strebt zum immateriellen Bewusstsein, zur lebendigen göttlichen Gegenwart, die Giordano Bruno bald als holdes Antlitz bezeichnet, dann wieder als erbarmungslose Bestie oder als wilde Göttin, die das Herz in ihren Krallen hält und die Seele in Stücke reißt. Diese konfliktbeladene und ängstigende allmähliche Loslösung der Seele vom Körper wird im vierten Dialog dargestellt, wenn die Seele klagt:

Come potrò io sol pascermi di specie intelligibili, come di pane intellettuale, se la sustanza di questo supposito è composta? Come potrò io trattenirmi nella domestichezza di queste amiche e care membra, che m'ho intessute in circa, contemprandole con la simmetria de le qualitadi elementari, se mi abandonano gli miei pensieri tutti et affetti, intenti verso la cura del pane immateriale e divino?

(Wie soll ich mich alleine von geistigen Bildern wie von einem geistigen Brot ernähren, wenn dieses Wesen auf Zusammensetzung beruht? Wie soll ich mich in der vertrauten Gemeinschaft dieser lieben und teuren Gliedmaßen bewahren, die ich um mich verwoben habe, in denen ich die elementaren Eigenschaften harmo-

nisch anpasste, wenn mich all mein Denken und Fühlen verlassen
hat und zum immateriellen und göttlichen Brot strebt.)

A che il senso riman, o avari cieli?
A che queste potenze tronche e guaste,
se non per farmi materia et essempio
de sì grave martir, sì lungo scempio?

(Wofür, geiziger Himmel, soll ich noch empfinden?
Wofür soll ich diese zerstörten Kräfte binden?
Wenn nicht, um mich als Beispiel vorzuführen,
Wie es ist, so große Qualen zu verspüren.)

Cossì l'anima ch'è nell'orizonte della natura corporea et incor-
porea, ha con che s'inalza alle cose superiori, et inchine a cose infe-
riori... Le potenze che non son comprese e cattivate nel grembo de
la materia, e qualche volta come sopite et inebriate si trovano quasi
ancora esse occupate nella formazion della materia e vivificazion
del corpo; tal'or come risvegliate e ricordate di se stesse ricono-
scendo il suo principio e geno, si voltano alle cose superiori, si
forzano al mondo intelligibile come al natio soggiorno... Qua se per
virtù di contemplazione ascende o è rapita sopra l'orizonte de gli
affetti naturali, onde con più puro occhio apprenda la differenza de
l'una e l'altra vita, all'ora vinta da gli alti pensieri, come morta al
corpo, aspira ad alto.

(Denn die Seele befindet sich an der Grenze zwischen der kör-
perlichen und unkörperlichen Natur. Sie erhebt sich einerseits zu

Höherem und neigt sich andererseits zu Niederem herab... Die Kräfte, die nicht im Schoß der Materie umschlossen und eingekerkert sind, sind zuweilen wie schlafend oder berauscht, als ob sie immer noch mit der Gestaltung der Materie und der Belebung des Körpers beschäftigt wären. Wenn diese nun gleichsam erwachen, sich an sich selbst erinnern, ihren eigenen Ursprung und ihre eigene Art erkennen, wenden sie sich Höherem zu und drängen wie zum Ort ihrer Geburt zur geistigen Welt zurück... Sobald die Seele sich kraft der Kontemplation über den Horizont des natürlichen Empfindens erhebt oder auch entführt wird, kann sie mit reineren Augen den Unterschied zwischen dem einen und dem anderen Leben erkennen. Sie wird übermannt von den hohen Gedanken, es zieht sie nach oben und sie ist im Körper wie erstorben.)

In vorchristlicher Zeit und im Neuplatonismus wurde der bewusste spirituelle Weg zu Gott als *Einweihung* und *Erleuchtung (illuminatio)* bezeichnet. Mysterienschulen leiteten Menschen auf diesem Weg an. Doch das Christentum, dessen Macht und Reichtum auf der Monopolisierung des Zugangs zu Transzendenz und Spiritualität aufgebaut ist, versperrte diesen Weg. Individuation und lebendige Spiritualität wurden als Ketzerei und Hexerei verfemt, und jeder Verdächtige landete auf dem Scheiterhaufen. In der Aufklärung wird dieser Kampf fortgesetzt, denn wer heute nicht fähig oder willens ist, sich anerkannten Wertvorstellungen zu unterwerfen oder gar sagt, Gott habe zu ihm gesprochen, gilt als krank und muss von seinem Wahn geheilt werden. Die teilweise Loslösung der Seele vom Körper, wodurch körperliche und seelische, materielle und immaterielle Realität als zwei gleich intensiv erfahrbare Wirklichkeiten gleichzeitig und parallel nebeneinander erlebt werden, wird als Schizophrenie bezeichnet und mit harten Medikamenten und Schocktherapien bekämpft.

Die Wege zur Rechten

Es gibt zwei Richtungen, die zur Individuation führen: Die rechten und die linken Wege. Diese unterschiedlichen Wege stellte Pythagoras im Buchstaben Y dar, wo der linke Balken der leichtere, aber am Ende verderbliche Weg ist und der rechte Balken den schwierigen, harten, dornenreichen Weg symbolisiert, der am Ende zu Gott und zur Wahrheit führt. Auf den Wegen zur Rechten geht das Ego zugrunde, um frei zu sein für die Begegnung mit Gott.

Alle selve, luoghi inculti e solitarii, visitati e perlustrati da pochissimi, e però dove non son impresse l'orme de molti uomini, il giovane, poco esperto e prattico, come quello di cui la vita è breve et instabile il furore, nel dubio camino de l'incerta et ancipite raggione et affetto designato nel carattere di Pitagora, dove si vede più spinoso, inculto e deserto il destro et arduo camino.
(Ins tiefe Dickicht, zu unwegsamen und einsamen Orten, nur von sehr wenigen besucht und erkundet, wo deshalb nicht viele Menschen Spuren hinterließen. Er ist ein Jüngling, unerfahren und ungeübt, wie jene, deren Leben kurz und deren Leidenschaft unstet ist. Auf gefahrvolle Wege, mit unsicherem und zwiespältigem Denken und Fühlen, wie in jenem Bild des

Pythagoras beschrieben, wo der schwierige Weg zur Rechten dorniger, unwegsamer und verlassener ist.)

Wer den Weg zur Rechten gehen will, muss drei Bedingungen erfüllen:

Erstens darf er nie unethisch handeln. Damit ist nicht das sittlich-moralische Handeln gemeint, sondern das im Menschen angelegte natürliche ethische Prinzip, die Synderesis: „Denn furchtbar ist es, dem lebendigen Gott zu begegnen." Dies bedeutet, sich dem eigenen wahren Selbst stellen zu müssen.

Cossì in tutto e per tutto approva quel ch'è bene e quel tanto che la natural legge e giustizia gli definisce: e mai affatto approva quel che è altrimente.

(In allem und durch alles stimmt er dem Guten zu, und dies ebenso weit, wie das Gesetz der Natur und die Gerechtigkeit es für ihn festlegen, und nicht im Geringsten billigt er je etwas anderes.)

Zweitens dürfen die Emotionen niemals das Denken überwältigen. Wer sich auf diesem Weg von Liebe, Hass, Wut, Angst, Gier oder Panik beherrschen lässt, wird zur leichten Beute des Wahnsinns.

Stante che chi vuole apprendere il vero per via di contemplazione deve essere ripurgatissimo nel pensiero.

(Wer deshalb das Wahre auf dem Weg der Kontemplation begreifen will, muss auf die äußerste Reinhaltung seines Denkens achten.)

Drittens muss er sich dem lebendigen Gott bedingungslos verpflichten:

Farsi come con indissolubil sacramento congionto et alligato alle cose divine.

(*Er bindet sich wie mit einem unauflöslichen Sakrament an das Göttliche und gibt sich ihm zu eigen.*)

Die Wege zur Linken

Auf den Wegen zur Linken wird das Ego selbst zu Gott. Ein gemeinsames Merkmal aller Wege zur Linken ist die alles beherrschende Gier nach Reichtum. Die göttliche Liebe wird als Instrument der Macht benutzt, denn in der Liebe, die nicht mit der Sexualität verwechselt werden darf, drückt sich die unbewusste menschliche Sehnsucht nach Gott und Sinn aus.

Tutti gli amori (se sono eroici e non son puri animali, che chiamano naturali e cattivi alla generazione, come instrumenti de la natura in certo modo) hanno per oggetto la divinità, tendeno alla divina bellezza.

(*Das Ziel jeder Liebe - die heroisch ist und nicht rein animalisch oder natürlich, wie es auch heißt, und unter dem Joch der Fortpflanzung als ein Instrument der Natur dient - ist das Göttliche, denn sie strebt zur göttlichen Schönheit.*)

Für Menschen ohne intakte Spiritualität, die nicht in der Lage sind, zwischen der unbewussten Sehnsucht nach Gott und der Liebe zu einem Menschen zu unterscheiden, kann dies sehr gefährlich sein. Wenn der geliebte Mensch ihn verschmäht, verlässt oder verrät, kann dies für den Liebenden zu Verzweiflung und einer tiefen Sinnkrise führen, denn für sein Unbewusstes hat Gott selbst sein Dasein für sinn- und wertlos erklärt, ein Urteil, dem er sich nur sehr schwer wieder entziehen kann.

Vor dieser Art von Liebe, die den Menschen und seine geistigen und spirituellen Kräfte als Geisel nimmt und zur Sklaverei erniedrigt, warnt Giordano Bruno. Was er über Frauen sagt, gilt auch für Männer:

Quel che voglio conchiudere e dire, o Cavalliero illustre, è che quel ch'è di Cesare sia donato a Cesare, e quel ch'è de Dio sia renduto a Dio. Voglio dire che a le donne, benché talvolta non bastino gli onori et ossequii divini, non perciò se gli denno onori et ossequii divini.

(Was ich schließen und sagen will, oh hochedler Ritter, ist, dass man dem Kaiser geben soll, was des Kaisers ist und Gott, was Gottes ist. Ich will damit ausdrücken, dass man den Frauen, obwohl ihnen manchmal selbst göttliche Verehrung und Anbetung nicht genügt, nicht deshalb auch göttliche Ehren und Anbetung zollen soll.)

Wie der Mensch, wenn er liebt, den geliebten Menschen unbewusst als Avatar Gottes wahrnimmt, so kann umgekehrt jeder, dem es gelingt sich durch die Individuation in einen Avatar Gottes zu verwandeln, in normalen Menschen Liebe und Bewunderung bis zur Hörigkeit auslösen. So fesseln die Wege zur Linken die Menschen mit der stärksten Kette, die es gibt, denn nicht Geld regiert die Welt, sondern die unbewusste menschliche Sehnsucht nach Liebe und Sinn.

Atteso che avendo contratta in sé la divinitade, è fatto divo, e conseguentemente con la sua specie può innamorar altri.

(Denn da er das Göttliche in sich konzentriert hat, wird er göttlich, und kann somit durch sein Erscheinen in anderen Liebe auslösen.)

Außer der kompromisslosen Suche nach Wahrheit gibt es noch andere Methoden, um sich aus dem Hamsterrad der Normalität zu befreien, zum Beispiel Drogen, religiöse und sexuelle Mystik, Schamanismus, Mysterienschulen, traumatische Erlebnisse und das satanistische Ritual. Dessen Ziel ist es, bewusst ethische Prinzipen und herrschende Normen zu verletzen und zu durchbrechen. Dabei sind der Phantasie keine Grenzen gesetzt. Doch nicht nur die Gültigkeit von Normen, Werten, Moral und Tabus wird zerstört, sondern auch die Synderesis und damit das natürliche menschliche Fühlen, die Spiritualität. Der emotionale Realitätsbezug, Empathie und Hingabefähigkeit gehen verloren, wodurch sich auch der Zugang zum höheren Bewusstsein, zum Geist, schließt.

Doch ohne höheres Bewusstsein kann die Euphorie der Individuation nicht überwunden werden, und so wird der Satanist zu einer lächerlichen Mischung aus geistloser Intelligenz und euphorischem Größenwahn, die sich als Drittes zur *Menschenverachtung* verbinden. Dadurch ist er auch leicht zu erkennen: Die Geistlosigkeit, die jeden menschlichen Reifeprozess unmöglich macht, äußert sich in scheinbar ewiger kindischer Jugendlichkeit und der Größenwahn zeigt sich als triumphierend-euphorisches Dauergrinsen, das schwer fällt zu unterdrücken, besonders, wenn eigentlich Ernsthaftigkeit gefordert wäre. Wer macht so etwas? Nun, vor allem Sektenführer und Gurus, aber auch Ärzte und Therapeuten, die eine zahlungskräftige Klientel an sich binden wollen, fanatische Weltverbesserer, außerdem noch Oligarchen, die sich ein zuverlässiges Netzwerk in Politik, Wissenschaft und Wirtschaft aufbauen.

Ihre Opfer erkennt man an innerer Widersprüchlichkeit, rational schwer nachvollziehbaren Entscheidungen, emotionaler Teilnahmslosigkeit, unstetem Blick, unterdrückter Nervosität und Sucht nach Akzeptanz und Anerkennung.

Die Gottheit der Satanisten entstammt dem Christentum. Um das Numinose in der Natur und das Spirituelle in der Sexualität zu dämonisieren, machte die Kirche Pan, den Gott des Waldes und der Natur zu Satan, den Gott der Lüge, der Grausamkeit und der sexuellen Perversion.

Die neun Blinden

In den Schicksalen der neun Blinden werden neun Arten der Blindheit auf dem Weg zum Erblicken des göttlichen Lichts gezeigt, wobei jede die Möglichkeit des Scheiterns in sich trägt. Sie sind eine Auseinandersetzung Giordano Brunos mit eigenen Erfahrungen, um deren Überwindung er kämpfen musste:

Là dove forzandomi convien ch'io emende tutte le mende mie; dove pervenendo il mio spirito vale più ch'il rivale, perché non v'è oltraggio che li resista, non è contrarietà ch'il vinca, non v'è error che l'assaglia.

(Dort, wo es mir bestimmt ist, hart an der Überwindung all meiner Fehler zu arbeiten, wo meine spirituelle Kraft stärker ist als

ihre Gegner, weil keine Beleidigung sie mehr treffen, keine Miss-
billigung sie besiegen und keine Täuschung sie mehr in die Irre
führen kann.)

Der erste Blinde ist blind geboren. Ein Schicksal, das er mit allen Menschen teilt, denn am Anfang des Lebens ist die Seele ganz im Körper eingeschlossen. Die Befreiung beginnt mit der Hinwendung zu Kontemplation, Bewusstsein und Geist.

Questo non è subito nel principio della generazione quando l'anima di fresco esce ad esser inebriata di Lete et imbibita de l'onde de l'oblio e confusione: onde il spirito vien più cattivato al corpo e messo in essercizio della vegetazione, et a poco a poco si va diger-endo per esser atto a gli atti della sensitiva facultade, sin tanto che per la razionale e discorsiva vegna a più pura intellettiva, onde può introdursi a la mente.

(Dies geschieht nicht sofort am Anfang des Lebens, wenn die Seele von neuem hervorkommt, berauscht vom Wasser der Lethe und vom Trank des Vergessens und der Verwirrung, denn dann ist die Spiritualität tief im Körper eingekerkert, mit dessen Entwick-lung sie beauftragt ist. Da sie die Fähigkeit des Empfindens lenkt, kommt sie allmählich zu sich, bis sie über das rationale und logi-sche Denken zum reineren Bewusstsein gelangt, von wo aus ihr Zugang zum Geist gewährt wird.)

Den zweiten Blinden blendet das Gift der Eifersucht. Er will die Wahrheit vor Verleumdung und Pervertierung schützen und wird dafür selbst beschimpft und verrückt ge-nannt.

Alla cui similitudine costui tien fisso il spirto, senso et intelletto, là dove non ha sentimento di tempestosi insulti.

(Auf ähnliche Weise soll man die Spiritualität, die Sinne und das Bewusstsein festigen, damit wüste Beschimpfungen sie nicht kränken können.)

Den dritten Blinden blendet der plötzliche Anblick des sehr hellen göttlichen Lichts, das seine Augen nicht ertragen können, da er bisher in der Finsternis lebte.

Qualmente il sole in vano se dice lucere e scaldare a quelli che son nelle viscere de la terra et opaco profondo…Percioché l'adamantino suggetto non ripercuota dalla sua superficie il lume impresso: ma rammollato e domato dal calore e lume, vegna a farsi tutto in sustanza luminoso, tutto luce, con ciò che vegna penetrato entro l'atteffo e concetto.

(Wie man sagt, dass die Sonne vergeblich jenen Licht und Wärme sendet, die sich in den Eingeweiden der Erde und in tiefer Finsternis befinden … konnte sein diamantenes Herz das empfangene Licht von der Oberfläche nicht zurückstrahlen, wurde von der Wärme und dem Licht aufgelöst und überwältigt, verwandelte sich als Ganzes in ein leuchtendes Wesen, wurde ganz Licht, das in sein Fühlen und Denken eindrang.)

Der vierte Blinde versinkt ganz in die Betrachtung des göttlichen Lichts und wird gleichgültig für alles andere, das er deshalb auch nicht mehr sehen kann.

Al perfetto, se è perfetto, non è cosa che si possa aggiongere: però la volontà non è capace d'altro appetito, quando fiagli presente quello ch'è del perfetto, sommo, e massimo.

(Dem Vollendeten, wenn es vollendet ist, lässt sich nichts hin- zufügen. Deshalb kann der Wille nach nichts anderem verlangen, wenn ihm die höchste und größte Vollendung gezeigt wird.)

Dem fünften Blinden wird die Sicht auf das Göttliche durch religiöse und kontemplative Trugbilder (Phantasmen) versperrt. Denn es ist eher hinderlich als hilfreich, sich dem Anblick der Gottheit mit intellektuellen oder religiösen Hilfsmitteln nähern zu wollen.

Per aprir gli occhi al cielo, alzar alto le mani, menar i passi al tempio, intonar l'orecchie de simulacri, onde più si vegna exau- dito...o per mezzo de l'essere procedere alla speculazion de l'es- senza: per via de gli effetti alla notizia della causa.

(Wenn wir zum Himmel blicken, die Hände erheben, die Schritte zum Tempel lenken oder für die Ohren von Heiligenbil- dern singen, als ob sie uns hören könnten..., wenn wir vom Sein zum Spekulieren über das Wesen oder von der Wirkung zum Er- kennen der Ursache gelangen wollen.)

Der sechste Blinde kann das göttliche Licht nicht sehen, weil er selbst zu veränderlich ist, um das Unveränderliche wahrneh- men zu können, denn wer sich nicht von seiner körperlichen Existenz löst, dessen Wesen

ha più de non ente che di ente: atteso che sempre è altro et altro, e corre eterno per la privazione...Conchiudesi dumque che a chi cerca il vero, bisogna montar sopra la raggione de cose corporee.

(hat mehr vom Nichtsein als vom Sein, da er immer wieder an- deres und anderes ist, und ewig der Vergänglichkeit unterliegt ...

Daraus folgt, wer nach der Wahrheit sucht, muss die Seinsweise des Körperlichen überwinden.)

Der siebte Blinde wird von seinen Gefühlen überwältigt und verliert dadurch die Klarheit des Denkens und seine bewusste Wahrnehmungsfähigkeit.

Oimé che son constretto dal furore
D'appigliarmi al mio male,
ch'apparir fammi un sommo ben Amore.
Lasso, a l'alma non cale
ch'a contrarii consigli umqua ritenti;
e del fero tiranno,
che mi nodrisce in stenti
e poté pormi da me stess' in bando,
più che di libertad' i' son contento.
Spiego le vele al vento,
che mi suttraga a l'odioso bene:
e tempestoso al dolce danno amene.

(Oh weh! Die Leidenschaft hat mich bezwungen,
Und üble Lust lässt Amor in mir gären,
Als hätt' ich höchstes Gut errungen,
Doch Hilfe will die Seele nicht gewähren.

Kein Ratschluss hebt mir auf den Bann,
Mich zu befreien vom Tyrann,
Der mich beköstigte mit Pein,
Der mich mir selbst entfremden kann,
Und schöner scheint als frei zu sein.

So setz ich Segel in Wind und Flut,
Um mich zu retten vor dem verhassten Gut
Und süßem Verhängnis in Sturmes Wut.)

Der achte Blinde wird geblendet, weil seine Spiritualität in ihrem Hochmut versucht, in den Anblick des Göttlichen einzudringen und plötzlich in den unermesslichen Abgrund seiner Unbegreiflichkeit stürzt, so dass er nichts mehr sehen kann.

L'ingegno umano il quale attento a la divina impresa in un sub-ito talvolta si trova ingolfato nell'abisso della eccellanza incomprensibile, onde il senso et imaginazione vien confusa et assorbita, che non sapende passar avanti, né tornar a dietro, né dove voltarsi, svanisce e perde l'esser suo non altrimente che una stilla d'acqua che svanisce nel mare, o un picciol spirito che s'attenua perdendo la propria sustanza nell'aere spacioso et inmenso.

(Das menschliche Gemüt, das auf der Suche nach dem Göttlichen plötzlich in den Abgrund der unbegreiflichen Erhabenheit stürzt, wo die Sinne und die Vorstellungskraft verwirrt und überwältigt werden, wo er weder weiß, wie er nach vorne noch wie er zurückgelangen kann, noch wohin er sich wenden könnte, wo sich

das eigene Sein auflöst und vergeht, nicht anders als ein Tropfen Wasser sich im Meer auflöst oder ein schwacher Hauch, der schwindet und seine eigene Substanz im unermesslich großen Luftraum verliert.)

Der neunte Blinde wagt es nicht, sich dem ersehnten Licht zu zeigen und sich ihm mitzuteilen. Deshalb ist er nicht nur blind, sondern auch stumm.

Per che lui tace, e non dimanda, per téma d'offender l'onestade…Mostrasi dumque disposto di suffrir più presto per sempre il proprio tormento, che di poter aprir la porta a l'occasione per la quale la cosa amata si turbe e contriste.

(Deshalb schweigt er und fragt nicht, aus Angst, den Anstand zu verletzen…So ist er bereit, weiterhin für immer die eigenen Qualen zu ertragen, statt eine Chance zu ergreifen, welche die Geliebte betrüben und traurig machen könnte.)

Die lebendige Gottheit

Considerando che Dio è vicino, con sé e dentro di sé, più ch'egli medesimo esser non si possa; come quello ch'è anima de le anime, vita de le vite, essenza de le essenze.

(Denn Gott ist uns nah, er ist mit uns und in uns, mehr als wir selbst in uns sein können, denn er ist die Seele der Seelen, das Leben allen Lebens, das Wesen aller Wesen.)

Aus der Fackel der dreißig Statuen:

Est supra omnia, infra omnia, in omnibus.

(Er ist über allem, unter allem, in allem.)

Der lebendige Gott ist nicht der Gott der Kirche oder irgendeiner Religion, sondern das Göttliche an sich vor jeder Religion, das jedoch jeder Religion zugrundeliegt. Es ist die göttliche, schöpferische Kraft, die sich sowohl in allem Sein offenbart als auch tief in der Seele jedes Menschen wohnt. Gott in seiner eigentlichen Gestalt nannte Giordano Bruno ein unendliches ewiges Licht. Die lebendige Gottheit beschreibt Giordano Bruno in verschiedenen Gestalten: Diana (Göttin der Wahrheit, die wahre Gestalt des Seienden, symbolisiert durch den Mond), Amor (die Weltseele, die universale Spiritualität), Apoll (das universale Bewusstsein, symbolisiert durch die Sonne) und Amphitrite (die göttliche Monade, symbolisiert durch den Ozean). Jedem zeigt sich der lebendige Gott in einer anderen Gestalt und auf andere Weise, die jeder einzelne nur alleine und als einzelner erblicken kann. Es ist jedoch nicht Gott selbst, der erblickt wird, sondern ein aus der lebendigen göttlichen Gegenwart abgeleitetes Bild, das sich entsprechend der Aufnahmefähigkeit des Schauenden für ihn gestaltet.

Quel bene che non può esser compreso da altro che da uno, cioè da se stesso (atteso che ogn'altro l'have in misura della propria capacità; e quel »solo« in tutta pienezza... Ecco dumque come è differenza in questo stato dove veggiamo la divina bellezza in specie intelligibili tolte da gli effetti, opre, magisteri, ombre e similitudini di quella, et in quell'altro stato dove sia lecito di vederla in propria presenza.

(Dieses Gut kann nur von einem einzigen genommen werden, nämlich von ihm selbst. Denn jeder andere erhält es gemäß seiner

eigenen Aufnahmefähigkeit, und dies nur er alleine in seiner gan-
zen Vollkommenheit...Hier siehst du den Unterschied zwischen der
Stufe, auf der wir die göttliche Schönheit in den geistigen Bildern
sehen, die seinen Wirkungen, Werken, Lehren, Schatten und
Gleichnissen entnommen sind, und jener anderen Stufe, auf der es
erlaubt ist, sie in ihrer eigenen Gegenwart zu erblicken.)

Perché dalla monade che è la divinitade, procede questa monade
che è la natura, l'universo, il mondo; dove si contempla e specchia
come il sole nella luna, mediante la quale ne illumina trovandosi
egli nell'emisfero delle sustanze intellettuali. Questa è la Diana,
quello uno che è l'istesso ente, quello ente che è l'istesso vero, quello
vero che è la natura comprensibile, in cui influisce il sole et il
splendor della natura superiore secondo che la unità è destinta nella
generata e generante, o producente e prodotta.

(Denn aus der Monade, welche die Gottheit ist, kommt die Mo-
nade hervor, welche die Natur ist, das Universum, die Welt, in der
sie sich betrachtet und spiegelt wie die Sonne im Mond, so dass jene
ihr Licht empfangen kann, die sich in der Hemisphäre der bewussten
Wesen befindet. Dies ist Diana, die als das Eine das Seiende selbst
ist, jenes Seiende, das die Wahrheit selbst ist, jene Wahrheit, wel-
che die begreifbare Natur ist, in welche die Sonne und der Glanz
der höheren Natur einfließen, denn das Eine ist getrennt in Zeu-
gendes und Gezeugtes, Schöpfer und Schöpfung.)

Die Erleuchtung

Appresso si contempla l'armonia e consonanza de tutte le sfere,
intelligenze, muse et instrumenti insieme; dove il cielo, il moto

de'mondi, l'opre della natura, il discorso de gl'intelletti, la con-
templazion della mente, il decreto della divina providenza, tutti
d'accordo celebrano l'alto e magnifica vicissitudine che aguaglia
l'acqui inferiori alle superiori, cangia la notte col giorno, et il giorno con la notte, a fin che la divinità sia in tutto, nel modo con cui
tutto è capace di tutto, e l'infinita bontà infinitamente si commu-
niche secondo tutta la capacità de le cose... Perché medesimo è più
chiaro e più occolto, principio e fine, altissima luce e profondissimo
abisso, infinita potenza et infinito atto.

(Sodann vernimmt man die Harmonie und den Wohlklang aller
Sphären, bewussten Wesen, Musen und Instrumente gemeinsam,
wobei der Himmel, die Bewegung der Welten, die Werke der Natur,
die Sprache des Bewusstseins, die Kontemplation des Geistes, der
Beschluss der göttlichen Vorsehung vereint den hohen und erhabenen Wandel feiern, der die niederen Wasser den höheren gleichmacht, der die Nacht in den Tag und den Tag in die Nacht verwandelt, damit die Gottheit in allem ist, so dass alles zu allem fähig ist
und die unendliche Güte sich gemäß der ganzen Aufnahmefähigkeit des Seins unendlich mitteilt...Denn ein und dasselbe ist das
Offenbare und das Verborgene, Anfang und Ende, das höchste
Licht und der tiefste Abgrund, die unendliche Möglichkeit und die
unendliche Wirklichkeit.)

In der Erleuchtung, der Verbindung aller Gegensätze in
der Einheit des Seins, wird die Immanenz durch das göttliche
Licht transzendiert. Nicht Gott ist in der Welt, sondern die
Welt ist in Gott. Solange der Zauber der Göttin Circe, *la qual
significa la omniparente materia (in der Bedeutung der alles gebä-*

renden Materie) den Menschen blendet, kann er dies nicht wahrnehmen, denn die Schönheit der sichtbaren, materiellen Welt verführt und macht blind für die Wahrheit und Schönheit der immateriellen, geistigen Welt, die erst sichtbar wird, wenn die menschliche Blindheit geheilt wird und sich die Augen des Bewusstseins öffnen.

Là s'intendeno illuminati da la vista de l'oggetto, in cui concorre il ternario delle perfezzioni, che sono beltà, sapienza e verità, per l'aspersion de l'acqui che negli sacri libri son dette acqui de sapienza, fiumi d'acqua di vita eterna. Queste non si trovano nel continente del mondo, ma penitus toto divisim ab orbe, *nel seno dell'Oceano, dell'Amfitrite, della divinità, dove è quel fiume che apparve revelato procedente dalla sedia divina, che have altro flusso che ordinario naturale.*

(Endlich begreifen sie, dass sie erleuchtet wurden durch den Anblick jenes Ziels, in dem die vollkommene Dreiheit der Schönheit, der Weisheit und der Wahrheit zusammentreffen, und indem sie benetzt wurden mit dem Wasser, das in den heiligen Büchern Wasser der Weisheit und Flüsse vom Wasser des ewigen Lebens genannt wird. Diese finden sich nicht innerhalb dieser Welt, sondern penitus toto divisim ab orbe (völlig getrennt vom Erdkreis), im Herzen des Ozeans, der Amphitrite, der Gottheit, wo jener Strom fließt, von dem enthüllt wurde, dass er an Gottes Thron entspringt, und dessen Lauf sich von der gewöhnlichen Natur unterscheidet.)

Im Gesang der Erleuchteten wird die Verbindung von oberem und unterem Wasser, von materieller und immaterieller

Welt, von Bewusstsein (Ozean) und Spiritualität (Feuer) sinnbildlich dargestellt:

Vagl' il sol tra tue ninfe per costei;
e per vigor de leggi sempiterne,
de le dimore alterne,
costei vaglia per sol tra gli astri miei.

(Es soll bei dir die Sonne mit deinen Nymphen sich vergleichen,
Und kraft des immerwährenden Gesetzes soll stattdessen
Jene im Wechsel hier in meinen Bereichen
Als Sonne sich mit meinen Sternen messen.)

Dies ist das Mysterium und die Vision einer Vereinigung von Transzendenz und Immanenz, von transzendentem Bewusstsein und immanenter Normalität, von ketzerischer Ruchlosigkeit und heuchlerischer Frömmigkeit, von Natur und Kultur, von Gerechtigkeit und Hierarchie, von Freiheit und Dogma, von lebendigem Gott und Religion.

Mit dieser Vision ging Giordano Bruno nach Italien und wollte mit Papst Clemens VIII sprechen, denn es war nicht seine Absicht die Kirche von außen anzugreifen, sondern er wollte dazu beitragen, sie von innen zu erneuern und zu reformieren.

Die Kräfte des Erkennens und Begehrens in den abrahamitischen Religionen (Eros und Logos)

Es heißt, dass die Strafe der Nemesis für sexuelle Zügellosigkeit und Hybris die Zerstörung der Harmonie zwischen Denken und Fühlen ist. In den abrahamitischen Religionen hat die Nemesis ein Meisterstück vollbracht. Dies wird in der Geschichte von Abraham, seinen beiden Söhnen und seinen beiden Frauen dargestellt. Es ist eine ganz gewöhnliche Dreiecksgeschichte, wie sie auch heute noch zig tausendmal geschieht, und doch beherrscht und vergiftet ihre Dramatik die Gesellschaft schon seit tausenden von Jahren, hat zu Krieg, Hass, Verfolgung und unendlich viel Leid geführt:

Die unfruchtbare, reiche, schon etwas ältere Sarah bringt ihre Magd Hagar zu ihrem Mann Abraham, damit er mit ihr ein Kind zeugt. 1. Buch Moses: *Da nahm Sarai, Abrams Weib, ihre ägyptische Magd, Hagar, und gab sie Abram, ihrem Mann, zum Weibe.* Sie hatte die Absicht Hagar, die ja Sklavin war, das Kind wegzunehmen und sie dann zu verstoßen. Hagar gebiert Abraham einen Sohn, Ismael. Dann geschieht, was nicht geschehen sollte: Abraham liebt seinen Sohn Ismael, verliebt sich in die junge ägyptische Sklavin und die verhöhnt Sarah dafür. Schließlich gelingt es Sarah in fortgeschrittenem Alter doch noch selbst einen Sohn zu bekommen, Isaak. So kann sie Abraham zwingen, Hagar und Ismael zu verstoßen und in die Wüste zu schicken, wo sie zugrunde gehen sollen. Logos und Eros, Sarah und Hagar, stehen sich feindlich gegenüber und werden getrennt.

Vertreibung Hagars und Ismaels (von Julius Schnorr von Carolsfeld)

Die drei Figuren dieser Geschichte symbolisieren die drei abrahamitischen Religionen: Hagar die verstoßene Geliebte (Islam), Sarah, die siegreiche Ehefrau (Judentum), und Abraham, der zwischen beiden stand, (Christentum).

Hagar wird die Stammmutter der Moslems. Der Islam hat von Hagar das *Ressentiment* übernommen. Ihr Gott, Allah, ist die Liebe, *Eros*. Das freie Denken, Logos, wird gehasst. Es wird zensiert und den strengen Regeln des Korans unterworfen. Hingabe, Islam, ist das oberste Gebot ihrer Religion. Da die Liebe heilig ist, muss sie aus dem profanen täglichen Leben ausgeschlossen werden. Die Frau soll ihre Reize hinter Schleier und Burka verbergen und es soll keine bildlichen Darstellungen geben. Die Identität eines Moslems beruht auf Glaube und Ehre. Gläubige Moslems empfinden den westlichen, freizügigen Lebensstil als permanente Gotteslästerung, und als Aufforderung, die Ehre Allahs wiederherzustellen. Die Verbindung von Eros und verhasstem Logos erzeugt als Drittes den *Fanatismus*.

Sarah wird die Stammmutter der Juden. Ihr Gott ist das Denken, *Logos*. Das Judentum hat von Sarah die *Eifersucht* übernommen. Eros, die menschlichen Emotionen, werden gehasst und als würdelos verachtet. Sie müssen entwertet, unterdrückt und den strengen Regeln der Religion und der Kultur unterworfen werden. Die Identität eines Juden beruht auf Selbstachtung und Würde. Die Verbindung von Logos und verhassten Emotionen bringt als Drittes die *Moral* hervor.

In der Gestalt von Jesus wird den Juden ein neuer Eros geboren. Er wird gekreuzigt und seine Anhänger gründen das Christentum. Sie übernehmen mit dem Alten Testament die Tradition des Logos und mit dem Neuen Testament den gekreuzigten Eros. Damit übernimmt der Christ das Erbe Abrahams, der *zwischen Eros und Logos* stand, zwischen der verstoßenen Geliebten, Hagar, und der Ehefrau, Sarah. Von Abraham, der Hagar und Ismael im Stich ließ, übernahm das Christentum die *Feigheit*, denn wie Abraham, der seine Geliebte und seinen Sohn der Moral opferte, so opfert der Christ seine Emotionen dem Dogma. Aus der Verbindung von gekreuzigtem Eros und dem Machtanspruch des Logos entsteht das *Schuldgefühl*.

Da in jeder menschlichen Kultur die in der Sozialisation verdrängten Anteile wieder ans Licht wollen, sehnt sich der Moslem danach, geachtet zu werden, der Jude sehnt sich danach, geliebt zu werden, und der Christ sehnt sich danach, seine Feigheit zu überwinden. Allerdings kann man Liebe weder kaufen noch erzwingen, Achtung nur auf Gegenseitigkeit erringen, und die eigene Feigheit kann man nicht dadurch kompensieren, dass man die ganze Welt mit Hass und Krieg überzieht.

Die Kräfte des Erkennens und Begehrens in der Aufklärung

Come quei ch'avendo prevaricato da certa legge de la divina Adrastia vegnono condannati sotto la carnificina de le Furie: acciò sieno essagitati da una dissonanza tanto corporale per sedizioni, ruine e morbi, quanto spirituale per la iattura dell'armonia delle potenze cognoscitive et appetitive.

(Wie jene, die bestimmte Gesetze der Göttin Adrasteia verletzten und dazu verdammt wurden, von den Furien zerfetzt zu werden, so dass sie außer sich sind durch einen Missklang sowohl des Körpers durch Aufruhr, Verderben und Krankheit, als auch der Spiritualität durch die Zerstörung des Zusammenklangs zwischen den Kräften des Erkennens und Begehrens).

In der Aufklärung hat die Nemesis den Konflikt noch verschärft. Der Machtanspruch des Logos wurde zur *Vernunft*, aus dem Bild des gekreuzigten Eros ging die *Sentimentalität* hervor und die Rolle der Transzendenz übernahm der Kommerz.

Die Vernunft ist die Erkenntnisfähigkeit des aufgeklärten Menschen. Aufgeklärt wird er vor allem darüber, dass es außer Materie nichts gibt, und was es sonst noch zu geben scheint, nur eine Wirkung von Materie ist. Der Geist: ein Produkt von Gehirnzellen, Liebe: Das Resultat von Hormonen, die Schöpfung: Eine Abfolge von Zufällen und mathematischen Regeln, die Seele: ein veralteter Aberglaube. Der Vernünftige ist stolz auf seinen unbestechlichen Realismus, seinen gnadenlosen Egoismus, seine Verachtung jeglicher spirituellen Suche nach Sinn und Transzendenz.

Die Sentimentalität reduziert das Fühlen auf das abstrakte Schwelgen in Gefühlen. Deren Inszenierung wird gepflegt, wobei penibel darauf geachtet wird, dass nichts "Schmutziges" (also Reales) das wohlige Bild stört. Walt Disney bedient diese Klientel mit seinem kitschigen Zerrbild von Wirklichkeit. Dabei gilt es als takt- und gefühllos, als gesellschaftlicher Fauxpas, auf den Widerspruch zwischen Sentimentalität und Realität hinzuweisen, denn dies könnte das Wohlbefinden gefährden. Die Wellness, der gewollte Selbstbetrug, wird zum sozial erwünschten Verhalten. Dadurch wird die Macht von suggestiver Werbung und Propaganda vervielfacht, auch wenn sie noch so dämlich sind.

Das Aufeinandertreffen von Vernunft und Sentimentalität ist für den aufgeklärten Menschen fatal, denn ihre Verbindung bringt als Drittes die *Depression* hervor, die durch exzessiven Konsum und verkrampftes Statusdenken kompensiert wird. Der starke Antagonismus zwischen Vernunft und Sentimentalität kann sich auch in den zwischenmenschlichen Bereich verlagern, jede Kommunikation unmöglich machen und zur gesellschaftlichen Spaltung führen.

Die *Wurzeln der Aufklärung* reichen zurück in die Antike, in die Philosophie des Aristoteles. Er war ein Gegner der Naturphilosophen, die über das Mysterium des Seins und der Transzendenz nachdachten, und stellte ihnen seinen Rationalismus und seine Vernunft entgegen.

Nach dem Motto „Der Feind meines Feindes ist mein Freund", übernahm die Kirche in der Scholastik die Lehre des Aristoteles, denn sie betrachtete die Naturphilosophie als gefährliche Konkurrenz.

Die Ideologie der modernen Aufklärung ist eine Folge der Inquisition, die nach dem Prinzip des "good cop, bad cop" die Gelehrten vor sich hertrieb. Denn die Kirche wollte sich ihr Monopol auf Transzendenz und Spiritualität sichern und ein Bollwerk gegen Neuplatonismus und Naturphilosophen wie Giordano Bruno aufbauen. Nur ein rein materialistisch-mathematisch gesinnter Gelehrter, wie Galileo Galilei, hatte eine Überlebenschance, jede Hinwendung zu Transzendenz, Seele oder Spiritualität landete als Ketzerei auf dem Scheiterhaufen.

Diese Angst vor der Inquisition steckt in der DNA der modernen Wissenschaft, denn die vehemente Ablehnung alles Immateriellen, Geistigen und Emotionalen ist die unbewusste panische Angst vor der *peinlichen Befragung*, die jedem aufgeklärten Wissenschaftler in den Knochen steckt. Nun, es ist sicher vernünftiger, die Umwelt zu zerstören als über die Spiritualität in der Natur zu meditieren, es ist vernünftiger, eine Atombombe zu entwickeln als über die Beziehung zwischen Transzendenz und den Elementen nachzudenken, es ist vernünftiger, Massenvernichtungswaffen zu bauen als zwischen der Rolle der Ethik in Natur und Kultur zu differenzieren. Sicher wäre die Wissenschaft nie "soweit" gekommen, wenn sie nicht den "Ballast" von Ethik, Geist, Spiritualität und Transzendenz abgeworfen hätte.

Giordano Bruno war kein Vorläufer oder gar Märtyrer der Aufklärung. Er war im Gegenteil ein entschiedener Gegner der Philosophie des Aristoteles. Über die Philosophie des Aristoteles schrieb er:

Perché (come exemplificò Alcazele et Averroe) similmente accade a essi, che come a color che da puerizia e gioventù sono consueti a mangiar veneno, quai son dovenuti a tale, che se gli è convertito in suave e proprio nutrimento; e per il contrario abominano le cose veramente buone e dolci secondo la comun natura.

(Denn - wie zum Beispiel Al-Ghazali und Averroes - ergeht es solchen ähnlich wie jenen, die von Kindheit und Jugend an gewohnt sind, Gift zu essen, das dadurch für sie zu einer süßen und geeigneten Nahrung wird. Andererseits verschmähen sie das wirklich Gute und Süße, das der menschlichen Natur entspricht.)

Bei Giordano Brunos Auseinandersetzung mit der Kirche ging es nicht um Materialismus, Vernunft, Atheismus und Aufklärung, sondern um Immanenz und Transzendenz Gottes und um die Spiritualität als Weltenbaumeister, der allem Leben und Seele gibt. Es ist deshalb nicht nur unredlich, sondern schlicht falsch, wenn die atheistischen und materialistischen Apostel der Aufklärung für sich in Anspruch nehmen, dass ihr Kampf gegen Kirche und Religion derselbe sei wie der Kampf Giordano Brunos gegen die Denkverbote der Inquisition.

Vorwort des Nolaners
Zur heroischen Leidenschaft
Geschrieben an den hochedlen Sir Philip Sidney

Es ist in Wahrheit, oh hochedler Ritter, ein Zeichen eines niederen, gemeinen und erbärmlichen Geistes, sein ständiges Trachten darauf zu richten, in Gedanken die Schönheit eines weiblichen Körpers zu begaffen. Bei Gott, kann es vor den Augen eines klaren Empfindens ein unwürdigeres Schauspiel geben als einen sinnierenden, kummervollen, leidenden, resignierten, melancholischen Mann, dem bald kalt, bald heiß ist, der bald glüht, bald zittert, der bald bleich, bald rot wird, der bald ratlos, bald entschlossen auftritt, der seine besten Stunden und die schönsten Blüten seines verrinnenden Lebens damit verschwendet, das Elixier seines Verstandes zu destillieren, um unter der Tyrannei einer unwürdigen, törichten, dummen und elenden Schweinerei jene ewigen Selbstquälereien, jenen tiefen Schmerz, jenes vernünftige Argumentieren, jenes ermüdende Grübeln, jenes bittere Sehnen in Worte zu fassen, der Schrift anzuvertrauen und in öffentlichen Denkmälern zu verewigen?

Was für eine Tragikomödie! Was könnte, so meine ich, in diesem Theater des Lebens gezeigt, was könnte vor unseren Augen inszeniert werden, das lächerlicher und mitleiderregender wäre als jene Akteure, die in so großer Zahl und so heftig verstrickt dieses Stück aufführen, und sich in tiefsinnige, gedankenvolle, hartnäckige, entschlossene, treue, verliebte, servile und bewundernde Diener verwandeln von etwas ohne jede Treue, das keinerlei Beständigkeit besitzt, dem jeder Geist fehlt, das keinen Wert hat, ohne jegliche Dankbarkeit oder Verbundenheit, wo du nicht mehr Gefühl, Bewusstsein oder Güte erkennen kannst, als sich in einer Statue oder in einem an die Wand gemalten Bild finden lässt! Dort befindet sich mehr Hochmut, Arroganz, Anmaßung, Eitelkeit, Zorn, Gehässigkeit, Falschheit, Lüsternheit, Geiz, Undankbarkeit und andere Verderben bringende Laster als Gifte und tödliche Waffen hätten der Büchse der Pandora entspringen können, denn sie haben einen zu großen Unterschlupf im Hirn eines solchen Scheusals gefunden. Allein, da seht ihr es! Auf Papier geschrieben und in Büchern gedruckt wird es den Augen präsentiert und erklingt für die Ohren. Es ist ein Lärmen, ein Geschrei, ein geistiger Krawall von Wahlsprüchen, von Schlagworten, von Episteln, Sonetten und Epigrammen, von Büchern, von weitschweifigen Schmierereien, von vergossenem Schweiß, von verlorenem Leben, von Geschrei, das die Sterne betäuben könnte, von Geheul, das bis zu den Pforten der Hölle dröhnt, von Klagen, die lebende Seelen erschrecken und von Seufzern, die selbst in den Göttern Mitleid erregen, für diese Augen, diese Wangen, diesen Busen, diese Blässe, dieses Rot, diese Stimme, diese Zähne, diese Lippen, dieses Haar, dieses Kleid, dieses Gewand, diese Handschuhe, diese Stiefelchen, diese Pantöffelchen, diese Spröde, dieses Schmollen, diese Herablassung, dieses verlassene Fenster, diese verdunkelte Sonne, diese Schwere, diesen Ekel, dieses übertünchte Grab, diese Jauchegrube, diese Menstruation, dieses Aas, dieses Viertagefieber, diese ungeheure

Kränkung, diesen Betrug der Natur, mit dem sie uns zum Zweck der Fortpflanzung durch eine Oberfläche, einen Schatten, einen bloßen Schein, ein Phantasma, einen Zaubertrank der Circe mit dem Anschein von Schönheit verführt, die verschwindet sobald sie erscheint, entsteht und vergeht, erblüht und verwelkt. Dabei befindet sich unter diesem Bisschen äußerer Attraktivität im Innern beständig wahrlich eine ganze Flotte, ein Krämerladen, eine Zollstelle, ein Markt voll von so viel Dreck, Drogen und Gift wie die stiefmütterliche Natur nur hervorbringen kann. Nachdem sie den Samen eingesammelt hat, der ihr so nützlich ist, bezahlt sie uns meist mit Gestank, Bedauern, Traurigkeit, Verdruss, Kopfschmerzen, Müdigkeit und anderen und wieder anderen Problemen, die alle Welt kennt, so dass zuletzt bitter schmerzt, was vorher süß verlockte.

Aber was mache ich? Was denke ich? Bin ich denn ein Feind der Fortpflanzung? Hasse ich das Licht der Sonne? Bedaure ich gar mein Leben und all das Leben in der Welt? Will ich es den Menschen verwehren, von der süßesten Frucht des irdischen Paradieses zu kosten? Will ich denn verhindern, was die Natur so heilig eingerichtet hat? Soll ich es wagen, mich und andere von der bittersüßen Bürde zu befreien, die uns die göttliche Vorsehung auferlegt hat? Will ich denn mir selbst und anderen einreden, dass zwar unsere Vorfahren für uns, wir aber nicht für unsere Nachkommen geschaffen wurden? Gott behüte, dass ich je solches denken könnte! Nein, und ich füge noch hinzu: Wie viele Königreiche und Herrlichkeiten sie mir auch hätten anbieten oder erwählen können, wäre ich doch niemals so weise oder fromm gewesen, dass es mir in den Sinn gekommen wäre, mich kastrieren zu lassen oder Eunuch zu werden. Im Gegenteil, es würde mich beschämen, mich in meiner Erscheinungsweise auch nur um ein Haar von irgendjemandem zu unterscheiden, der sich redlich von seinem Brot nährt und der Natur und dem gütigen Gott dient. Ob für diesen frommen Wunsch diese Instrumente und Aktivitäten hilfreich sind oder sein können, lasse ich allein jenen entscheiden, der dies beurteilen und darüber richten kann. Ich glaube nicht, gebunden zu sein, denn wie viele Fesseln oder Fallen sie mir auch schon banden oder stellten, würden gewiss nicht alle Ketten oder Schlingen genügen, mit denen sie mich je binden oder fangen könnten, um mich zu fesseln oder zu fangen, nicht einmal - ich weiß nicht, ob ich es sagen darf - wenn der Tod selbst jenen zur Seite stünde, die mich verfluchen wollen. Ich bin gewiss nicht kalt, denn nicht einmal der Schnee des Kaukasus oder des Ripheus würden genügen, um meine Glut zu kühlen. Nun sieh, ob Verstand oder Mangel aus mir spricht!

Was also will ich sagen? Was will ich beweisen? Was will ich festlegen? Was ich schließen und sagen will, oh hochedler Ritter, ist, dass man dem Kaiser geben soll, was des Kaisers ist und Gott, was Gottes ist. Ich will damit ausdrücken, dass man den Frauen, obwohl ihnen manchmal selbst göttliche Verehrung und Anbetung nicht genügt, nicht deshalb auch göttliche Ehren und Anbetung zollen soll. Die Frauen sollen verehrt und geliebt werden, wie es den Frauen gebührt, verehrt und geliebt zu werden. Aus dem Grund, so denke ich, und soweit und so oft es sein muss, ein wenig, manchmal und bei der Gelegenheit, wenn sie keine anderen als natürliche Vorzüge besitzen, nämlich jene Schönheit und Anmut für einen ganz bestimmten Zweck. Denn ohne diesen muss man glauben, sie kämen als nutzlosere Geschöpfe zur Welt als morbide Pilze, die zum Schaden besserer Pflanzen die Erde überwuchern, und dass sie lästiger sind als irgendeine Giftpflanze oder Viper, die ihren Kopf aus der Erde streckt. Sagen will ich, dass alles im Universum sein Gewicht, seine Zahl, seine Ordnung und sein Maß haben muss, um Festigkeit und Dauer zu besitzen und gerecht und sinnvoll verwaltet und regiert werden zu können. Ebenso haben Silenos, Bacchus, Pomona, Vertumnus, der Gott von Lampsakos und ihnen ähnliche, wie die Götter von Küche und Keller, des Starkbiers und des gegorenen Weins, ihre eigenen Heiligtümer, Tempel, Opfer und Kulte und wohnen nicht im Himmel, um sich an der Tafel des Zeus mit Saturn, Pallas, Phöbus und anderen ihresgleichen an Nektar und Ambrosia zu laben.

Zum Abschluss will ich betonen, dass diese heroischen Leidenschaften ein heroisches Subjekt und ein heroisches Objekt voraussetzen, und deshalb ebenso wenig für gewöhnliche und natürliche Liebe gehalten werden dürfen, wie Delfine auf Baumwipfeln gefunden werden oder Wildschweine unter den Riffen des Meeres. Um es von vornherein ganz vor diesem Verdacht zu bewahren, dachte ich sogar anfänglich daran, diesem Buch einen ähnlichen Namen zu geben wie demjenigen Salomons, das auf ähnliche Weise unter der Hülle von Liebe und gewöhnlichen Gefühlen göttliche und heroische Leidenschaften zum Inhalt hat - so wird es jedenfalls von kabbalistischen Mystikern und Gelehrten interpretiert - kurz, ich wollte es Cantica oder Hohes Lied nennen. Doch mehrere Gründe haben mich davon abgehalten, von denen ich hier nur zwei nennen will. Einmal die von mir erlernte Furcht vor der hochgezogenen Augenbraue gewisser Pharisäer, die mich für frevelhaft halten könnten, wenn ich mir für eine natürliche und philosophische Schrift einen heiligen und übernatürlichen Titel anmaße, obgleich sie selbst als frevelhafte Heuchler und Diener aller möglichen Gaunereien für sich mit unsagbar größerer Anmaßung die Titel von Heiligen, Auserwählten, göttlichen Predigern, Söhnen Gottes, Priestern und Königen beanspruchen. Indessen warten wir auf das Urteil Gottes, das ihre tückische Unwissenheit gegenüber anderen Lehren, und unsere Einfachheit und Freiheit gegenüber ihrem boshaften Regelwerk, ihrer Zensur und ihren Vorschriften offenbar machen wird. Der andere Grund ist die große Unähnlichkeit in der Ausdrucksweise zwischen diesem und jenem Werk, auch wenn sich unter der Schale des einen wie des anderen dasselbe Mysterium und derselbe seelische Wesenskern verbirgt. Denn während niemand daran zweifelt, dass jener Weise in erster Linie Göttliches darstellen wollte und nichts anderes im Sinn hatte, da dort die Bilder klar und deutlich bloße Bilder sind, und ihre Bedeutung als Gleichnis nicht geleugnet werden kann, wenn er von Taubenaugen spricht, von einem Hals, der einem Turm gleicht, von einer Zunge wie Milch, vom Duft des Weihrauchs, von Zähnen wie eine Herde, die aus der Tränke kommt, vom Haar, das Zicklein gleicht, die vom Berg Galaad herabkommen. Doch diese Dichtung hat keine solche Form, die ebenso unmittelbar dazu anregen würde, tiefere und verborgene Empfindungen darin zu suchen. Diese Gedichte sind in der gewöhnlichen Redeweise abgefasst, und die Gleichnisse entsprechen mehr der Form, die normalerweise galante Liebhaber und die üblichen Poeten in Versen und Reimen zu verwenden pflegen. Sie sind ähnlich den Empfindungen jener, die ihre Cythere, Likoria, Doris, Cynthia, Lesbia, Corinna, Laura und andere besingen. Leicht könnte daher jeder überzeugt werden, meine erste und wesentliche Absicht sei in der Tat auf die gewöhnliche Liebe gerichtet gewesen, die mir solche Ideen eingegeben habe, und danach erst habe der Druck des Verschmähtseins dieser Leidenschaft die Schwingen wachsen lassen und sie zum Heroischen gewendet. So ist es ja auch möglich, jede erdenkliche Geschichte, jeden Roman, jede Vision und jedes prophetische Rätsel zu verändern, um ihnen einen metaphorischen Sinn zu geben, so dass sie unter dem Vorwand einer Allegorie jede beliebige Bedeutung haben können, wie es gerade gefällt und am besten verdreht und den eigenen Wünschen angepasst werden kann. So kann alles aus allem gemacht werden, wie ja schon der tiefsinnige Anaxagoras sagte, dass alles in allem sei. Nun, jeder mag darüber denken, wie es ihm passt und beliebt, nur muss er mir zuletzt, ob er will oder nicht, Gerechtigkeit widerfahren lassen und eingestehen, dass jeder dies so zu verstehen und zu definieren hat, wie ich es verstehe und definiere, und nicht ich, wie er es versteht und definiert. Denn wie die Liebesgedichte des weisen Hebräers ihre besonderen Bedeutungen, Ordnungen und Titel haben, die niemand besser verstehen und deuten könnte als er selbst, wenn er zugegen wäre, so haben auch diese Lieder ihre besonderen Titel, Reihenfolgen und Bedeutungen, die niemand besser erklären und verstehen kann als ich selbst, wenn ich nicht abwesend bin.

Nur eines will ich, dass die Welt wisse, und dies ist es, worüber ich mich nicht nur in diesem Vorwort erzürne, in dem ich mich einzig an Euch, hochverehrter Herr, wende, sondern auch in den Vorreden zu den Dialogen, in denen ich die darauffolgenden Abschnitte, Sonette und Gedichte erläutere: Dass jeder wissen soll, dass ich mir höchst verächtlich und tierisch vorkommen würde, wenn ich mich mit all meinem Denken, Streben und Mühen je daran ergötzt hätte oder ergötzen würde, einen gewissen Orpheus in seiner Anbetung einer lebenden Frau nachzuahmen, die er nach ihrem Tod - wenn dies möglich wäre - sogar aus der Unterwelt zurückholen wollte. Denn ich würde sie kaum ohne zu erröten für würdig halten, sie auf natürliche Weise zu lieben im Augenblick der Blüte ihrer Schönheit, in dem man ihr für Gott und Natur ein Kind machen kann. Es fehlt viel, dass ich gewissen Poeten und Verseschmieden ähnlich sein will und mich eines unaufhörlichen Festhaltens an einer solchen Liebe rühmen wollte wie eines so beharrlichen Irrsinns, dass er sicherlich mit allen anderen Arten konkurrieren kann, die in ein menschliches Gehirn einziehen können. So weit, betone ich, bin ich entfernt von einem so äußerst nichtigen, gemeinen und schändlichen Ehrgeiz, dass ich nicht glauben kann, dass ein Mensch mit auch nur einem Fünkchen Verstand und Spiritualität, mehr Liebe in dergleichen investieren kann, als ich es je getan habe und noch tue. Bei meiner Treu, sollte ich mich je dazu herablassen, diesen toskanischen Poeten um seines edlen Geistes willen zu verteidigen, der am Ufer der Sorge für eine Dame aus Vaucluse fast verschmachtete, ohne zu behaupten, dass er ein Wahnsinniger gewesen sei, reif in Ketten gelegt zu werden, würde ich mich zu überzeugen versuchen und mich bemühen, andere zu überreden, dass er, da sein Geist für nichts Besseres taugte, diese Melancholie eifrig nähren wollte, um in dieser Verstrickung durch die Darstellung seiner Gefühle für eine hartnäckige, gemeine, viehische und barbarische Liebe sein eigenes Talent nicht weniger zu feiern, als andere es taten, die zum Lob von Bremsen, Kakerlaken, Eseln, des Silen oder des Priapus sangen. Auf ähnlich Weise preisen in unserer Zeit deren Nachäffer die Urinale, die Sackpfeife, die Ackerbohne, das Bett, die Lüge, die Schande, den Backofen, den Hammer, die Armut und die Pest, die sich durch die ruhmvollen Lieder ihrer Sänger nicht weniger arrogant und hochnäsig aufführen könnten, als die vorher genannten und andere Damen durch die ihren es können und dürfen.

Nun, um jeden Irrtum abzuwehren, ich will nicht, dass hier die Ehre jener verletzt wird, die lobenswert waren und sind, besonders nicht jener hier in diesem britannischen Land, denen wir in Treue und Liebe für die Gastfreundschaft danken. Denn wenn man auch den ganzen Erdkreis schmäht, so doch nicht dieses Land, das in diesem Sinn nicht irdisch und kein Teil des Erdkreises ist, sondern, wie ihr wisst, von diesem völlig getrennt. Wenn man deshalb auch das ganze weibliche Geschlecht tadelt, so darf sich dies doch nicht auf eine von euch beziehen, denn ihr dürft nicht als Teil dieses Geschlechts betrachtet werden. Ihr seid keine Weiber, keine Frauen, sondern im Vergleich zu diesen Nymphen, Göttinnen, von himmlischer Art. Unter ihnen darf jene einzige Diana bewundert werden, die ich in dieser Hinsicht nicht dazuzählen und nennen will. Man beziehe dies also auf das normale Weibliche. Doch auch dann wäre es unpassend und ungerecht, dies persönlich zu nehmen, denn keine individuelle Frau darf für die Dummheit, den Zustand oder für die physischen Schwächen und Mängel ihres Geschlechts geschmäht werden. Wenn es hier Fehler und Irrtümer gibt, so müssen sie der Natur der Art zugeschrieben werden und nicht einem einzelnen Individuum. Was ich bei diesem Thema verabscheue, ist lediglich jene begierige und unmäßige geschlechtliche Liebe, der manche so sehr unterliegen, dass sie sich vor ihr mit dem Geist und damit auch mit den höheren und edleren Kräften der bewussten Seele zu Sklaven erniedrigen. In Anbetracht dieses Ziels wird sich keine keusche und ehrwürdige Frau über meine natürlichen und wahrhaften Äußerungen entrüsten und sich dadurch verletzt fühlen, sondern mir vielmehr dafür Beifall und Sympathie zollen, indem auch ihr selbst vom passiven Standpunkt aus eine derartige Liebe der Frau zum Mann nicht minder tadelnswert erscheinen muss, als ich vom aktiven Standpunkt aus jene der Männer zu den Frauen missbilligt habe. Während also dies meine Gesinnung, Geisteshaltung, Meinung und Festlegung ist, bezeuge ich, dass mein erstes und hauptsächliches, mein mittelbares und zusätzliches, mein endgültiges und ausschließliches Ziel bei diesem Werk war und ist, die Kontemplation des Göttlichen darzustellen und vor Augen und Ohren eine andere Leidenschaft zu stellen, nicht die der gewöhnlichen, sondern der heroischen Liebe. Dieses Werk ist aufgeteilt in zwei Hauptteile, deren jeder wiederum fünf Dialoge enthält.

Die Themen der fünf Dialoge des ersten Teils

Der e r s t e D i a l o g des ersten Teils enthält fünf Abschnitte in folgender Reihenfolge: Im ersten Abschnitt werden die Ursachen und Grundlagen des inneren Antriebs im Namen und Gleichnis des Bergs, des Flusses und der Musen dargestellt, die sich als gegenwärtig kundtun, nicht weil sie gerufen, beschworen oder gesucht wurden, sondern eher wie jene, die mehrmals ungelegen kamen. Dies soll zeigen, dass das göttliche Licht immer gegenwärtig ist, sich immer darbietet, immer ruft und allzeit an die Pforten unserer Sinne und anderer Kräfte des Erkennens und Begreifens klopft, wie es im Hohen Liede Salomons heißt: *Siehe! Er selbst steht hinter unseren Mauern, blickt durch die Gitter und schaut durch die Fenster.* Auf Grund unterschiedlicher Anlässe und Hindernisse bleibt er oft ausgeschlossen und sein Eintritt wird verhindert. Im zweiten Abschnitt sieht man, mit welchen Themen, Zielen, Gefühlen, Instrumenten und Wirkungen das göttliche Licht sich zeigt, sich darbietet und von der Seele Besitz ergreift, um sie zu erhöhen und in Gott zu verwandeln. Der dritte Abschnitt zeigt den Vorsatz, die Entschlossenheit und die Festlegung der gut gebildeten Seele auf das eine vollkommene und letzte Ziel. Der vierte Abschnitt beschreibt den darauffolgenden Bürgerkrieg und die Auflehnung gegen die Spiritualität wegen dieses Vorhabens, wie es im Hohen Lied heißt: *Seht mich nicht an, dass ich so gebräunt bin, dass die Sonne mich so verbrannt hat! Meiner Mutter Söhne waren böse auf mich, bestellten mich zur Hüterin der Weinberge.* Dort werden als nur vier Vorreiter genannt: das Gefühl, die Einwirkung des Schicksals, der Anblick des Guten und das Bedauern. Ihnen folgt eine große Schar von Kriegern und ebenso viele gegensätzliche, mannigfaltige und verschiedene Kräfte mit ihren Dienern, Hilfsmitteln und Abteilungen wie es in diesem komplexen Wesen gibt. Im fünften Abschnitt entwickelt sich eine natürliche Kontemplation, die zeigt, dass jede Gegensätzlichkeit auf Freundschaft zurückgeführt wird, entweder durch den Sieg eines der Gegensätze, durch harmonischen Ausgleich oder durch eine andere Form der gegenseitigen Verständigung. So strebt jeder Streit zum Frieden, jegliche Verschiedenheit zur Einheit, eine Lehre, die ich schon in anderen Dialogen dargelegt habe.

Im z w e i t e n   D i a l o g werden Ordnung und Wirken der Kriegerschar in seinem leidenschaftlichen, komplexen Wesen ausführlicher dargestellt: Im ersten Abschnitt zeigen sich drei Arten von Gegensätzen: Zunächst zwischen einer Empfindung und ihres Wirkens gegen eine andere, zum Beispiel das kalte Hoffen und das heiße Verlangen. Zweitens in den Empfindungen und ihren Wirkungen in sich selbst, und dies nicht nur zu verschiedenen, sondern auch zur selben Zeit, wenn jede von ihnen nicht mit sich selbst zufrieden ist, sondern auch zu anderem strebt und gleichzeitig und als eines liebt und hasst. Drittens zwischen der Kraft, die dem Ziel folgt und es begehrt, und dem Ziel, das zurückweicht und flieht. Im zweiten Abschnitt wird der Widerstreit zwischen zwei entgegengesetzten Antrieben im Allgemeinen gezeigt, auf die sich alle einzelnen und untergeordneten Gegensätze beziehen, wie das Emporstreben oder Herabsinken zu zwei entgegengesetzten Orten oder Richtungen. So möchte auch sein ganzes komplexes Wesen wegen der Unterschiedlichkeit seiner Neigungen in seinen verschiedenen Teilen und der vielfältigen Veranlagungen in ihm selbst gleichzeitig und in einem steigen und sinken, vorwärts und rückwärts streben, aus sich selbst heraustreten und sich in sich selbst konzentrieren. Im dritten Abschnitt werden die Folgen dieses Konflikts debattiert.

Der d r i t t e D i a l o g zeigt, wie groß die Macht des Willens in diesem Kampf ist, denn ihm allein gebührt es zu befehlen, anzuordnen, auszuführen und zu vollenden. Ihm gilt die Anrede im Hohen Lied: *Steh' auf mein Täubchen, meine Schöne und komm her! Denn siehe der Winter ist vergangen, der Regen ist vorbei, im Land sind die Blumen hervorgekommen, es ist Zeit, die Reben zu beschneiden.* Der Wille verleiht sich selbst und anderem auf vielfache Weise Kraft, vor allem, wenn er sich in sich selbst widerspiegelt und verdoppelt. Wenn er wollen will und sich freut, zu wollen, was er will, oder wenn er sich abwendet und nicht will, was er will, und er verärgert ist, weil er will, was er will. In allem und durch alles stimmt er dem Guten zu, und dies ebenso weit, wie das Gesetz der Natur und die Gerechtigkeit es für ihn festlegen, und nicht im Geringsten billigt er je etwas anderes. Eben dies ist es, was im ersten und zweiten Abschnitt erörtert wird. Im dritten zeigt sich die doppelte Frucht dieses Wirkens, gemäß dem – angetrieben von den Emotionen, die es anziehen und bezaubern - das Hohe erniedrigt und das Niedere erhöht wird, wie es heißt, dass durch den Antrieb des Kreislaufs und abwechselnder Siege die Flamme sich zu Luft verdichtet, zu Dampf und zu Wasser, und das Wasser zu Dampf verdunstet, zu Luft wird und zu Feuer.

In den sieben Abschnitten des v i e r t e n D i a l o g s wird die Macht und die Kraft des Bewusstseins betrachtet, das die Emotionen begeistert, der Fortschritt des Denkens in seinem komplexen leidenschaftlichen Wesen und das Leiden der Seele, die ein so turbulentes Gemeinwesen regieren soll. Hier soll nicht verborgen bleiben, was der Jäger, der Vogelfänger, die Bestie, die Hunde, die Küken, die Höhle, das Nest, der Felsen, die Beute, die Vollendung so großer Mühen, der Frieden, das Ausruhen und das ersehnte Ziel eines solch leidvollen Zwists sind.

Im f ü n f t e n D i a l o g wird sein Zustand in diesem Moment beschrieben, und es werden die Gebote, die Gesetzmäßigkeiten und Bedingungen seines Schicksals und seiner leidenschaftlichen Suche dargestellt: Im ersten Abschnitt wird erörtert, wie er das Ziel verfolgt, das sich für ihn rarmacht. Im zweiten der unaufhörliche und nicht nachlassende Wettkampf der Emotionen. Im dritten die hohen und heißen, obwohl vergeblichen Vorhaben. Im vierten das absichtliche Verlangen. Im fünften die bereitstehenden und starken Zufluchten und Hilfen. Im Folgenden zeigen sich auf verschiedene Weise die Bedingungen seines Schicksals, seines Strebens und seines Zustands mit ihren Begründungen und ihren Eigenschaften durch die Antithesen, die Symbolik und Vergleiche, die in jedem dieser Abschnitte verdeutlicht werden.

Die Themen der fünf Dialoge des zweiten Teils

Im ersten Dialog des zweiten Teils wird eine Betrachtung über die Denk- und Handlungsweise im Zustand der heroischen Leidenschaft eingefügt. Im ersten Sonett wird seine Gemütslage unter dem Rad der Zeit beschrieben. Im zweiten rechtfertigt er sich gegen den Vorwurf, er beschäftige sich mit Unedlem und verschwende auf unwürdige Weise seine kurz bemessene Lebenszeit. Im dritten beklagt er die Ohnmacht seiner Suche, denn der Glanz und die Erhabenheit seines Ziels erleuchtet sein Inneres, während er es bei einer Begegnung stets verhüllt und verdunkelt. Das vierte zeigt die Klage über die vergeblichen Mühen seiner seelischen Fähigkeiten, die sich zu erheben versuchen trotz der Unterlegenheit ihrer Kräfte im

Vergleich zur angezielten und angestrebten Stufe. Im fünften wird an die Widersprüche im heimischen Konflikt des Individuums erinnert, auf Grund derer er sich nicht völlig auf ein Ziel und Vorhaben konzentrieren kann. Im sechsten kommt die Leidenschaft seiner Suche zum Ausdruck. Im siebten wird erwogen, wie schlecht der Suchende und das Gesuchte zusammenpassen. Im achten wird die Gespaltenheit der Seele gezeigt als Folge des Gegensatzes zwischen innen und außen, des Widerspruchs im eigenen Innern, und des Konflikts im Äußeren. Im neunten wird über das Alter und die Zeit im Verlauf eines gewöhnlichen Lebens nachgedacht, die zu hoher und tiefer Kontemplation befähigen, weil das Fließen der Körpersäfte nicht stört, sondern die Seele Ruhe und Stille findet. Im zehnten die Mittel und die Form, mit denen die heroische Liebe zuweilen überfällt, verletzt und erweckt. Im elften die Fülle der Gestalten und Einzelideen als Zeichen für die Herrlichkeit ihres einzigen Urquells, die den Emotionen die Sehnsucht nach Höherem einflößen. Im zwölften wird der Verlauf der menschlichen Suche nach dem Göttlichen gezeigt. Denn vor und während des Betretens nimmt er sich viel vor, doch wenn er darin versinkt und sich weiter in die Tiefe wagt, ermattet die spirituelle Begeisterung in ihrem Hochmut, erlischt die Spannung der Nerven, werden die Waffen unbrauchbar, die Gedanken erniedrigt, alle Pläne zunichte gemacht, und das Gemüt bleibt verwirrt, besiegt und zerstört zurück. Darüber schrieb der Weise: *Qui scrutator est maiestatis, opprimetur a gloria. (Wer die Erhabenheit aufsucht, wird von ihrem Glanz niedergedrückt.)* Im letzten wird deutlicher dargestellt, was im zwölften als Gleichnis und Allegorie gezeigt wurde.

Im z w e i t e n D i a l o g wird in einem Sonett und in einem Zwiegespräch die wichtigste Triebkraft genauer erklärt, die den Starken zähmt, den Harten erweicht und ihn der Liebesmacht des höheren Cupido unterwirft. Sodann werden seine Erweckung, sein Streben, seine Erwählung und seine Bestimmung gefeiert.

Im d r i t t e n D i a l o g werden in vier Fragen und vier Antworten des Herzens an die Augen und der Augen an das Herz das Wesen und die Eigenschaften der Kräfte des Erkennens und Begehrens erklärt. Hier lässt sich erkennen, wie das Wollen vom Erkennen erweckt, aufgerichtet, bewegt und geführt wird, und umgekehrt das Erkennen vom Wollen erregt, gestaltet und neu belebt wird, wobei bald das eine dem anderen, bald das andere dem einen vorangeht. Hier wird erörtert, ob das Bewusstsein oder generell die Erkenntnisfähigkeit oder das reine Erkennen Vorrang habe vor dem Wollen oder generell vor der Fähigkeit des Begehrens oder den reinen Emotionen, ob man nicht mehr lieben als verstehen kann, und ob man alles, was man in bestimmtem Maße begehrt, auch in bestimmtem Maße begreift und umgekehrt, weshalb man auch das Begehren Erkenntnis zu nennen pflegt. So sehen wir, dass die Peripatetiker, in deren Lehre ich in meiner Jugend gelehrt und erzogen wurde, sogar das potenzielle und auf natürliche Weise vollzogene Verlangen als Erkennen bezeichneten. Deshalb unterschieden sie alle Wirkungen, Zwecke, Mittel, Gründe, Ursachen und Elemente in primäre, mittlere und zuletzt erkannte gemäß der Natur. Daraus zogen sie den Schluss, dass in der Natur das Verlangen und Erkennen zusammenfalle. Wenn sie deshalb ein unendliches Potenzial der Materie voraussetzen, müssen sie ihm auch mit der Wirklichkeit zu Hilfe eilen, um dieses Potenzial nicht vergeblich existieren zu lassen. Wenn sie folglich das reale Verlangen nach dem Guten für unbegrenzt halten, müssen sie auch das reale Erkennen des Wahren für unendlich und unbegrenzt halten. Woraus folgt, dass sie das Seiende, das Wahre und das Gute in derselben Bedeutung gebrauchen und dasselbe damit bezeichnen.

Im v i e r t e n D i a l o g werden neun Gründe für die Unfähigkeit, Unverhältnismäßigkeit und die Mängel im menschlichen Schauen und potenziellen Begreifen des Göttlichen sinnbildlich dargestellt und zum Teil auch erklärt. Beim ersten, blind von Geburt an, sieht man den Grund, der aus der Natur hervorkommt, die ihn demütigt und erniedrigt. Beim zweiten, blind durch das Gift der Eifersucht, sieht man den Grund im Jähzorn und in der Hitzköpfigkeit, die ihn ablenken und in die Irre führen. Beim dritten, blind durch das plötzliche Auftauchen des intensiven Lichts, zeigt sich der Grund in der Klarheit des Ziels, das ihn blendet. Der vierte ist seit langem besänftigt und gefesselt vom Anblick der Sonne, die eine so erhabene Kontemplation des Einen gewährt, dass sie ihn der Vielheit beraubte. Der fünfte, dessen Augen ununterbrochen voll dicker Tränen sind, zeigt, dass unangemessen und hinderlich ist, was sich zwischen die Sehfähigkeit und das Ziel stellt. Beim sechsten, der durch das Vergießen vieler Tränen die Feuchtigkeit im Sehorgan verlor, wird das Fehlen wahrer Nahrung für das Bewusstsein versinnbildlicht, das ihn erschöpft. Beim siebten, dem die Augen durch die Glut des Herzens versengt wurden, wird das glühende Verlangen gezeigt, das zuweilen das Unterscheidungsvermögen zerstreut, unterdrückt und aufzehrt. Der achte wurde durch eine Pfeilspitze geblendet und verwundet, die aus der vollzogenen Vereinigung mit dem Anblick seines Ziels hervorkam. Es überwältigt, verändert und zerrüttet die Erkenntnisfähigkeit, die von seiner Bürde und der Gewalt seiner Gegenwart zunichte gemacht wird. Nicht ohne Grund wird deshalb sein Anblick zuweilen durch die Form eines eindringenden Blitzstrahls versinnbildlicht. Der neunte kann, da er stumm ist, den Grund für seine Blindheit nicht erklären. Sie versinnbildlicht den Grund der Gründe, das verborgene göttliche Urteil, das den Menschen dieses Streben und dieses forschende Denken gibt, aber sie doch nie weiter gelangen lässt als bis zur Erkenntnis ihrer Blindheit und Unwissenheit. Deshalb halten sie das Schweigen für angemessener als das Sprechen. Dies entschuldigt die gewöhnliche Unwissenheit nicht noch wäre sie vorzuziehen, denn doppelt blind ist, wer seine Blindheit nicht erkennt. Dies ist der Unterschied zwischen den erfolgreich Suchenden und den müßigen Verblendeten, denn diese sind begraben im Stumpfsinn ihrer Unfähigkeit die eigene Blindheit zu erkennen, jene aber urteilen geschickt, wach und besonnen über ihre Blindheit, während sie forschend zur

Pforte und zum Erreichen des Lichts gelangen, von dem die anderen weit entfernt sind.

Das Thema und das Sinnbild des fünften Dialogs

Im f ü n f t e n D i a l o g werden zwei Frauen vorgestellt, denen es nach der Sitte meines Vaterlandes nicht wohl ansteht zu kommentieren, zu argumentieren, zu entziffern, viel zu wissen und Doktorinnen zu sein, ebenso wenig wie sich das Lehramt anzumaßen und Männer unterrichten, erziehen, unterweisen und ihnen Vorschriften machen zu wollen, wohl aber, Vorhersagen zu machen und zu prophezeien, wenn sich zuweilen die Spiritualität in ihrem Körper niederlässt. Deshalb ließ ich sie nur ein Sinngedicht vortragen und überlasse das Denken einem männlichen Kopf und auch die Arbeit, dessen Bedeutung aufzuklären. Um ihm die Mühe zu erleichtern oder eher abzunehmen, will ich hier verraten, dass diese neun Blinden, sowohl was ihre Aufgabe und die äußeren Ursachen betrifft als auch wegen vieler weiterer individueller Unterschiede, eine andere Bedeutung haben als die neun des vorhergehenden Dialogs. Sie zeigen die Zahl, Reihenfolge und Unterschiedlichkeit aller Dinge unter der vollkommenen Einheit entsprechend der gewöhnlichen Vorstellung von den neun Sphären, in denen und über denen alle eigentlich bewussten Wesen ihren Sitz haben, die gemäß einer festgelegten stufenweisen Analogie von der ersten und einen abhängen. Diese werden von Kabbalisten, Chaldäern, Magiern, Platonikern und christlichen Theologen in neun Ordnungen unterteilt, weil ihnen die Neun als vollendete Zahl erscheint, welche die Gesamtheit des Seins beherrscht und auf festgelegt Weise alles gestaltet. Denn sie bedeutet auf einfache Weise die Gottheit und in der Reflexion und Quadratur in sich selbst die Zahl und die Substanz allen abhängigen Seins. Alle hervorragenden Denker, seien es Philosophen oder Theologen, sei es, dass sie für den Verstand und ihr eigenes Licht sprechen oder auf Grund von Glauben für ein höheres Licht, begriffen in diesen bewussten Wesen den Kreislauf des Auf- und Niedergangs. So behaupteten die Platoniker, dass ein bestimmter Wechsel es mit sich bringe, dass jene über dem Schicksal wieder unter das Schicksal von Zeit und Veränderung herabkommen, und von dort andere nach oben gelangen und ihren Platz einnehmen. Denselben Wandel stellte ein pythagoreischer Dichter in folgenden Versen dar:

Nachdem sie den Kreis tausend Jahre lang durchliefen,
Ruft zum lethäischen Fluss ein Gott in großer Schar sie,
Um dort von neuem in Körper zurückzukehren.

Dies sei gemeint, sagen manche, wenn es in der Offenbarung heißt, dass der Drache für tausend Jahre in Ketten geschmiedet sei, und nach deren Ablauf davon gelöst werde. Auf diese Bedeutung, glauben sie, weisen viele andere Schriftstellen hin, wenn sie bald tausend Jahre ausdrücklich nennen, sie bald durch ein Jahr, bald durch ein Zeitalter, bald durch eine Elle, bald in der einen oder anderen Form versinnbildlichen. Es ist überdies gewiss, dass dieses Jahrtausend nicht nach der Dauer der jährlichen Umdrehung des Sonnenjahres gemessen wird, sondern auf verschiedene Weise entsprechend unterschiedlicher Maßstäbe und Einordnungen, die Verschiedenem zugeteilt werden, denn wie die Sternenjahre sich unterscheiden, so sind auch die Arten der Einzelwesen nicht gleich. Was nun diesen Kreislauf betrifft, so ist bei christlichen Theologen die Ansicht verbreitet, dass aus jeder der neun Ordnungen der spirituellen Wesen viele Legionen in die tiefen und dunklen Regionen herabgestoßen werden, und damit ihre Sitze nicht leer bleiben, hat die göttliche Vorsehung bestimmt, dass einige von jenen Seelen, die hier in menschlichen Leibern wohnen, zu dieser Erhabenheit emporgehoben werden. Soviel ich weiß, ist unter den Philosophen Plotin der Einzige, der ausdrücklich wie fast alle großen Theologen behauptete, dass dieser Kreislauf nicht für alle ist und nicht immer, sondern nur ein einziges Mal stattfindet. Unter den Theologen hat nur Origenes wie alle großen Philosophen seit den Sadduzäern und vielen anderen, die für ketzerisch erklärt wurden, es gewagt zu behaupten, dass der Kreislauf wechselseitig und ewig sei, und dass alles, was emporsteige, selbst auch wieder in die Tiefe zurückkehren müsse. Dies ist auch bei allen Elementen und Stoffen auf der Oberfläche, im Schoß und in den Eingeweiden der Natur zu beobachten. Für meinen Glauben bezeichne und bestätige ich die Meinung der Theologen und aller, die Einfluss auf die Gesetze und Institutionen des Volkes haben, als äußerst angemessen, ebenso wie ich es nicht unterlassen will, die Auslegung jener Wenigen, Frommen und Weisen zu bestätigen und zu akzeptieren, die gemäß den Gesetzen der Natur sprechen. Deren Meinung ist zwar mit Fug und Recht verwerflich, wenn sie vor den Augen der Menge enthüllt würde, denn wenn sie durch den Glauben an ewige Höllenstrafen kaum vom Laster zurückgehalten und zur Tugend angespornt werden können, was würde erst daraus werden, wenn sie sich überzeugen könnten, dass für den Lohn heroischer und menschlicher Taten und für die Strafe von Verbrechen und Frevel leichtere Bedingungen herrschen? Aber um zum Schluss meiner Abhandlung zu kommen, so weise ich darauf hin, dass hieraus die Begründungen und der Verlauf der Blindheit und des Lichts dieser neun entnommen wurde, die bald sehend, bald blind, bald erleuchtet sind, die bald Konkurrenten sind im Schatten und in den Spuren der göttlichen Schönheit, bald völlig blind sind, bald sich im hellen Licht friedlich erfreuen. Im ersten Fall sind sie herabgesunken in den Bereich der Circe in der Bedeutung der alles gebärenden Materie. Es heißt, sie ist die Tochter der Sonne, denn von diesem Vater der Formen hat sie den Besitz von all jenem geerbt, das sie durch das Besprengen mit Wasser, nämlich durch den Akt der Zeugung, und die Kraft der Magie, das heißt auf verborgene harmonische Weise, verändert, wodurch sie jene Sehenden erblinden lässt. Denn die Fortpflanzung und die Vergänglichkeit sind die Ursache von Vergessen und Blindheit, wie dies in der Antike mit dem Bild der Seelen dargestellt wurde, die im Lethe baden und sich berauschen.

Wenn die Blinden klagen und sagen: *Tochter und Mutter des Schreckens und der Nacht*, so zeigt dies die Verwirrung und das Leid der Seele, die ihre Flügel verloren hat, denn dieses Leid wird erst gelindert, wenn die Seele hoffen darf, sie wieder zu erlangen. Wenn Circe sagt: *Nehmt eine andere Urne denn für euer Los*, so bedeutet dies, dass sie das Gebot und das Schicksal ihrer Verwandlung in sich selbst tragen, obwohl es ihnen von Circe überreicht wurde, denn ein Gegensatz ist von Anfang an im anderen enthalten, auch wenn er dort nicht zur Wirkung kommen kann. Deshalb sagte sie ihnen, dass ihre eigene Hand sie nicht öffnen, sondern nur übergeben kann. Dies bedeutet, dass es zwei Arten von Wasser gibt, ein niederes Wasser unter dem Firmament, durch das sie erblinden, und ein höheres über dem Firmament, das sie erleuchtet. Für die Pythagoreer und Platoniker ist dies der Niedergang von einem Wendekreis und das Emporkommen von einem anderen. Wenn sie weiter sagt: *Weit und breit auf allen Stegen geht und durchstreift die Welt sodann, in allen Reichen sucht auf euren Wegen*, so zeigt dies, dass es keinen unmittelbaren Übergang von einer Gestalt zur gegensätzlichen Gestalt gibt noch eine unmittelbare Rückkehr zur selben Gestalt. Vielmehr ist es nötig, wenn auch nicht alle Gestalten, die sich im Kreislauf der natürlichen Arten befinden, so doch sehr viele zu durchlaufen. Endlich begreifen sie, dass sie erleuchtet wurden durch den Anblick jenes Ziels, in dem die vollkommene Dreiheit der Schönheit, der Weisheit und der Wahrheit zusammentreffen, und indem sie benetzt wurden mit dem Wasser, das in den heiligen Büchern Wasser

der Weisheit und Flüsse vom Wasser des ewigen Lebens genannt wird. Diese finden sich nicht innerhalb dieser Welt, sondern *penitus toto divisim ab orbe (völlig getrennt vom Erdkreis)*,
im Herzen des Ozeans, der Amphitrite, der Gottheit, wo jener
Strom fließt, von dem enthüllt wurde, dass er an Gottes Thron
entspringt, und dessen Lauf sich von der gewöhnlichen Natur
unterscheidet. Dort sind die Nymphen, das heißt glückliche
und göttliche bewusste Wesen, die der ersten Bewusstheit huldigen und dienen, die wie Diana unter den Nymphen in der
Wildnis wohnt. Sie allein kann unter all den anderen durch die
dreifache Kraft jedes Siegel öffnen, jeden Knoten lösen, jedes
Geheimnis enthüllen und alles Verborgene aufschließen.
Durch ihre bloße Gegenwart und den zweifachen Glanz des
Guten und Wahren, der Güte und der Schönheit befriedigt sie
das Verlangen jedes Bewusstseins, wenn sie es mit dem heil-
bringenden und reinigenden Wasser besprengt. Daraufhin erklingt das Konzert der neun bewussten Wesen, der neun Musen, in dem sie gemäß der Ordnung der neun Sphären ihre Lieder singen. Zuerst kann die Melodie jeder einzelnen vernommen werden, an die sich die Melodie der nächsten anschließt.
Denn das Ende und Unterste des Höheren ist der Ursprung
und das Höchste des Niederen, so dass es keine Unterbrechung
oder Leere zwischen dem einen und dem anderen gibt, und das
Ende der letzten durch den Kreislauf mit dem Beginn der ersten zusammenfällt. Denn ein und dasselbe ist das Offenbare
und das Verborgene, Anfang und Ende, das höchste Licht und
der tiefste Abgrund, die unendliche Möglichkeit und die un-

endliche Wirklichkeit, entsprechend den Gesetzen und Formen, die ich an anderer Stelle darlegte. Sodann hört man die
Harmonie und den Wohlklang aller Sphären, bewussten Wesen, Musen und Instrumente gemeinsam, wobei der Himmel,
die Bewegung der Welten, die Werke der Natur, die Sprache
des Bewusstseins, die Kontemplation des Geistes, der Beschluss der göttlichen Vorsehung vereint den hohen und erhabenen Wandel feiern, der die niederen Wasser den höheren
gleichmacht, der die Nacht in den Tag und den Tag in die
Nacht verwandelt, damit die Gottheit in allem ist, so dass alles
zu allem fähig ist und die unendliche Güte sich gemäß der ganzen Aufnahmefähigkeit des Seins unendlich mitteilt.

Dies sind die Abhandlungen, welche ich niemandem passender zu widmen und empfehlen zu können glaube als Euch,
hochverehrter Herr, um nicht zu wiederholen, was mir wohl
einmal aus Unachtsamkeit geschah und was manch andere für
gewöhnlich tun, wie jener, der einem Tauben eine Leier und
einem Blinden einen Spiegel schenkte. Euch mögen sie also
überreicht werden, damit der Italiener sich mit jemandem un-
terhalte, der ihn versteht, damit diese Verse unter der Zensur
und Protektion eines Dichters stehen, damit seine Philosophie
sich nackt vor einem so reinen Geist zeigt, wie es der Eure ist,
damit Heroisches einer heroischen und großmütigen Seele ge-
widmet wird, als die Ihr Euch immer erwiesen habt, damit der
Dienst einem so wohlwollenden Freund angeboten wird, und
die Huldigung einem so würdigen Herrn, als der Ihr Euch immer gezeigt habt. Denn ich persönlich habe erlebt, dass Ihr

mich im Voraus mit mehr Großmut empfangen habt, als einige andere bereit waren, mir im Nachhinein Dankbarkeit zu erweisen. Vale.

========

Entschuldigung des Nolaners vor den tugendhaften
und anmutigen Damen Englands

Oh schöne Nymphen Englands voller Anmut,
Nicht auf Euch mein Blick voll Abscheu und Verachtung ruht,
Nicht Euch will unsere Feder darin erkennen,
Denn angemessen wär' es nicht, Euch Weib zu nennen.

Euch einzuschließen oder auszuschließen steht mir,
Ihr Göttinnen, sicherlich nicht zu. Denn wenn hier
Der gewöhnliche Einfluss nicht aus Euch spricht,
Seid auf Erden Ihr, was am Himmel der Sterne Licht.

Weder wollen noch können unsere strengen
Worte, oh Ihr Damen, Eure große Schönheit je bedrängen,
Denn diese zielen nicht auf übermenschliche Art.

So bleib denn dieses Gift weitab von hier verwahrt,
Wo unter Euch die einzige Diana wie ihr wisst,
Was unter Sternen die Sonne ist.

Was immer mein Studium, meine Witze und mein Wort
Auf Papier auch schreiben mögen an diesem Ort,
Durch meine Kunst sei stets vor Euch der Respekt gewahrt.

========

Erster Teil der heroischen Leidenschaft

Erster Dialog

Es sprechen: Tansillo, Cicada

Tansillo: Die leidenschaftlichen Verse, die geeignet sind vorangestellt und zuerst betrachtet zu werden, lege ich dir in der Reihenfolge vor, die mir am passendsten erscheint.
Cicada: Fang bitte an!
Tansillo:

======

Oh Musen, die ich zurückwies immer wieder,
Ungerufen eilt ihr herbei zu meiner Pein,
Um zu trösten mich in meinem Leid allein.
Ihr zeigt mir solche Verse, Reime, Lieder,

Mit denen ihr niemals kommt, um zu beglücken
Jene, die sich mit Myrten oder Lorbeer schmücken.
Seid Luft, seid Anker mir, ein Hafen seid,
Wenn keine andern Freuden sind bereit.

Oh Berg, oh Götter, diese Quellen hier,
Wo ich wohne, spreche, trink auf Erden,
Hier will ich lernen, ruhen, schöner werden.

Spiritualität und Stirn erfrisch', umkränz' ich mir,
Erheb' das Herz, und Tod, Zypressen, Unterwelt
Werden zu Leben, Lorbeer, ewigem Sternenzelt.

======

Anscheinend hat er die Musen mehrere Male aus verschiedenen Gründen zurückgewiesen. Erstens war es ihm nicht möglich, Muße zu finden, wie es einem Priester der Musen gebührt, solange er gegen die Diener und Helfer des Neids, der Dummheit und der Boshaftigkeit kämpfen musste. Zweitens fehlten ihm edle Beschützer und Gönner, denn es heißt zurecht:

Nicht fehlen werden uns Vergile und Horaze,
wenn nur kein Mangel an Mäzenen ist.

Sodann fühlte er sich vor allem zu philosophischen Betrachtungen und Studien verpflichtet, denn wenn diese auch nicht reifer sind, sollen sie dennoch als Eltern der Musen diesen vorangehen. Da ihn überdies von der einen Seite die tragische Melpomene anzog mit mehr Gehalt als Witz, und von der anderen Seite die komische Thalia mit mehr Witz als Gehalt, und die eine ihn der anderen ständig abspenstig machen wollte, verblieb er neutral und trieb sich lieber zwischen beiden herum, als mit beiden handelseinig zu werden. Schließlich war da noch die Autorität der Sittenwächter, die ihn von edleren und wichtigeren Aufgaben abhielten, denen er von Natur aus zugeneigt war. Sie kerkerten seinen Geist ein, um aus einem freien Anhänger der Tugend einen Sklaven der gemeinsten und dümmsten Heuchelei zu machen. Als er zuletzt des ganzen Ärgers überdrüssig war und sonst keinen Trost fand, folgte er der Einladung der Musen, die ihn mit solchen Leidenschaften, solchen Versen und Reimen begeisterten, wie sie sonst keiner kennt, denn dieses Werk glänzt mehr durch Kreativität als durch Nachahmung.

Cicada: Sag an: Was meint er mit jenen die mit Myrten und Lorbeer prahlen?

Tansillo: Mit Myrten will und kann sich brüsten, wer von der Liebe singt. Ihnen - wenn sie sich edel benehmen - gebührt ein Kranz aus diesem der Venus geweihten Strauch, denn sie huldigen ihrer Leidenschaft. Mit Lorbeer kann sich rühmen, wer über heroische Taten angemessen dichtet, um entweder heroische Gemüter durch metaphysische und moralische Philosophie anzuleiten, oder um sie als beispielhaftes Vorbild für staatsmännisches und bürgerliches Handeln zu preisen.

Cicada: Dann gibt es noch mehr Arten von Dichtern und Dichterkränzen?

Tansillo: Es gibt sehr viele sinnvolle Themen, viel mehr als es Musen gibt. Denn mag es auch festgelegte Gattungen von Dichtungen geben, so lässt sich doch der schöpferische Geist des Menschen nicht auf bestimmte Arten und Formen festlegen.

Cicada: Und doch gibt es gewisse Regelmacher der Poesie, die kaum noch einen Homer als Dichter gelten lassen, und einen Vergil, Ovid, Martial, Hesiod, Lukrez und viele andere als bloße Versemacher bezeichnen, nachdem sie diese der Regelprobe der aristotelischen Poetik unterwarfen.

Tansillo: Wisse, mein Bruder, dies sind wahre Bestien. Sie bedenken nicht, dass jene Regeln hauptsächlich dazu dienen, homerische oder ähnliche Arten von Dichtungen im Einzelnen zu erläutern. Wohl können sie zuweilen einen Dichter der heroischen Dichtkunst wie der des Homer zuordnen, aber damit doch nicht die Regeln für andere Arten festlegen, die es mit ganz anderen, unterschiedlichen, gleichen, ähnlichen oder besseren Witzen, Künsten und Leidenschaften geben kann.

Cicada: Homer selbst war demnach sicher kein Dichter, der auf solche Regeln angewiesen war, sondern die Quelle dieser Regeln, die nur solchen dienen können, die sich eher berufen fühlen, nachzuahmen als selbst kreativ zu sein. Diese Regeln dürften von jemandem aufgestellt worden sein, der nicht selbst auf irgendeine Weise Dichter war, sondern lediglich die Regeln dieser einen Art, nämlich der homerischen, zusammenfassen konnte. Sie dienen nur solchen, die nicht eigenständige Dichter sein wollen, sondern einer wie Homer, nicht kraft einer eigenen Muse, sondern als Affe der Muse anderer.

Tansillo: Ganz richtig folgerst du, dass die Poesie nicht aus Regeln hervorkommt, es sei denn rein zufällig, sondern dass die Regeln aus der Poesie hervorkommen. Deshalb gibt es ebenso viele Arten und Gattungen wahrer poetischer Regeln, wie es Arten und Gattungen wahrer Dichter gibt.

Cicada: Aber woran sind dann die wahren Dichter zu erkennen?

Tansillo: Beim Rezitieren ihrer Verse, und dass sie uns dabei entweder erfreuen oder erbauen oder auch gleichzeitig erfreuen und erbauen.

Cicada: Wofür sind dann die Regeln des Aristoteles von Nutzen?

Tansillo: Für jeden, der nicht wie Homer, Hesiod, Orpheus und andere ohne die Regeln des Aristoteles dichten kann, der keine eigene Muse hat und deshalb mit der des Homer Liebe machen will.

Cicada: So haben denn manche heutige Pedanten unrecht, wenn sie einige aus der Zahl der Dichter ausschließen, weil sie entweder keine regelkonformen Fabeln oder Gleichnisse hinzufügen, weil der Anfang ihrer Bücher oder Lieder nicht dem Homers oder Vergils gleicht, weil sie die Gepflogenheit der Anrufung nicht beachten, weil sie Geschichten oder Fabeln miteinander verflechten, weil sie ihre Werke nicht mit einem Epilog beenden oder mit einer Vorankündigung beginnen, oder weil ihre Texte auf tausend andere Arten die Prüfung durch die Zensur und die Regeln nicht bestanden haben. In der Tat scheinen sie zu glauben, dass sie wahre Dichter scin könnten, wenn sie ein Thema hätten - und wenn sie denn Phantasie hätten - und dass sie dorthin gelangen könnten, wohin sie andere zwingen wollen. Dabei sind sie nichts als armselige Würmer, die selbst nichts Gutes hervorbringen. Sie sind nur auf der Welt, um die Werke und Bemühungen anderer zu benagen, zu beschmutzen und zu verunglimpfen. Da sie nicht durch eigenes Genie und eigenen Witz Ruhm erwerben können, suchen sie mal geradeaus, mal schräg auf Kosten der Mängel und Fehler anderer vorwärts zu kriechen.

Tansillo: Doch lass uns wieder dorthin zurückkommen, von wo unsere Ereiferung uns etwas zu weit abschweifen ließ! Ich denke, dass es ebenso viele Arten von Dichtern gibt und geben kann, wie es Arten der Empfindungen und der Kreativität des Menschen gibt und geben kann. Für jede lässt sich ein passender Ehrenkranz flechten, die nicht nur aus allen möglichen Pflanzen, sondern auch aus allen möglichen anderen Dingen bestehen können. Dichterkränze werden nicht nur aus Myrte und Lorbeer geflochten, sondern auch aus Weinlaub für derbe Verse, aus Efeu für bacchantische Lieder, aus Olivenblättern für geistliche und politische Dichtungen, aus Pappel- und Ulmenlaub oder Ähren für Gedichte, die das Landleben besingen, aus Zypressen für Verse zu Begräbnissen, und aus zahllosen anderen Dingen für ebenso zahlreiche andere Gelegenheiten, meinetwegen auch aus jenem, von dem ein Witzbold sprach:

O Bruder Porro, dich, den Sänger guter Küche,
Wird man mit Zervelat- und Leberwürsten
In Mailand krönen einst als Dichterfürsten!

Cicada: Da unser Dichter gewiss verschiedene Talente hat, die er auf unterschiedliche Themen und in unterschiedlichem Sinn anwandte, könnte er sich Kränze aus dem Laub der verschiedensten Pflanzen flechten und angemessen zu den *Mu-*

sen sagen: Seid meine *Luft*, die mich erfrischt, seid mein *Anker*, der mich hält, und seid mein *Hafen*, in den ich mich in mühevollen, unruhigen und stürmischen Zeiten zurückziehe. Deshalb sagt er: Gleich dem *Berg* Parnassus, den ich mir *erkoren*, ihr Musen, die mir kostbare Schönheit *zeigen*, *Quelle* des Helikon und anderes, das mich *nährt*, Berg, auf dem ich eine ruhige Herberge finde, Musen, die ihr mir tiefe Weisheit offenbart, Quelle, die mich reinigt und verjüngt, Berg, den ich besteige und wo ich das Herz *erhebe*, Musen, deren Schar meine *spirituelle Kraft erfrischt*, Brunnen, von Bäumen umschattet, an dessen Rand ich meine *Stirn* umkränze. *Verwandelt* mir *Tod* in *Leben*, *Zypressen* in *Lorbeer*, *Hölle* zum *Himmel*, macht mich unsterblich, macht mich zum Dichter, macht mich berühmt, während ich vom Sterben, von Zypressen und Unterwelt singe.

Tansillo: So verwandelt sich für die Lieblinge des Himmels größte Not in ein noch größeres Gut, denn die Notwendigkeiten erzeugen Mühe und Streben, und diese wiederum bringen den unvergänglichen Glanz des Ruhms.

Cicada: Und der Tod in einem Jahrhundert lässt sie in allen anderen leben. Lies bitte weiter!

Tansillo: Er fährt also fort:

======

Gleich dem Parnassus ist mein Herz geboren.
Als hohe Zuflucht hab ich diesen Berg erkoren.
Meine Gedanken sind die Musen, deren Reigen
Mir stets kostbare Schönheit zeigen.

Wo viele Tränen aus den Augen fließen,
Sich die Quellen des Helikon ergießen.
Der Quell, die Nymphen und des Berges Stufen
Haben, wie's der Himmel will, zum Dichter mich berufen.

Keines Königs Lohn,
Keine Gunst an eines Kaisers Thron,
Kein Hoher Priester oder Papst mir könnten danken

Mit solcher Gunst, mit solchem Lob und solchem Glanz,
Wie mein Herz, meine Tränen und Gedanken.
Die mich schmücken mit des Lorbeers Kranz.

======

Hier erklärt er zunächst, was sein Berg ist, nämlich nichts anderes als das hohe Verlangen seines *Herzens*, zweitens wer seine *Musen* sind, nämlich *die Schönheiten* und die Vorzüge seines Ziels, drittens was seine Quellen sind, und er sagt, es sind *seine Tränen*. Auf diesem Berg entzündet sich sein Begehren, diese Schönheit entfacht seine Leidenschaft, und diese Tränen zeigen sein leidenschaftliches Verlangen. So glaubt er, durch die Huld seines Herzens, seines Denkens und seiner Tränen nicht weniger ruhmreich umkränzt zu sein als andere durch die Gnade eines *Königs*, Kaisers oder Papstes.

Cicada: Erkläre mir, was er damit sagen will: *Gleich dem Parnassus ist mein Herz geboren?*

Tansillo: Wie das Herz aus zwei Seiten besteht, die sich in einer Wurzel verbinden, und wie spirituell aus einem einzigen Gefühl des Herzens die gegensätzlichen Empfindungen des Hasses und der Liebe hervorkommen, so hat auch der Berg Parnass unter zwei Gipfeln eine Basis.

Cicada: Zum nächsten!

Tansillo: Er fährt also fort:

=======

Der Oberst ruft mit lautem Klange der Fanfaren
Zu einer Fahne seine ganzen Kriegerscharen.
Wenn manche glauben, sie könnten still verweilen
Und nicht sofort zu ihrem Banner eilen,

Tötet er sie sogleich als einen Feind.
Die Narren verbannt er voll Verachtung für die Possen.
Die Deserteure, die eine Fahne nicht vereint,
Will die Seele tot sehen oder ausgeschlossen.

Auf ein Ziel nur all mein Sinnen weist.
Ein einziger Anblick mir erfüllt den Geist.
An eine einzige Schönheit nur bin ich gebunden.

Ein einziger Pfeil schlug meinem Herz die Wunden.
In einem einzigen Feuer glühe ich.
Und ein einziges Paradies nur gibt's für mich.

======

Dieser *Oberst* ist der menschliche Wille, der im Heck des Seelenschiffs mit der kleinen Ruderstange des Verstands die Gefühle manch niederer Kräfte durch die Wogen des Ansturms der Natur lenkt. Mit dem *Klange der Fanfaren*, nämlich einer festgelegten Entscheidung, sammelt er *seine ganzen Krieger- scharen*, das heißt aktiviert er alle seine Kräfte - sie werden Krieger genannt, weil sie ständig miteinander streiten und kämpfen - oder auch deren Wirkungen, nämlich die einander widerstrei- tenden Gedanken, von denen die einen in die eine, die anderen in die andere Richtung streben. Er will sie alle *zu einer Fahne* rufen, zu einem festgelegten Ziel. Wenn einige nicht Folge leis- ten und nicht sofort ihren Respekt erweisen - am meisten jene, die den natürlichen Kräften entstammen und die sich gar nicht oder kaum dem Verstand unterordnen - so zwingt er sie zu- mindest ihr Tun zu unterlassen. Er erschreckt jene, die nicht von ihrem Tun ablassen wollen, mit der angeblichen Tötung der einen und der Verbannung der anderen. Sodann geht er gegen die einen mit dem Schwert des Zorns und gegen die an- deren mit der Peitsche des Spotts vor.

Auf ein Ziel nur all mein Sinnen weist, dem sich sein Streben zuwendet, ein *einziger Anblick* nur erfreut und *erfüllt seinen Geist*, nur *eine einzige Schönheit* erquickt und beglückt ihn und er sagt, an *sie ist er gebunden*, denn die Bewusstheit wirkt nur in der Ruhe, nicht in der Bewegung. Nur von dort empfängt er den *Pfeil*, der ihn tötet und ihm das endgültige Ziel seiner Vollendung festlegt. *In einem einzigen Feuer glühe ich*. Dies bedeutet, er löst sich im Genuss einer einzigen Liebe auf.

Cicada: Warum ist das Feuer ein Symbol der Liebe?

Tansillo: Abgesehen von vielen anderen Gründen genügt es, dass die Liebe das Geliebte in den Liebenden verwandelt, denn das Feuer als das aktivste aller Elemente hat die Kraft, alles andere Einfache oder Zusammengesetzte in sich selbst zu verwandeln.

Cicada: Weiter!

Tansillo: *Ein einziges Paradies nur gibt's für mich*, nur ein endgültiges Ziel, denn das Paradies bedeutet allgemein das Ziel, das sich unterscheidet in ein absolutes, in Wahrheit und Sein, und anderes, das nur Gleichnis, Schatten oder Teilhabe ist. Auf die erste Weise kann es nur eines geben, wie es nur ein letztes und erstes Gut geben kann. Auf die zweite Weise gibt es unendlich viele.

======

Liebe, Schicksal, Ziel und Eifersucht
Sind Freude, Trauer, Lust und quälende Zucht.
Der törichte Knabe, blind ist's und grausam,
Die hohe Schönheit, das Leben mir nahm.

Kündet vom Paradies, hemmt das Gefieder,
Zeigt mir alles Gut, stiehlt es mir wieder.
Geist, Herz, Spiritualität und Seele mein
Sind Sorge, Lust, Freude und Pein.

Wann werden die Waffen schweigen?
Wann wird sich mein Gut in Frieden zeigen?
Was mich so verdrießt und mir so gut gefällt,

Wer wird es wieder versöhnen in dieser Welt?
Wer wird beenden das ständige Streiten?
Damit Flammen und Quellen Freude bereiten?

======

Er zeigt die Ursache und den Ursprung, aus denen er die Leidenschaft empfängt und die Begeisterung wächst: Das Pflügen des Felds der Musen, das Säen der Samen seiner Gedanken, das Warten auf die Ernte der Liebe, während er in sich statt der Sonne das Feuer der Emotionen spürt und die Feuchtigkeit der Augen an Stelle des Regens. Vier Dinge stellt er voran: *Die Liebe, das Schicksal, das Ziel und die Eifersucht.* Dabei ist für ihn Amor kein niedriger, unedler und unwürdiger Ansporn, sondern ein heroischer Herr und Führer. Sein Los ist nichts anderes als die schicksalhafte Bestimmung, die uns mitgegeben wurde, und eine Reihe von Zufällen, denen man durch sein Geschick unterworfen ist. Das Ziel ist das Liebenswerte, es steht in Wechselbeziehung zum Liebenden. Die Eifersucht ist offenbar der Eifer des Liebenden um das Geliebte, den man niemandem verständlich machen muss, der je von der Liebe gekostet hat, und anderen würde man ihn vergeblich zu erklären versuchen. Die Liebe ist *Freude*, denn wer liebt, dem gefällt es zu lieben, und wer wirklich liebt, würde es nicht vorziehen, nicht zu lieben. Deshalb will ich auch nicht unterlassen von dem zu berichten, was ich in diesem meinem Gedicht zeige:

Kostbare, süße, ehrenvolle Wunde
Des schönsten Pfeils, den Amor je gesendet,
Der hohe, holde, köstliche Flammen spendet,
So dass die Seele so wonnig glüht zu jeder Stunde.

Welch' Zauberweise oder heilsam Pflanzensaft
Könnt' je dich rauben aus meinem Herzen?
Denn was dich gewährt, schöpft stets neue Kraft,
Und je mehr's gefällt, umso größer sind die Schmerzen.

Meine neue, selt'ne, süße Qual,
Wann wird je geringer deiner Bürde Pein,
Wenn Heilung Kummer und Schmerzen süß wie Wein?

Ihr Augen, meines Herren Bogen und Flammenstrahl,
Verdoppelt der Seele Feuer und die Wunden der Brust!
Denn die Sehnsucht ist süß und die Glut eine Lust!

Das Schicksal ist *Trauer*, wenn es zu leidvollen und ungewollten Ergebnissen führt, wenn es glauben macht, er sei nicht edel genug, sein Ziel zu genießen, und er könne sich nicht mit seiner Würde messen, wenn sie nicht zueinander passen oder wenn sich andere Gründe und Hindernisse entgegenstellen. Das Ziel ist *Lust*, weil er sich an nichts anderem labt, nichts anderes erstrebt, auf nichts anderes achtet, und dafür alle anderen Gedanken verbannt. Die Eifersucht ist *quälende Zucht*, denn wie sehr sie auch die Tochter der Liebe ist, aus ihr entsteht, ihre Gefährtin ist und immer mit ihr gemeinsam geht - wie man bei ganzen Völkern die Erfahrung machen kann, dass sie wegen der Kälte ihres Wohnorts und der Behäbigkeit ihres Gemüts weniger begreifen, wenig lieben, und deshalb auch keine Eifersucht kennen - ein Merkmal für ein und dasselbe ist, als ihre notwendige Folge zu verstehen ist, bringt sie jedes Mal mit ihren Abkömmlingen, ihrer Begleitung und ihren Hinweisen alles Schöne und Gute in der Liebe durcheinander und vergiftet sie. Ich habe dies in einem anderen meiner Sonette zum Ausdruck gebracht:

Grausame Tochter von Amor und Neid,
Die Freuden deines Vaters verwandelst du in Leid.
Siehst jeden Fehler, doch das Gute siehst du nicht.
Eifersucht, bist eine Magd, die quält und sticht.

Infernale Tisiphone und Harpyie voll Gestank,
Die and'rer Süße stiehlt und bitt'res Gift versprüht,
Wüstenwind, in dem ich schmachtend niedersank
Und meine schönste Blume der Hoffnung verblüht.

Bestie, die sich selbst nicht liebt,
Vogel, Omen des Unheils, der nichts als Schmerzen gibt.
Plagen, die tausendfach die Leiden der Herzen mehren.

Wenn ich dir den Zutritt könnt verwehren,
Um wie viel schöner wär der Liebe Reich,
Wie die Welt ohne Hass und ohne Tod zugleich.

Füge zum vorher Gesagten noch hinzu, dass die Eifersucht nicht nur manchmal Tod und Verderben des Liebenden herbeiführt, sondern ebenso oft die Liebe selbst tötet, hauptsächlich wenn sie Verachtung auslöst. Die Liebe wird dann so sehr von ihrem Kind beeinflusst, dass es sie vertreibt und das Geliebte der Verachtung preisgibt, so dass es nicht mehr Ziel der Liebe ist.

Cicada: Erkläre mir nun noch die anderen Worte des Sonetts! Warum nennt er Amor einen törichten Knaben?

Tansillo: Das werde ich dir genau erklären: *Törichter Knabe* heißt Amor nicht, weil er dies an und für sich ist, sondern weil er die meisten dazu macht und sich in ihnen so zeigt. In einigen jedoch zeigt er sich bewusster und der Metaphysik zugeneigt, erhöht das Gemüt, reinigt das Bewusstsein, macht wacher, tüchtiger und besonnener, fördert in ihnen heroischen Mut, einen Wettstreit der Größe und der Tugenden, denn sie sehnen sich danach der Geliebten zu gefallen und sich ihrer würdig zu erweisen. In anderen freilich - und dies sind die meisten - erweist er sich als albern und dumm. Er entfremdet ihnen ihre eigenen Empfindungen, stürzt sie in allerlei Verrücktheiten, da Spiritualität, Seele und Körper in einem schlechten Zustand sind. Sie sind unfähig zu unterscheiden und zu bedenken, was für sie angemessen ist und was sie noch mehr beschmutzt, und werden deshalb zum Ziel von Verachtung, Spott und Tadel.

Cicada: Es ist eine sprichwörtliche Redensart, dass die Liebe Alte zu Narren und Junge zu Weisen macht.

Tansillo: Dieses Missgeschick widerfährt nicht allen Alten und dieses Glück nicht allen Jungen, aber es ist richtig, falls letztere gut und erstere schlecht veranlagt sind. Auch ist gewiss, dass jener, der in der Jugend besonnen liebte, als Alter ohne Verirrungen lieben wird. Doch zurecht wird verspottet, wem erst im reifen Lebensalter von der Liebe das ABC in die Hand gedrückt wird.

Cicada: Sag mir jetzt, warum er das Los oder das Schicksal blind und grausam nennt?

Tansillo: *Blind und grausam* wird das Schicksal nicht an sich genannt, denn es ist die eigentliche Ordnung von Zahl und Maß im Universum. Blind heißt und ist es allein für die Einzelwesen, denn es lässt sie ihr eigenes Los nicht erkennen, das für sie völlig ungewiss ist. Ebenso heißt es grausam, weil es keinen

Sterblichen gibt, der nicht auf irgendeine Weise über sein Schicksal jammert, schimpft und klagt. Darum sagte Horaz:

Was bedeutet es, Maecenas,
dass keiner in der Welt je zufrieden
zu sein scheint mit dem Los,
das ihm das Gesetz oder der Himmel überbrachte?

Sodann nennt er sein Ziel *hohe Schönheit*, weil es für ihn das Einzige, Erhabenste und Mächtigste ist. Es zieht ihn an, weil er es für das Würdigste und Edelste hält und weil er es als vorherrschend und überlegen empfindet, denn es hat ihn unterworfen und gefesselt. *Das Leben mir nahm*, sagt er von der Eifersucht, denn wie die Liebe keine engere Gefährtin hat als sie, so kennt sie auch keine größere Feindin, wie für das Eisen nichts schädlicher ist als der Rost, der aus ihm selbst entsteht.

Cicada: Fahr bitte fort wie bisher auch das übrige Teil für Teil zu erklären!

Tansillo: Nun wohl! Er sagt also weiter von der Liebe: *Kündet vom Paradies*. Er drückt damit aus, dass die Liebe nicht an sich blind ist, und dass nicht sie selbst, sondern die eigene unedle Verfassung einen Liebenden erblinden lässt, wie auch die Nachtvögel durch den Anblick der Sonne geblendet werden. Die Liebe an sich erleuchtet, reinigt, erweitert das Bewusstsein, lässt es alles durchdringen und ruft wundersame Wirkungen hervor.

Cicada: Dies scheint der Nolaner in einem anderen seiner Verse deutlich ausgedrückt zu haben.

=====

Amor, durch den ich das hohe Wahre fand.
Du öffnest die Tore aus schwarzem Diamant.
Die Augen haben dir Zutritt gewährt und im Sehen
Lebst, wächst du, lässt ewig dein Reich bestehen.

Du enthüllst, was verbergen Himmel, Hölle und Erden.
Lässt zum wahren Bild das Ferne werden.
Stärkst die Kräfte, verletzt das Herz mit treffsich'rem Pfeil,
Verwundest es und zeigst seinen inneren Teil.

Oh, gemeine Menge, nach dem Wahren strebe!
Hör' auf meine Reden, die ich nicht trügerisch euch gebe!
Eure närrischen, schielenden Augen, öffnet, öffnet sie tüchtig!

Weil ihr nichts begreift, nennt ihr ihn ein Kind.
Weil ihr wankelmütig, glaubt ihr, er sei flüchtig.
Weil ihr nichts seht, denkt ihr, er sei blind.

=====

Durch die Liebe wird das Paradies sichtbar, weil sie Erhabenes verstehen, begreifen und wirken lehrt oder wenigsten die Ziele der Liebe großartig erscheinen lässt. Er sagt vom Schicksal: *hemmt das Gefieder.* Denn es verdrießt den Liebenden, dass es oft nicht ebenso viel gewährt, wie die Liebe zeigt, denn was er sieht und ersehnt, ist weit entfernt und ihm nicht gewogen. Er sagt vom Ziel: *Es zeigt mir alles Gut*. Denn das, worauf die Liebe hinweist, scheint ihm das Einzige, Wichtigste und das Ganze zu sein. Er sagt zur Eifersucht: *Stiehlt es mir wieder*, nicht weil sie es ihm nicht zeigt und seinem Blick entzieht, sondern weil sie bewirkt, dass das Gut kein Gut mehr ist, sondern peinigendes Unheil, und das Süße nicht mehr süß, sondern peinigendes Verschmachten. Er sagt*: Dem Herzen*, nämlich dem Verlangen, ist sein Begehren *Lust* kraft der Liebe, was auch immer das Ergebnis ist. *Dem Geist*, das heißt dem Anteil des Bewusstseins, ist sie *Sorge*, da er das Schicksal erkennt, das dem Liebenden nicht günstig ist. Der *Spiritualität,* der natürlichen emotionalen Kraft, ist sie *Freude*, weil sie vom Ziel begeistert ist, welches das Herz erfreut, und dem Geist gefallen könnte. Für die *Seele,* die erleidende und empfindende Substanz, ist sie *Pein*, denn sie ist niedergedrückt von der schweren und quälenden Last der Eifersucht. Mit Blick auf ihr Befinden klagt sie voll Tränen: *Wann werden die Waffen schweigen?* Wann wird Frieden sein? Wer wird trennen, was mich ermüdet und quält, von dem, was mich so erfreut und mir die Pforte des Himmels öffnet, auf dass mir die heißen Flammen meines Herzens willkommen sind und der Born meiner Augen mich beglückt? Indem er diese Gedanken weiterverfolgt, fügt er hinzu:

======

Ach, quäl' doch andere, feindliches Los!
Hau ab, Eifersucht! Raus hier! Verschwinde bloß!
Das edle Antlitz und die holde Liebe mein
Mit göttlichem Geleit bewirken alles allein.

Die eine nimmt das Leben, das andere kann Leben geben.
Diese verglüht mein Herz, jenes beflügelt es wieder.
In dieser erstirbt die Seele, jenes kann sie beleben.
Das eine erhebt, das andere drückt nieder.

Aber was soll ich von der Liebe sagen?
Wenn beide dasselbe sind und von gleicher Gestalt,
Wenn sie mit einem Gebot und einer Gewalt

In meines Herzens Mitte ein Zeichen tragen.
Es sind also nicht zwei, sondern eine einzige Macht,
Die meinem Schicksal Glück und Trauer gebracht.

======

Vier Ursachen und die Endpunkte zweier Gegensätze sind
somit auf zwei Ursachen und einen Gegensatz reduziert. Sodann sagt er: *Ach, quäl doch andere, feindliches Los,* das heißt,
lass es genug sein, mein Schicksal, mich so sehr bedrängt zu
haben, und wenn du dich unbedingt betätigen musst, wähle dir
andere Opfer aus. *Hau ab* aus der Welt! sagt er zur Eifersucht.
Denn eine von euch beiden, die dann noch bleibt, kann all eure

Schätze und Dienste gewähren. Denn du, mein Schicksal, bist doch nichts anderes als meine Liebe, und du, Eifersucht, bist nichts anderes als ein Teil desselben Wesens. So mag sie denn bleiben, um mir das Leben zu rauben, mich zu verbrennen, mich zu töten und auf meinen Knochen zu lasten, wenn zugleich jenes mich dem Tod entreißt, mir Flügel verleiht, mir das Leben gibt und mich emporhebt. So wurden zwei Ursachen und ein Gegensatz auf eine Ursache und ihre Wirkung zurückgeführt und er sagt: *Aber was soll ich von der Liebe sagen*? Wenn dieses Antlitz, dieses Ziel und seine Macht nichts anderes ist als die Macht der Liebe, das Gebot der Liebe und zugleich sein eigenes Gebot, wenn das Zeichen der Liebe, das meinem Herzen eingeprägt ist, kein anderes Zeichen ist als das deine, weshalb sollte ich also, nachdem ich sagte das *edle Antlitz* mich wiederholen und sagen *holde Liebe?*

Ende des ersten Dialogs

Zweiter Dialog

Tansillo: Hier beginnt er seine leidenschaftlichen Gefühle zu erklären und die Wunden zu zeigen, die wie ein äußeres Zeichen seinem Körper, aber eigentlich dem Sein und dem Wesen der Seele eingeprägt wurden. Er spricht:

======

Ich habe das hohe Banner der Liebe empfangen.
Das Hoffen vereist, und es brennt das Verlangen.
Zittre, erstarre, glühe und funkle zur gleichen Zeit,
Stumm bin ich, heiß meine Klage zum Himmel schreit.

Das Herz wild erglüht, aus den Augen quellen Fluten,
Ich lebe und vergehe, stöhne und lache.
Das Wasser lebt, es erlöschen nicht die Gluten,
Thetis im Auge weint, Vulkan im Herzen entfache.

Hasse mich selbst, liebe anderes Sein.
Ich hebe die Schwingen, es wird zu Stein.
Es schwebt zum Himmel, ich falle nieder.

Wenn ich's verfolge, flieht es wieder.
Auf mein Rufen antwortet es nimmer.
Vor meinem Suchen verbirgt es sich immer.

======

Dazu will ich mit dem fortfahren, was ich dir kurz vorher sagte, denn man braucht sich keine Mühe zu machen, um zu beweisen, was sich so offenkundig zeigt: Nichts ist rein und unvermischt. Manche sagen deshalb, nichts Zusammengesetztes sei wahrhaftes Seiendes, wie legiertes Gold kein wahres Gold ist, vermischter Wein kein reiner, wahrer und echter Wein. Überdies besteht alles aus Gegensätzen. Deshalb können wir durch die Vermischung in den Dingen keine Lust ohne eine gewisse Bitterkeit empfinden. Ich denke, was viele bereits bemerkten, dass es ohne diese Bitterkeit überhaupt keine Lust gäbe. Die Müdigkeit erst bewirkt, dass wir die Erholung genießen, die Trennung ist Ursache für die Freude über das Wiedersehen, und die allgemeine Probe beweist, dass stets der eine Gegensatz der Grund dafür ist, dass der andere ersehnt und genossen wird.

Cicada: Also gibt es keine Lust ohne ihren Gegensatz?

Tansillo: Gewiss nicht, wie es ohne Gegensatz auch keinen Schmerz gibt. Dies meint der pythagoreische Dichter mit diesen Worten:

Hinc metuunt cupiuntque,
dolent gaudentque,
nec auras respiciunt,
clausae tenebris et carcere caeco.

(Sie fühlen bald Angst, bald Gier,
bald Leid, bald Glück,
Erheben nicht den Blick zur Höhe
und sind gefangen in Finsternis und blindem Kerker.)

Dies bewirkt die Zusammensetzung der Dinge. Deshalb ist niemand in seinem gegenwärtigen Dasein zufrieden, außer benebelte Narren, die sich umso wohler fühlen, je tiefer sie in den finstersten Abschnitt ihrer Torheit versinken, denn sie erkennen ihre Krankheit kaum oder gar nicht, erfreuen sich der Gegenwart, ohne die Zukunft zu fürchten, gehen ganz im Genuss des Augenblicks auf, kennen kein Bedauern und sorgen sich nicht um das, was ist oder sein kann. Ebenso besitzen sie keinen Sinn für die Gegensätze, die durch den Baum der Erkenntnis des Guten und des Bösen symbolisiert werden.

Cicada: Torheit wäre demnach die Mutter der Glückseligkeit und des sinnlichen Behagens, der Paradiesgarten tierischen Lebens, wie es in den Dialogen "Kabbala des Pegasus" erklärt wurde, und wie es der weise Salomon mit den Worten ausdrückte: *Wer das Wissen mehrt, mehrt den Schmerz.*

Tansillo: Auch die heroische Liebe bedeutet deshalb Leid. Sie genießt nicht wie die tierische Liebe das Gegenwärtige, sondern Zukünftiges und Abwesendes, im Gegenteil, sie empfindet Ehrgeiz, Wettstreit, Misstrauen und Furcht. So sagte eines Abends nach der Mahlzeit einer unserer Nachbarn: "Noch nie war ich so lustig wie jetzt." Worauf Gioan Bruno, der Vater des

Nolaners antwortete: "Du warst auch noch nie so albern wie jetzt."

Cicada: Meinst du also, wer unglücklich ist, ist weise, und der Unglücklichste ist der Weiseste?

Tansillo: Nein! Vielmehr erkenne ich darin eine andere Art von Narrheit, und zwar eine weitaus schlimmere!

Cicada: Wer wird dann weise sein, wenn der Glückliche ebenso töricht ist wie der Unglückliche?

Tansillo: Wer weder glücklich noch unglücklich ist.

Cicada: Wieso? Etwa wer schläft? Wer bewusstlos ist? Wer tot ist?

Tansillo: Nein, sondern wer lebt, wach ist und nachdenkt. Wer das Schlechte und das Gute betrachtet und sieht, dass das eine wie das andere wechselt und auf Bewegung, Veränderung und Wandel beruht - so dass das Ende eines Gegensatzes der Beginn des anderen ist, und der Endpunkt des einen der Anfang des anderen. Wer sich weder aufgibt noch stolz überhebt, wer seine Neigungen beherrscht und seine Lust mäßigt, so dass für ihn der Genuss kein Genuss ist, da er weiß, dass er endet, ebenso wie für ihn das Leid kein Leid ist, da er besonnen genug ist, zu erkennen, dass es enden wird. So betrachtet der Weise alles Veränderliche als nicht existent und hält es für eitle Nichtigkeiten, denn die Zeit verhält sich zur Ewigkeit wie der Punkt zur Linie.

Cicada: Auf diese Weise könnten wir niemals dafür Sorge tragen, ob wir glücklich oder unglücklich sind, ohne für unseren Irrsinn Sorge zu tragen, den wir damit deutlich beweisen.

Folglich wäre niemand, der überlegt und am Leben teilnimmt, weise, und schließlich wären alle Menschen verrückt.

Tansillo: Ich neige nicht zu dieser Schlussfolgerung, sondern halte den für am weisesten, der bisweilen im Gegensatz zum Vorherigen wirklich sagen könnte: "Nie war ich weniger glücklich als jetzt", oder: "Nie war ich weniger unglücklich als jetzt".

Cicada: Wieso entstehen aus zwei gegensätzlichen Gemütsverfassungen nicht zwei gegensätzliche Eigenschaften? Warum, so frage ich dich, betrachtest du beides als Tugend, und nicht als eine Untugend und eine Tugend, am wenigsten glücklich und am wenigsten unglücklich zu sein?

Tansillo: Weil beide Gegensätze im Übermaß, das heißt, wenn sie übertrieben werden, Untugenden sind, weil sie eine Grenze überschreiten. Doch sobald sie sich verringern, werden sie zu einer Tugend, weil sie sich innerhalb ihrer Grenzen aufhalten und damit begnügen.

Cicada: Weniger glücklich und weniger unglücklich zu sein, sind also nicht eine Tugend und eine Untugend, sondern zwei Tugenden?

Tansillo: Richtiger sogar ein und dieselbe Tugend, denn die Untugend ist dort, wo der Gegensatz ist, und der Gegensatz ist am größten an den äußersten Punkten. Er wird größer, je näher er den Endpunkten kommt, am geringsten oder aufgehoben ist er in der Mitte, wo die Gegensätze wie ein einziges übereinstimmen und ununterscheidbar werden. Ebenso liegen zwischen dem Kältesten und dem Wärmsten das Kältere und Wärmere, und genau in der Mitte ist der Punkt, den man sowohl kalt als auch warm nennen kann oder frei von Widerspruch weder kalt noch warm. So befindet sich auch jener, der am wenigsten glücklich und am wenigsten unglücklich ist, auf der Stufe der Gleichgültigkeit, im Haus der Gelassenheit. Dort ist die Tugend und die Befindlichkeit der starken Seele, die sich weder dem Süd- noch dem Nordwind beugt. Sieh also, um zu unserer Erörterung zurückzukommen, wie diese heroische Leidenschaft, die hier genauer erklärt werden soll, sich von den anderen niedrigeren Leidenschaften unterscheidet, nämlich nicht wie eine Tugend von einer Untugend, sondern wie eine Untugend auf göttliche Weise in einem eher göttlichen Menschen von einer Untugend auf tierische Weise in einem eher tierischen Menschen. So hängt der Unterschied vom Einzelnen und seinem Streben ab und nicht davon, ob es der Form nach eine Untugend ist oder nicht.

Cicada: Sehr gut kann ich mir nach euren bisherigen Erläuterungen den Zustand dieser heroischen Leidenschaft vorstellen, wenn er sagt: *Das Hoffen vereist, und es brennt das Verlangen*, denn er befindet sich nicht in der Gelassenheit des Mittelmaßes, sondern seine Seele ist gespalten im maßlosen Gegensatz. Er zittert im Eis der Hoffnung und kocht in der Glut des Verlangens, er kreischt in seiner Gier und verstummt vor Furcht. Sein Herz sprüht Funken, weil er anderes begehrt, und er vergießt Tränen aus seinen Augen über sein eigenes Leid, stirbt im Lachen anderer und lebt in seinen eigenen Klagen, und da er, der nicht mehr sich selbst angehört, anderes liebt, hasst er sich selbst. Denn die Materie, wie die Physiker sagen, liebt die abwesende Form ebenso sehr wie sie die gegenwärtige hasst. Und so schließt er in der achten Zeile den Krieg der Seele mit sich selbst und sagt sodann in der Sextine, *ich hebe die Schwingen, es wird zu Stein*, und zeigt im Folgenden sein Leid wegen des Kriegs, den er mit äußeren Gegensätzen führt.

Ich erinnere mich bei Jamblichus in seinen Schriften über die ägyptischen Mysterien gelesen zu haben: *Impius animam dissidentem habet: unde nec secum ipse convenire potest neque cum aliis. (Der Ruchlose hat eine zerrissene Seele, weshalb er weder mit sich selbst noch mit anderen übereinstimmen kann.)*

Tansillo: Nun hör ein anderes Sonett, dessen Inhalt aus dem Gesagten folgt:

=======

Weh mir! Von Schicksal und Natur, welch ein Gebot!
Im Tod lebendig und im Leben tot.
Es trug die Liebe mich - oh Pein - zu Grabe,
So dass weder Leben ich noch Tod mehr habe.

Gelang ohn' Hoffen zu der Hölle Tor,
Schweb' voll Sehnen sodann zum Himmel empor.
Zwei ewige Kräfte sich gegen mich wandten,
Und Himmel und Hölle mich verbannten.

Keinen Frieden kennen meine Plagen,
Gleich Ixion mich zwei Räder ziehen,
Die bald folgen und bald fliehen

Und in verschiedene Richtungen jagen.
So ist des unsicheren Laufes Bangen
Im Zwist von Zügel und Sporn gefangen.

======

Er zeigt hier, wie sehr er an der Auflösung und Spaltung seines Inneren leidet. Nachdem seine Emotionen die Mitte und das Maß der Gelassenheit verlassen haben, streben sie zum einen und zum anderen Extrem. So bewegt er sich nach oben und nach rechts und zugleich auch nach unten und nach links.

Cicada: Ist man dann nicht im Zustand und Ziel der Tugend, wenn man weder dem einen noch dem anderen Gegensatz zu eigen ist?

Tansillo: Nein, im Zustand der Tugend befindet sich, wer in der Mitte bleibt und sich sowohl vom einen als auch vom anderen Gegensatz fernhält. Wer aber zu den Extremen eilt, wer sowohl zum einen als auch zum anderen Gegensatz strebt, dem fehlt so viel an Tugend, dass er vielmehr an einer doppelten Untugend trägt, denn er weicht vor seiner eigenen Natur zurück, deren Vollkommenheit auf der Einheit beruht. Sie ist dort, wo sich die Gegensätze verbinden, die Zusammensetzung andauert, und die Tugend bestehen bleibt. Deshalb ist er ein lebender Toter und ein toter Lebender und sagt: *Dass weder*

Leben ich noch Tod mehr habe. Er ist kein Toter, denn er lebt in seinem Ziel, und er ist kein Lebender, weil er in sich selbst tot ist. Er kann nicht sterben, weil er die Gedanken an anderes nährt, doch kann er auch nicht leben, weil er nicht in sich selbst lebt und empfindet. Bald fühlt er sich niedergedrückt in der Betrachtung des hohen geistigen Anblicks und im Begreifen der Schwäche seiner Fähigkeiten. Bald fühlt er sich erhoben durch das Streben seines heroischen Verlangens, das weit über seine Grenzen hinausreicht, denn es wird erhöht durch das Verlangen seines Bewusstseins, das ohne Ende der Zahl die Zahl hinzufügen kann. Bald wird er durch das Gewicht der dazu gegensätzlichen sinnlichen Wahrnehmung wie von Blei nach unten zur Hölle gezogen. Während er so feststeckt und hinabsinkt, empfindet er in der Seele den größten Zwiespalt, den man nur empfinden kann, und verweilt verstört über die Rebellion der Sinne, die ihn dort anspornen, wo ihn der Verstand zügelt und umgekehrt.

Exakt dasselbe wird in den folgenden Worten dargestellt, wo Filenio im Namen des Verstandes fragt, und der Hirte für seine Leidenschaft antwortet. Der Hirte plagt sich mit der Sorge für die Herde, der Schar seiner Gedanken. Er schickt sie auf die Weide zu Ehren und im Dienst seiner Nymphe, die das Verlangen nach seinem Ziel versinnbildlicht, an dessen Betrachtung er gefesselt ist.

Filenio: Hirte!
Hirte: Was willst du?

Filenio: Was machst du?

Hirte: Ich leide.

Filenio: Warum?

Hirte: Weil ich weder leben noch sterben kann.

Filenio: Wer hat dir das angetan?

Hirte: Liebe

Filenio: Diese unbarmherzige?

Hirte: Diese unbarmherzige.

Filenio: Wo ist es?

Hirte: Im Innern meines Herzens krallt es sich fest.

Filenio: Was macht es?

Hirte: Verwunden.

Filenio: Wen?

Hirte: Mich

Filenio: Dich?

Hirte: Ja.

Filenio: Womit?

Hirte: Mit den Augen, mit den Toren zur Hölle und zum Himmel.

Filenio: Hast du Hoffnung?

Hirte: Habe ich.

Filenio: Auf Gnade?

Hirte: Auf Gnade.

Filenio: Von wem?

Hirte: Deren Marter ich Tag und Nacht erdulde.

Filenio: Erhältst du sie?

Hirte: Keine Ahnung.

Filenio: Du bist verrückt.

Hirte: Und wenn die Seele diese Verrücktheit genießt?

Filenio: Erhört sie dich?

Hirte: Nein.

Filenio: Versagt sie sich?

Hirte: Auch nicht.

Filenio: Schweigt sie?

Hirte: Ja, denn ich könnte die Wahrheit nicht ertragen.

Filenio: Du Fantasierst.

Hirte: Was?

Filenio: Du quälst dich.

Hirte: Ich fürchte ihre Geringschätzung mehr als meine Qualen.

Er sagt, dass er leidet. Er beklagt sich über die Liebe, freilich nicht, weil er liebt - denn keinem wahrhaft Liebenden missfällt die Liebe - sondern weil er unglücklich liebt. Währenddessen treten die Pfeile, die Strahlen dieser Lichter entweder hochmütig und abweisend hervor oder wirklich gütig und anmutig. Dadurch sind sie gleichzeitig die Tore zum Himmel oder doch eher zur Hölle. So sitzt er fest zwischen der Hoffnung auf unsichere Gnade in der Zukunft und der Realität einer sicheren Folter in der Gegenwart. Obwohl er seinen Wahnsinn klar erkennt, kann er ihn doch auf keinen Fall korrigieren oder zumindest bedauern, denn davon ist er so weit entfernt, dass er ihn eher zufriedenstellt, wie er zeigte, als er sagte:

Über die Liebe will ich nimmer mich beklagen.
Kein Glück soll es ohne Liebe für mich geben.

Er zeigt eine andere Art von Leidenschaft, die sogar für ein wenig Verstand zeugt. Sie erregt Angst und unterdrückt seine Worte, damit die Geliebte nicht wirklich verärgert und empört wird. So sagt er denn, sein Hoffen beruhe auf der Zukunft, ohne dass ihm etwas versagt oder zugesagt wurde. Deshalb schweigt er und fragt nicht, aus Angst, den Anstand zu verletzen. Er wagt nicht, sich zu erklären und einen Antrag auszusprechen, wodurch er entweder verschmäht und zurückgewiesen oder tatsächlich mit einer Verlobung akzeptiert werden könnte, denn in seinem Denken überwiegt das Unglück, das ihn in einem Fall treffen könnte, das Glück im anderen Fall. So ist er bereit, weiterhin für immer die eigenen Qualen zu ertragen, statt eine Chance zu ergreifen, welche die Geliebte betrüben und traurig machen könnte.

Cicada: Damit zeigt er, dass seine Liebe wahrlich heroisch ist, denn sein vorrangiges Ziel ist die Veredelung der Spiritualität und das Sehnen der Emotionen und nicht die Schönheit des Körpers, in dem seine Liebe für das Göttliche nicht endet.

Tansillo: Wie du weißt, gibt es drei Arten platonischen Begehrens: Das eine strebt nach metaphysischer Kontemplation, das zweite nach sittlichem Handeln, das dritte nach müßiger Wollust. Ebenso gibt es drei Arten von Liebe: Die erste erhebt sich vom Anblick der körperlichen Gestalt zur Betrachtung der Spiritualität und des Göttlichen, die zweite verbleibt im bloßen

Genuss des Sehens und des Gesprächs, die dritte stürzt sich vom Sehen in die Begierde nach der Berührung. Diese drei Arten setzen sich wieder zu anderen zusammen, je nachdem sich die erste mit der zweiten oder der dritten verbindet, oder auch alle drei sich gleichzeitig verbinden, wobei jede einzelne und alle gemeinsam durch die anderen um ein Vielfaches verstärkt werden, abhängig davon, ob das leidenschaftliche Verlangen mehr zur spirituellen oder mehr zur körperlichen Erfahrung strebt oder gleichermaßen zu beiden. Dies erklärt, warum von jenen, die in diesem Krieg kämpfen und in den Netzen der Liebe verstrickt sind, einige nur nach dem Genuss streben, den ihnen das Pflücken des Apfels vom Baum der körperlichen Schönheit gibt, und die jedes Liebesverlangen ohne das Erreichen dieses Ziels - oder zumindest dessen Erhoffen - für sinnlos und lächerlich halten. Dem stimmen alle zu, die von barbarischer Gesinnung sind und die nicht danach streben können, sich durch die Liebe zu Würdigem zu erheben, sich nach Edlem zu sehnen, oder noch höher ihr Sinnen und Handeln dem Göttlichen zuzuwenden, wofür nichts mächtiger und kraftvoller die Schwingen entfalten kann als die heroische Liebe. Andere streben danach, die Lust zu genießen, die ihnen der Anblick der spirituellen Schönheit und Anmut gewährt, der sich im Liebreiz des Körpers widerspiegelt. Von diesen lieben zwar einige auch den Körper und sehnen sich nach der Vereinigung mit ihm. Doch obwohl sie sich über die Distanz beklagen und über das Ausbleiben der Vereinigung traurig sind, fürchten sie sich davor, etwas einzufordern, um nicht die Freundlichkeit, die Gespräche, die Freundschaft und die Vertrautheit zu verlieren, die ihnen das Wichtigste sind. Denn sie können nicht sicher sein, dass ein solcher Versuch ein zufriedenstellendes Ergebnis hätte, und sie haben große Angst, die Gunst zu verlieren, die sich vor den Augen ihrer Gedanken als so ruhmreich und würdig erweist.

Cicada: Wegen der vielen Tugenden und Arten der Vervollkommnung, die daraus für die menschliche Gesinnung erwachsen, ist es sicher ein edles Unterfangen, eine solche Liebe anzustreben, zu akzeptieren, zu fördern und zu bewahren. Doch man muss sich sehr davor hüten, nicht sich selbst durch die Bindung an ein unedles und gemeines Geschöpf zu erniedrigen und von seiner Niedertracht und Gemeinheit angesteckt zu werden. In diesem Sinn verstehe ich den Rat des Dichters aus Ferrara:

Wenn dein Fuß in einer Liebesfalle steckt,
Zieh ihn zurück! Verliere nicht die Schwingen!

Tansillo: Um die Wahrheit zu sagen, ein Individuum, das keine anderen Vorzüge hat außer der körperlichen Schönheit, ist es nicht wert zu einem anderen Zweck geliebt zu werden als zum Erhalt der Rasse, wie sie es nennen, und es scheint mir die Sache von Schweinen oder Pferden, sich durch so etwas quälen zu lassen. Was mich betrifft, kann mich derlei nicht mehr beeindrucken als der Anblick einer Statue oder eines Gemäldes, denn das scheint mir dasselbe zu sein. Für einen edlen Sinn wäre es deshalb eine große Schande, über ein schmutziges, gemeines, dummes und unwürdiges Geschöpf mit noch so schöner und reizender Gestalt zu sagen: *Ich fürchte ihre Geringschätzung mehr als meine Qualen.*

Ende des zweiten Dialogs

Dritter Dialog

Tansillo: Man nimmt an, es gibt mehreren Arten von Ekstase, die sich alle auf zwei Arten reduzieren lassen: Die einen zeigen nichts als Blindheit, Dummheit und einen irrationalen Trieb, der zu brutaler Torheit führt. Die anderen beruhen auf einer wahrlich göttlichen Ergriffenheit, durch die einige in der Tat über gewöhnlichen Menschen stehen. Auch davon gibt es zwei Arten: Wenn manche zum Wohnsitz von Göttern oder göttlicher Spiritualität werden, sprechen und wirken sie Wunderbares, ohne dass sie selbst oder andere den Grund dafür begreifen. Sie werden für gewöhnlich aus einem zunächst ungelehrten und unwissenden Dasein berufen, denn da sie ohne eigenes spirituelles Empfinden sind, dringt die göttliche Weisheit und Spiritualität wie in einen gereinigten Wohnsitz leichter in sie ein, während sie sich in Menschen erfüllt von eigenem Denken und Wissen weniger leicht zeigen kann. Zuweilen soll dadurch der Welt Gewissheit gegeben werden, dass eine höhere Bewusstheit aus ihnen spricht und wirkt, da sie offenbar nicht auf Grund eigener Studien und Kenntnisse sprechen. Deshalb empfindet für sie die Mehrheit der Menschen zurecht größere Bewunderung und Glauben. Andere, die geübt und fähig sind in der Kontemplation und denen eine erleuchtete und bewusste Spiritualität angeboren ist, werden aus innerem Antrieb und natürlicher Hingabe von der Liebe zur Gottheit, zur Gerechtigkeit, zur Wahrheit und zur Herrlichkeit, vom Feuer des Verlangens und Begreifens inspiriert, schärfen die Sinne und entfachen im Zunder des Denkens das Licht des Verstandes, mit dem sie mehr als gewöhnlich erkennen. Ihr Ziel ist es, nicht als Wohnsitze und Werkzeuge zu sprechen und zu wirken, sondern als schöpferische Künstler und Wirkende.

Cicada: Welche dieser beiden Arten schätzt du als die bessere ein?

Tansillo: Die ersten haben mehr Würde, Macht und Wirksamkeit in sich, denn sie tragen die Gottheit in sich. Die zweiten sind selbst wertvoller, mächtiger und wirksamer, sind göttlich. Die ersten sind würdig wie der Esel, der das Heilige trägt, die zweiten wie etwas Heiliges. In den ersten betrachtet und sieht man das Wirken der Gottheit. Diese wird bewundert, angebetet und ihr wird gehorcht. In den zweiten betrachtet und sieht man den Adel des eigenen Menschseins.

Lass uns nun zu unserer Erörterung zurückkehren. Diese Ekstase, über die wir debattieren und deren Wirken wir in diesen Zeilen sehen, ist kein Vergessen, sondern Erwachen. Sie bedeutet nicht Vernachlässigung des eigenen Seins, sondern Liebe und Sehnsucht nach dem Schönen und Guten, die den Wunsch erwecken, sich zu vervollkommnen, sich in sie zu verwandeln und ihnen ähnlich zu werden. Es ist keine Fessel unter dem Gesetz eines unwürdigen Schicksals in den Schlingen tierischer Triebe, sondern ein rationaler Impuls, der dem bewussten Begreifen des erkannten Guten und Schönen folgt, die er erfreuen will und denen er ähnlich werden will, so dass ihn ihr Adel und ihr Licht entflammen und er die Eigenschaften und

Voraussetzungen erwirbt, durch die er selbst edel und würdig wird. Er wird ein Gott durch den bewussten Kontakt mit dem Göttlichen, denkt nur an Göttliches, zeigt sich unempfindlich und gleichgültig für alles, was für gewöhnlich am stärksten empfunden wird und was andere so sehr quält. Er fürchtet nichts, aus Liebe zur Gottheit verachtet er andere Genüsse und sorgt sich nicht um sein Leben. Es ist nicht die Wut der schwarzen Galle, die ohne Rat, Verstand und besonnenem Handeln umherstreifen lässt, in der Hand des Zufalls und fortgerissen von chaotischen Stürmen, wie jene, die bestimmte Gesetze der Göttin Adrasteia verletzten und dazu verdammt wurden, von den Furien zerfetzt zu werden, so dass sie außer sich sind durch einen Missklang sowohl des Körpers durch Aufruhr, Verderben und Krankheit, als auch der Spiritualität durch die Zerstörung des Zusammenklangs zwischen den Kräften des Erkennens und Begehrens. Es ist vielmehr eine Wärme, die in der Seele von der Sonne des Bewusstseins entzündet wird und ein göttlicher Ansporn, der Flügel verleiht. Deshalb nähert er sich mehr und mehr der Sonne des Bewusstseins, streift den Rost menschlicher Sorgen ab, wird lauteres und reines Gold, empfindet göttliche innere Harmonie, und seine Gedanken und Taten kommen in Einklang mit der Symmetrie der allem innewohnenden Gesetze. Nicht wie berauscht vom Trank der Circe schwankt er und fällt mal in diesen, mal in jenen Graben, oder stößt mal gegen diesen oder jenen Stein, oder wechselt wie ein unbeständiger Proteus mal in diese, mal in jene Gestalt, um nie einen Ort, eine Form oder Materie zu finden, in der er ruhen und sich festigen kann. Ohne die Harmonie zu stören, besiegt und überwindet er furchtbare Bestien, und wenn er doch einmal strauchelt, kehrt er leicht zu seiner Orientierung zurück mit Hilfe jener inneren Instinkte, die wie die neun Musen um den Glanz des universalen Apoll tanzen und singen. Unter den sichtbaren Bildern der materiellen Welt erkennt er die Ordnung und den Rat Gottes. Da die zweifache Liebe seine treue Begleiterin ist und er sich zuweilen durch auftretende Hindernisse um seine Mühen betrogen sieht, stößt er in der Tat die Liebe zu dem, was er nicht begreifen kann, wie wahnsinnig und wütend in die Tiefe. Wenn er sodann jedoch bestürzt über den Abgrund der Gottheit die Hände sinken lässt, kehrt er trotzdem zurück und zwingt sich mit dem Wollen dorthin, wohin er mit dem Bewusstsein nicht gelangen konnte. Auch ist er wahrlich kein Kind von Traurigkeit, und versetzt sich für gewöhnlich einmal mehr in die eine, einmal mehr in die andere Gestalt des doppelten Cupido. Denn die wichtigste Lektion Amors ist, dass man die göttliche Schönheit im Schatten betrachte, wenn man sie nicht im Spiegel erblicken kann. So ergötzten sich die Freier der Penelope mit ihren Mägden, wenn sie nicht mit der Herrin selbst sprechen durften. Aus dem Besprochenen könnt ihr nun verstehen, welche Art von Ekstase jener zeigt, dessen Bild hier vor Augen gestellt wird und der sagt:

======

Wenn der Falter fliegt zum hellen Licht,
Dass die Flamme brennt, das weiß er nicht.
Wenn der Durst den Hirsch hintreibt zum Fluss,
Kennt er nicht des scharfen Pfeiles Schuss.

Wenn das Einhorn läuft zum Schoß, zum keuschen,
Sieht es die Falle nicht, die es soll täuschen.
Im Licht, im Fluss, im Schoß von meinem Gut
Seh' ich das Feuer, die Falle und des Pfeiles Wut.

Mein Sehnen ist so süß zu jeder Stunde,
Weil das hohe Antlitz gibt so tiefe Lust,
Weil der göttliche Bogen schenkt so holde Wunde,

Weil diese Schlinge bindet mein Begehren.
Deshalb sollen mich immerfort verzehren
Des Herzens Glut, der Seele Fessel, der Pfeil in der Brust.

======

Hier beweist er uns, dass seine Liebe nicht wie die eines Falters, Hirsches oder Einhorns ist, die alle fliehen würden, wenn sie das Feuer, den Pfeil und die Schlingen erkennen könnten, denn sie haben nichts anderes im Sinn als ihre Lust. Ihn jedoch führt eine wohl überlegte und völlig klar vor Augen stehende Ekstase, die ihn das Feuer mehr als die Erfrischung lieben lässt, die Wunde mehr als die Heilung, seine Fesseln mehr als die

123

Freiheit. Denn dieses Böse ist nicht absolut böse. Doch sicher ist es falsch, wenn man es in Beziehung setzt zu der Meinung darüber, was gut sei. So verschlang auch der alte Saturn seine Speisen mit den Gewürzen, die er aus seinen eigenen Kindern gewann. Absolut ist in den Augen der Ewigkeit dieses Böse entweder als gut zu betrachten oder als ein Führer auf dem Weg zum Guten. Denn diese Flammen sind das brennende Verlangen nach dem Göttlichen, dieser Pfeil ist das Zeichen des Strahls der Schönheit des höchsten Lichts, diese Ketten sind die Formen des Wahren, die unseren Geist mit der ersten Wahrheit vereinen, und die Bilder des Guten, die uns mit dem ersten und höchsten Gut vereinen und verbinden. Dies hatte ich im Sinn mit diesen meinen Worten:

Mit so schönem Feuer und so edlem Band
Entzündet das Schöne, das Wahre mich bannt.
So dass Flammen und Kerker sind tiefe Lust,
Und ich Kälte meiden und Freiheit fliehen musst.

Die Gluten versengen, aber töten nicht,
Die Ketten der Knechtschaft sind Ruhmes Pflicht,
Es kühlt nicht die Angst, der Schmerz nicht befreit,
Die Flammen erfrischen, die süßen Ketten bereit.

Erblick' hoch oben das Licht, dem die Glut entstammt,
Aus edlen Fäden die Fesseln bestehen.
Das Sehnen vergeht und die Gedanken entstehen.

Denn mein Herz hat so herrliches Feuer entflammt.
Meinen Willen bindet so schöner Ketten Macht,
Dass der Schatten dient und Asche die Glut entfacht.

Das Ziel jeder Liebe - die heroisch ist und nicht rein anima-lisch oder natürlich, wie es auch heißt, und unter dem Joch der Fortpflanzung als ein Instrument der Natur dient - ist das Gött-liche, denn sie strebt zur göttlichen Schönheit, die sich zuerst den Seelen mitteilt und sich in ihnen widerspiegelt, und sich sodann von ihnen oder eher durch sie den Körpern mitteilt. Deshalb liebt das wohl gebildete Empfinden die Körper oder die körperliche Schönheit, weil sie ein Zeichen für spirituelle Schönheit ist. Es ist sogar so, dass die Verliebtheit in einen Kör-per durch eine gewisse Spiritualität ausgelöst wird, die wir in ihm sehen, und die Schönheit genannt wird. Sie beruht nicht auf größeren oder kleineren Körpermaßen noch auf einer be-stimmten Farbe oder Form, sondern auf einer gewissen Har-monie und dem Zusammenklang der Gliedmaßen und Farben. Dies beweist eine fühlbare Wesensverwandtschaft der Spiritu-alität mit einer intensiveren und einfühlsameren Wahrneh-mungsfähigkeit. Solche Menschen verlieben sich leichter und heftiger, geben ihre Liebe leichter wieder auf und verachten stärker. Dies geschieht mit jener Leichtigkeit und Intensität, die sich auch in der Unbeständigkeit der schlechten Spiritualität zeigen kann, die sich in manchen Handlungen und Absichten ausdrückt, so dass die Schlechtigkeit von der Seele in den Körper übergeht, der dann nicht mehr wie vorher als schön erscheint. So hat die körperliche Schönheit zwar die Macht zu entflammen, nicht aber zu fesseln und den Liebenden an der Flucht zu hindern, wenn die Spiritualität nicht mit der erforderlichen Schönheit zu Hilfe eilt, wenn sie sich nicht auch in Redlichkeit, Dankbarkeit, Höflichkeit und Besonnenheit äußert. Darum nannte ich schön die Flammen, die mich entzünden, denn auch das Band ist edel, das mich bannt.

Cicada: Ich meine aber, Tansillo, dies ist nicht immer der Fall. Denn auch wenn wir manchmal die spirituelle Verdorbenheit entdecken, bleiben wir zuweilen entflammt und gebunden, so dass der Verstand noch so sehr die Schlechtigkeit und Würdelosigkeit einer solchen Liebe erkennen kann und dennoch nicht imstande ist, das wüste Verlangen abzuhalten. So ging es wohl dem Nolaner, als er sagte:

======

Oh weh! Die Leidenschaft hat mich bezwungen,
Und üble Lust lässt Amor in mir gären,
Als hätt' ich höchstes Gut errungen,
Doch Hilfe will die Seele nicht gewähren.

Kein Ratschluss hebt mir auf den Bann,
Mich zu befreien vom Tyrann,
Der mich beköstigte mit Pein,
Der mich mir selbst entfremden kann,
Und schöner scheint als frei zu sein.

So setz ich Segel in Wind und Flut,
Um mich zu retten vor dem verhassten Gut
Und süßem Verhängnis in Sturmes Wut.

======

Tansillo: Dies kommt vor, wenn die Spiritualität des einen wie des anderen lasterhaft ist, sie gleichsam in derselben Farbe lackiert wurden, so dass ihre Übereinstimmung die Liebe entfacht, nährt und festigt. Denn die Schlechten stimmen gern den Taten derselben Schlechtigkeit zu. Auch muss ich aus eigener Erfahrung gestehen, dass ich die ganze Zeit nicht müde wurde, für die körperliche Schönheit zu brennen, wie sehr ich auch in einem Charakter von mir verabscheute Niedertracht entdeckte, wie zum Beispiel schmutzigen Geiz, gemeinste Habgier, fehlende Anerkennung für erhaltene Gunst und Huldigungen oder die Liebe zu völlig gemeinen Personen - wobei mir Letzteres am meisten missfiel, da sie dem Liebenden die Hoffnung raubt, dass er selbst, weil er es ist, und weil er sich als würdiger darstellt, von ihr eher akzeptiert werden könnte. Aber warum? Ich liebte eben selbst ohne gute Absicht, weshalb meine Freude die Trauer eher überwog, wenn sie Pech hatten und in Schande gerieten.

Cicada: So ist denn die Unterscheidung zwischen Liebe und Wohlwollen in diesem Zusammenhang gerechtfertigt.

Tansillo: Freilich! Denn vielen wollen wir wohl und wünschen ihnen Weisheit und Anstand, aber wir lieben sie nicht, weil sie unwissend und ungerecht sind. Viele lieben wir wegen ihrer Schönheit, aber wir wollen ihnen nicht wohl, weil sie es nicht verdienen, und zu den Dingen, die der Liebende in erster Linie für unverdient hält, gehört die Tatsache, von ihm geliebt zu werden. Denn obwohl er sich der Liebe nicht enthalten kann, bedauert er sie dennoch und zeigt sein Bedauern, wie jener, der seufzte: *Oh weh! Die Leidenschaft hat mich bezwungen, und üble Lust lässt Amor in mir gären.* Entgegengesetzt war seine Neigung entweder sinnbildlich für ein anderes körperliches Ziel oder in Wirklichkeit für Göttliches, als er sagte:

======

Oh Amor, du unterwirfst mich großem Schmerz,
Doch wahrlich lob und preis ich dich.
Die Brust verwundet und durchbohrt dein Stich.
Und du unterjochst mit deiner Macht mein Herz,

Für das ein göttliches, lebendiges Ziel du bist,
Das Bild des schönsten Gottes hier verehrt.
Denk' wer will, dass mein Schicksal qualvoll ist,
Das im Sehnen belebt und im Hoffen verzehrt!

Es labt mich, dass so hoch ich strebe,
Auch wenn ich mich nicht zum Ersehnten erhebe,
Und die Seele im Sehnen sich verlor.

Es genügt, dass sie so erhaben brennt,
Es genügt, dass sie strebt so hoch empor,
Und dass es mich von der gemeinen Menge trennt.

======

Hier ist seine Liebe wirklich heroisch und göttlich, und ich will sie als solche verstehen, weil er durch sie, wie er sagt, so vielen Schmerzen unterworfen ist. Denn jeder Liebende, der fern und getrennt vom Geliebten ist - dem er mit dem Fühlen verbunden ist und es deshalb auch in Wirklichkeit sein will - fühlt Folter und Pein, quält sich und leidet, freilich nicht, weil er liebt, denn als in hohem Maße wertvoll und edel empfindet er den Dienst an der Liebe, sondern weil ihm die Früchte vorenthalten werden, die er in der Vereinigung mit dem angestrebten Ziel genießen könnte. Nicht das Verlangen quält ihn, das ihn vielmehr belebt, sondern die Schwierigkeit seines Strebens peinigt ihn. Auch wenn andere glauben, seine Lage sei unglücklich wegen des Anscheins eines harten Schicksals, das ihn mit solchem Leid bestrafe, wird er doch nicht davon ablassen, dem Gebot der Liebe zu gehorchen und Dank zu empfinden. Denn vor den Augen seines Geistes wurde ihm ein geistiges Bild offenbart, in dem es ihm in diesem irdischen Leben - eingesperrt in diesen fleischlichen Kerker, gefesselt von diesen Nerven und gefestigt von diesen Knochen - erlaubt wurde, die Gottheit viel erhabener zu betrachten, als sie sich in einer anderen Gestalt oder in einem anderen Gleichnis zeigen könnte.

Cicada: Also ist das *göttliche, lebendige Ziel*, von dem er spricht, die geistige Gestalt, die viel erhabener ist, als jede Vorstellung, die er selbst sich von der Gottheit hätte machen können. Keineswegs ist es jedoch irgendeine körperliche Schönheit, die das Denken trübt, während sie sich oberflächlich den Sinnen zeigt?

Tansillo: Das ist wahr, denn nichts sinnlich Wahrnehmbares und auch nicht sein Abbild, kann sich zu solch einem Adel erheben.

Cicada: Warum aber spricht er nur von einem Bild als seinem Ziel, da doch, wie mir scheint, sein wahres Ziel die Gottheit selbst ist?

Tansillo: Das ist das letzte, endgültige und vollkommenste Ziel, doch nicht schon in diesem Dasein, in dem wir Gott nur wie in einem Schatten oder Spiegel sehen können. Denn er selbst kann nicht das Ziel sein, es sei denn im Gleichnis, das jedoch nicht mit Hilfe der Sinne von der Schönheit und körperlichen Vollkommenheit abstrahiert, entnommen und gestaltet werden kann, sondern nur im Geist mit der Kraft des Bewusstseins. Wer sich auf dieser Stufe befindet, verliert die Liebe und das Verlangen nach allem anderen, sei es sinnlich oder geistig wahrnehmbar, denn die Verbindung mit diesem Licht, lässt ihn selbst zu Licht werden und somit zu einem Gott. Denn wenn er mit seinem Verlangen soweit er kann in das Göttliche eindringt, konzentriert er das Göttliche in sich, während es sich in Gott befindet, und dadurch kann er Gott ebensoweit in sich aufnehmen wie er in das Göttliche eindringen konnte, und kann Gott - soweit möglich - in seiner Vorstellung bewahren und begreifen. Von solchen Bildern und Gleichnissen nährt sich das menschliche Bewusstsein in dieser unteren Welt, solange es ihm nicht gestattet ist, mit reineren Augen die Schönheit der Gottheit zu bewundern. So geschieht es jenem, der sich einem herrlich geschmückten Bauwerk nähert, das er in allen Einzelheiten bewundert, das ihn erfreut, das ihm gefällt und an dessen edlen und wundersamen Anblick er sich weidet. Er achtet jedoch nicht mehr darauf und bemerkt es nicht mehr, wenn der Herr dieses Bauwerks hervortritt, dessen Schönheit unvergleichlich größer ist. So wendet er sich völlig der Betrachtung dieses Einen zu. Hier siehst du den Unterschied zwischen der Stufe, auf der wir die göttliche Schönheit in den geistigen Bildern sehen, die seinen Wirkungen, Werken, Lehren, Schatten und Gleichnissen entnommen sind, und jener anderen Stufe, auf der es erlaubt ist, sie in ihrer eigenen Gegenwart zu erblicken. Sodann sagt er: *Es labt mich, dass so hoch ich strebe*, denn - wie die Pythagoreer erkannten - kreist und bewegt sich die Seele um Gott, wie der Leib um die Seele.

Cicada: Ist denn der Leib nicht der Wohnsitz der Seele?

Tansillo: Nein, denn die Seele ist nicht räumlich im Leib, sondern sie ist gleichsam seine innere Form und sein äußerer Gestalter. Sie formt die Gliedmaßen und gestaltet den inneren und äußeren Organismus. Somit ist der Leib in der Seele, die Seele ist im Geist und der Geist ist Gott oder in Gott, wie Plotin sagte, denn wie er seinem Wesen nach in Gott ist, der sein Leben ist, so bezieht er sich auf ähnliche Weise durch das Wirken des Bewusstseins und das aus diesem Wirken hervorkommende Wollen auf sein Licht und seinen beglückenden Anblick. Es ist also angemessen, wenn sich das Empfinden der heroischen Ekstase an einem solch erhabenen Streben labt. Denn auch wenn das Ziel unendlich ist als die allereinfachste Wirklichkeit, und unser Bewusstsein nicht fähig ist, das Unendliche zu erfahren, es sei denn auf potenzielle oder angepasste Weise in einem gedanklichen Prozess oder in irgendeiner Art von gedanklichem Prozess, macht er es wie jene, die in den Genuss des Unermesslichen gelangen wollen, indem sie ein Ende setzen, wo kein Ende ist.

Cicada: Sehr wahr, denn das letzte Ende kann kein Ende haben, denn sonst wäre es nicht das letzte. Es ist unendlich in der Vorstellung, in der Vollkommenheit, in seinem Wesen und in jeder anderer Form, in der ein Ende existieren könnte.

Tansillo: Allerdings. Doch in diesem Leben entzündet eine solche Speise das Verlangen eher, als dass es das Verlangen stillt, wie einst ein göttlicher Dichter sagte: *Ermattet sehnt sich meine Seele nach dem lebendigen Gott*. An anderer Stelle: *Attenuati sunt oculi mei suspicientes in excelsum. (Meine Augen sind geschwächt vom Schauen in die Höhe.)* Trotzdem sagt er: *Es labt mich, dass so hoch ich strebe, auch wenn ich mich nicht zum Ersehnten erhebe, und die Seele im Sehnen sich verlor. Es genügt, dass sie so erhaben brennt, es genügt, dass sie strebt so hoch empor.* Er meint, inzwischen solle sich die Seele trösten und allen Glanz empfangen, den sie auf dieser Stufe erhalten kann, denn sie habe teil an der höchsten menschlichen Leidenschaft, an der ein Mensch teilhaben kann, solange er ein Mensch ist, unter diesen Bedingungen, in denen er sich hier befindet und wie wir ihn hier sehen.

Cicada: Ich glaube, dass die Peripatetiker, wie Averroes erklärte, dies meinten, wenn sie behaupteten, die höchste Seligkeit des Menschen beruhe auf seiner Vervollkommnung durch die Metaphysik.

Tansillo: Das ist richtig und wohl gesprochen, denn in diesem unseren Dasein können wir keine größere Vollkommenheit ersehnen und erreichen als jene, in der wir uns befinden, wenn sich unser Bewusstsein mit Hilfe edler geistiger Bilder entweder mit den jenseitigen Wesen, wie sie sagten, oder mit dem göttlichen Geist, wie es die Platoniker nannten, vereint. Im Moment will ich davon ablassen, über die Seele oder den Menschen in einem anderen Zustand oder in einer anderen Daseinsform zu sprechen, in der er sich befinden könnte oder sich zu befinden glaubt.

Cicada: Aber welche Vollkommenheit oder Befriedigung kann der Mensch in dieser Erkenntnis finden, wenn sie nicht vollkommen ist?

Tansillo: Sie wird niemals vollkommen sein, soweit das höchste Ziel erkannt werden kann, aber doch soweit unser Bewusstsein fähig ist, es zu erkennen. Es genügt, wenn sich ihm die göttliche Schönheit in diesem oder einem anderen Zustand so weit zeigt, wie sich sein Gesichtskreis erstreckt.

Cicada: Und doch können nicht alle Menschen dorthin gelangen, wohin einer oder zwei gelangen können.

Tansillo: Wenn nur jeder sich auf den Weg macht und sein Bestes gibt, denn ein heroisches Gemüt wird lieber stürzen oder ehrenvoll verlieren bei einer Tat, in der es seinen Adel zeigen kann, als Vollkommenheit in weniger edlen oder gemeinen Dingen erreichen.

Cicada: Sicherlich, besser ist ein ehrenvoller und heldenmütiger Tod als ein unwürdiger und gemeiner Sieg.

Tansillo: In der Überzeugung habe ich folgendes Sonett gedichtet:

Dem schönen Sehnen entfalte ich die Schwingen,
Und je mehr Luft mich unter meinen Flügeln tragen,
Umso schneller werden mich die Winde jagen,
Und ich veracht' die Welt und werd' gen Himmel dringen.

Ich fürchte nicht des Ikaros grausam' Ende,
Nicht nach unten, eher nach oben ich mich wende.
Mir ist klar, dass der tödliche Sturz zur Erde droht,
Aber welches Leben könnte gleichen diesem Tod.

Hör' in der Luft die Stimme aus meinem Herzen:
"Wo bringst du mich hin, tollkühner Narr! Oh welche Not!
Solche Kühnheit endet selten ohne Schmerzen!"

"Fürchte nicht", antworte ich, "in der Höhe dein Verderben!
Gewiss werde ich über den Wolken glücklich sterben,
Wenn der Himmel mir bestimmt einen so edlen Tod."

Cicada: Ich verstehe, wenn er sagt: *Es genügt, dass sie strebt so hoch empor*, aber nicht, wenn er sagt: *und dass es mich von der gemeinen Menge trennt*, wenn er nicht darunter versteht, er habe die platonische Höhle verlassen und befinde sich fern der dummen und unedlen Masse, denn es können nicht sehr viele sein, die in dieser Kontemplation Erfolg haben.

Tansillo: Das hast du ganz richtig verstanden. Des Weiteren kannst du unter der *gemeinen Menge* den Körper und die sinnliche Wahrnehmung verstehen, über die sich erheben und von der sich befreien muss, wer sich mit der entgegengesetzten Natur verbinden will.

Cicada: Die Platoniker sprechen von einem zweifachen Band, das die Seele an den Körper bindet. Das erste ist ein belebendes Wirken, das sich von der Seele wie ein Strahl hinab in den Körper ergießt. Das andere ist eine gewisse Lebendigkeit, die aus diesem Wirken im Körper entsteht. Nun, wie denkst du, soll sich diese erhabene bewegende Stufe, welche die Seele ist, von der unedlen Stufe des Körpers trennen?

Tansillo: Dies verstanden sie gewiss nicht auf eine dieser Weisen ihres Wirkens, sondern so, dass die Kräfte, die nicht im Schoß der Materie umschlossen und eingekerkert sind, zuweilen wie schlafend oder berauscht sind, als ob sie immer noch mit der Gestaltung der Materie und der Belebung des Körpers beschäftigt wären. Wenn diese nun gleichsam erwachen, sich an sich selbst erinnern, ihren eigenen Ursprung und ihre eigene Art erkennen, wenden sie sich Höherem zu und drängen wie zum Ort ihrer Geburt zur geistigen Welt zurück. Ebenso werden sie zuweilen zum Zweck der Fortpflanzung durch den Wechsel von dort zu den niederen Bereichen unter das Schicksal hinabgestoßen. Diese beiden Antriebe sind in den beiden Arten von Verwandlungen im folgenden Gedicht dargestellt:

======

Der Gott, der schleudert Donner und Blitz,
Als Adler heimlich Asteria erblicken wollt,
Nahm Mnemosyne als Hirt, Danae als Regen aus Gold,
Alkmene als ihr Gemahl und Antiope als Satyr in Besitz.

Kadmos Schwester er als weißer Stier bezwang,
War ein Schwan für Leda und für Kore eine Schlang'.
Ich, ein völlig normaler Mensch auf Erden,
Kann zu einem Gott dank meines hohen Zieles werden.

Saturn ward zum Pferd, Neptun zum Delfin,
Ibis zum Kalb, zu einem Hirt Merkur,
Bacchus als Wein erschien.

Apoll ward zum Raben,
Und so kann ich, ein gewöhnliches Wesen nur,
Dank der Liebe mich als Gottheit an Nektar laben.

======

In der Natur findet ein zyklischer Wechsel und ein Kreislauf statt, durch den die höheren Wesen sich den unteren zu deren

Vervollkommnung und Hilfe zuwenden, und die unteren Wesen sich für die eigene Vollkommenheit und Seligkeit zu Höherem erheben. Deshalb glauben Pythagoreer und Platoniker, es sei die Bestimmung der Seele, zuweilen nicht nur aus freiem Willen, mit dem sie sich dem Verstehen der Natur zuwendet, sondern auch aus der Notwendigkeit eines ihr innewohnenden Gesetzes, das ihr vom Gebot des Schicksals eingeschrieben und eingeprägt wurde, ihr eigenes Los gerecht festgelegt zu finden. Sie glauben, dass die Seelen nicht so sehr durch eigenen Entschluss und Willen wie im Aufruhr von der Gottheit abfallen, sondern dass ihnen in einer bestimmten Reihenfolge die Sehnsucht nach der Materie eingeflößt wird. Deshalb stürzen sie nicht aus freiem Willen herab, sondern auf Grund eines verborgenen, festgelegten Beschlusses. Dies ist ihre Neigung zur Fortpflanzung wie zu einem wahrlich geringeren Gut. Ein geringeres Gut nenne ich es, solange es sich auf die Natur des Einzelwesens bezieht, doch gewiss nicht, wenn es sich auf die Gesamtheit alles Natürlichen bezieht, in dem es nichts gibt, was nicht dem besten Zweck dient, den das Ganze gerecht festlegt. Wenn sie sich nun im Bereich der Fortpflanzung befinden, werden sie durch den Kreislauf, der im Wechsel erfolgt, von neuem zu den höheren Wohnsitzen zurückkehren.

Cicada: So glauben sie, dass die Seele von der Notwendigkeit des Schicksals getrieben wird, und keinen eigenen Ratschluss hat, der sie tatsächlich führt.

Tansillo: Notwendigkeit, Schicksal, Natur, Ratschluss, Wille, wenn diese wahrhaft und ohne Irrtum eingeordnet werden, sind sie alle ein und dasselbe. Andere behaupten, wie Plotin berichtet, dass bestimmte Seelen vor dem eigenen Elend fliehen können, denn bevor sie im Körper ihren Wohnsitz einnehmen, erkennen sie die Gefahr und fliehen zurück zum Geist. Der Geist erhebt zu Höherem wie die Phantasie zu Niederem herabdrückt, der Geist erhält sie in Ruhe und Identität wie die Phantasie in der Bewegung und Vielfalt, der Geist sucht immer das Eine, die Phantasie stellt sich immer wieder unterschiedliche Bilder vor. Zwischen beiden befindet sich der Verstand, der aus allem zusammengesetzt ist. In ihm trifft das Eine mit dem Vielen, die Gleichheit mit der Unterschiedlichkeit, die Bewegung mit der Ruhe und das Niedere mit dem Höheren zusammen.

Dieser Kreislauf, dieser Wechsel, wird im Rad der Metamorphosen sinnbildlich dargestellt. Ganz oben sitzt ein Mensch, unten liegt ein Tier, ein halber Mensch und ein halbes Tier sinken links herab, und ein halbes Tier und ein halber Mensch steigen rechts nach oben. Diese Verwandlung zeigt sich, wenn Zeus abhängig von unterschiedlichen Formen des Verlangens, das er für geringere Wesen empfindet, in verschiedene Gestalten eingeht und die Form eines Tieres annimmt, wie auch die anderen Götter die Erscheinungsformen niederer und fremdartiger Geschöpfe annehmen. Umgekehrt gewinnen sie im Gefühl des eigenen Adels ihre göttliche Gestalt wieder zurück. Ebenso erhebt die heroische Leidenschaft durch das empfangene Bild der göttlichen Schönheit und Güte mit den Flügeln des Bewusstseins und des bewussten Verlangens zur

Gottheit empor und lässt die Form des niedrigeren Daseins zurück. Deshalb sagt er:

Ich, ein völlig normaler Mensch auf Erden
kann zu einem Gott dank meines hohen Zieles werden.

Und so kann ich, ein gewöhnliches Wesen nur,
Dank der Liebe mich als Gottheit an Nektar laben.

Ende des dritten Dialogs

Vierter Dialog

Tansillo: So beschreibt er den Fortgang der heroischen Liebe, die ihrem eigenen Ziel zustrebt, dem höchsten Gut, und des heroischen Bewusstseins, das sich mit dem eigenen Ziel zu vereinen strebt, dem ersten Wahren oder der absoluten Wahrheit. Im ersten Abschnitt gibt er einen Überblick und zeigt das Vorhaben, das er im Verlauf von fünf weiteren Abschnitten darstellt. Er spricht also:

======

Windhunde und Doggen hetzt Aktaion heute,
Der Jüngling, den des Schicksals Schluss
Voll Leichtsinn auf gefahrvoll' Wege führen muss.
Ins tiefe Dickicht folgt der Fährte seine Meute.

Dort im Wasser: Voll Anmut die Gestalt, das Antlitz hold,
Herrlicher als je es Menschen oder Gott erfreute.
Aus Purpur, Alabaster, laut'rem Gold.
Der große Jäger sah's und wurde selbst zur Beute.

In einen Hirsch verwandelte er sich,
Der flüchtig flink ins Dickicht wich,
Doch schnell zerfetzte ihn die Meute seiner großen Hunde.

Edle Beute jagten die Gedanken zu dieser Stunde,
Doch sie jagten mich und haben mich zerrissen,
Gaben mir den Tod mit erbarmungslosen Bissen.

======

Aktaion symbolisiert das Bewusstsein auf der Jagd nach der göttlichen Weisheit, auf der Pirsch nach dem Anblick der göttlichen Schönheit. Er entkoppelt die *Doggen und Windhunde*, von denen die einen flinker, die anderen stärker sind. Denn das Wirken des Bewusstseins geht dem Wirken des Wollens voraus. Doch dieses ist stärker und wirksamer als jenes, denn das menschliche Bewusstsein liebt die göttliche Güte und Schönheit eher, als dass sie diese begreift, und überdies ist es die Liebe, die das Bewusstsein weckt und anstachelt, damit es wie eine Laterne vorausgeht. *Ins tiefe Dickicht*, zu unwegsamen und einsamen Orten, von sehr wenigen nur besucht und erkundet, wo nicht viele Menschen Spuren hinterließen. Er ist *ein Jüngling*, unerfahren und ungeübt, wie jene, deren Leben kurz und deren Leidenschaft unstet ist. *Auf gefahrvolle Wege*, mit unsicherem und zwiespältigem Denken und Fühlen, wie im Zeichen des Pythagoras beschrieben, wo der schwierige Weg zur Rechten dorniger, unwegsamer und verlassener ist. Dorthin hetzt er die Windhunde und Doggen, um die Fährte der Wildtiere aufzunehmen, der geistigen Bilder und idealen Vorstellungen, die verborgen sind, von wenigen verfolgt und von sehr wenigen gefunden, denn sie offenbaren sich nicht allen, die sie suchen. *Hier im Wasser*, im Spiegel der Gleichnisse, in den Werken, aus denen das Wirken der göttlichen Güte und Herrlichkeit hervorstrahlt. Diese Werke werden versinnbildlicht durch das Motiv der oberen und unteren Wasser, unter und über dem Firmament. *Voll Anmut die Gestalt, das Antlitz hold*, das heißt das äußere Wirken und die Macht, die erblickt werden können durch die Anwendung der erfahrenen Kontemplation eines sterblichen oder göttlichen Geistes, des Geistes eines Menschen oder eines Gottes.

Cicada: Was das Begreifen betrifft, so glaube ich nicht, dass er die göttliche und menschliche Art des Verstehens vergleicht und als dieselbe bezeichnet, denn sie sind äußerst verschieden, auch wenn beide dasselbe Ziel haben.

Tansillo: Richtig. Er spricht *von Purpur, Alabaster, laut'rem Gold*, denn wie sie in der Gestalt der körperlichen Schönheit das Weiße, das Rote und das Blonde bedeuten, so versinnbildlicht für die Gottheit Purpur die große göttliche Macht, Gold die göttliche Weisheit und Alabaster die göttliche Schönheit, zu deren Betrachtung die Pythagoreer, die Chaldäer, die Platoniker und andere sich so gut sie konnten zu erheben bemühten. *Der große Jäger sah's:* Er begreift soweit es ihm möglich ist und *wurde selbst zur Beute*: Der Jäger ging auf die Jagd und wurde selbst zum gejagten Wild, denn durch das Wirken des Bewusstseins verwandelt er das Begriffene in sich.

Cicada: Ich verstehe. Er gestaltet die geistigen Bilder auf seine Weise und passt sie seiner Aufnahmefähigkeit an, denn sie werden auf die Weise empfangen, die dem Empfangenden entspricht.

Tansillo: Doch diese Jagd ist das Werk des Wollens und es verwandelt ihn durch sein Wirken in sein Ziel.

Cicada: Ich verstehe, die Liebe verändert ihn und verwandelt ihn in das, was er liebt.

Tansillo: Wisse, das Bewusstsein begreift auf geistige Weise, das heißt auf seine Art, das Wollen verfolgt seine Ziele auf natürliche Weise, nämlich so, wie sie in sich selbst sind. So suchte Aktaion mit seinen Gedanken, mit seinen Hunden, außerhalb seiner selbst das Gute, die Weisheit und das Schöne, die wilden Waldtiere. Sobald er sie erblickte, bezauberte ihn ihre große Schönheit und er wurde zum gejagten Wild, verwandelte sich in das, wonach er gesucht hatte. Seine Hunde, seine Gedanken, hetzten herbei und er wurde zur ersehnten Beute, denn da er das Göttliche in sich konzentriert hatte, musste er es nicht mehr außerhalb seiner selbst suchen.

Cicada: Darum ist wohl gesagt, das Reich Gottes sei in uns, und die Gottheit wohne in uns kraft unseres verwandelten Bewusstseins und Wollens.

Tansillo: So ist es. Sieh also, wie Aktaion als Beute inmitten seiner Hunde von den eigenen Gedanken verfolgt wird, fortläuft und neue Wege einschlägt! Er ist wiederhergestellt und läuft göttlich, lockerer, mit größerer Schnelligkeit und Ausdauer ins Dickicht, in die Einöde, zu Bereichen des Unbegreiflichen. Er war ein normaler und gewöhnlicher Mensch, jetzt ist er andersartig und heroisch, hat seltene Gewohnheiten und Überzeugungen und führt ein außergewöhnliches Leben. *Die Hunde gaben mir den Tod mit erbarmungslosen Bissen:* Hier endet sein Leben für diese verrückte, sinnliche, blinde und irreale Welt und er beginnt bewusst zu leben, lebt das Leben der Götter, nährt sich von Ambrosia und berauscht sich an Nektar. Hierauf beschreibt er mit einem anderen Gleichnis wie er sich zur Erlangung seines Zieles rüstet und sagt:

=====

Dort, im Schatten, wo all meine Gedanken sich verstecken,
Dort, einsamer Vogel, niste sodann!
Dort kannst du all dein Wirken neu erwecken,
Dort wende deinen Fleiß und deine Künste an.

Werd' neu geboren und hege deine süßen Küken,
Da das Schicksal sich nicht länger wendet
Gegen deine Suche und nicht mehr sendet
Seine Truppen, um es zu unterdrücken.

Geh: Geh zu einer ed'lern Rast!
Wo du einen Gott als Führer hast,
Den nur ein Blinder für einen Blinden hält.

Geh: Und dir soll'n immer gnädig sein
Alle Götter dieser großen, weiten Welt!
Und komm nicht zu mir zurück, wenn du nicht mein!

=====

Der Fortschritt, dessen Sinnbild vorher der Jäger war, der seine Hunde hetzte, wird hier durch ein geflügeltes Herz dargestellt. Es wird aus seinem Käfig freigelassen, in dem es bis jetzt müßig und ruhig verweilte, um in der Höhe zu nisten und seine jungen Küken, seine Gedanken, aufzuziehen, denn es ist die Zeit gekommen, wo alle Hindernisse schwinden, die durch tausend Probleme von außen, und durch die natürliche Schwäche von innen entstanden. So wurde es fortgeschickt, um ihm erhabenere Bedingungen zu gewähren, und es auf ein höheres Streben und Ziel zu richten, nun, da die Seelenkräfte stärkere Schwingen erhielten, die auch von Platonikern durch zwei Flügel dargestellt werden. Die Führung legt er in die Hände jenes Gottes, der von der blinden Menge für töricht und blind gehalten wird, und dies ist die Liebe, denn durch die Gnade und den Segen des Himmels hat sie die Macht ihn zu verwandeln, als ob er zu jener anderen Natur gehöre, nach der er sich sehnt oder zu jener anderen Daseinsweise, aus der er verbannt und zur Wanderschaft verurteilt wurde. Daher sagt er: *und kehr nicht zu mir zurück, wenn du nicht mein*, so dass es nicht unangemessen wäre, mit jenem anderen zu sagen:

Du hast mich verlassen, mein Herz,
Und du, Licht meiner Augen, bist von mir gewichen!

Sodann beschreibt er den Seelentod, den die Kabbalisten den *Tod des Kusses* nennen, der im *Hohen Lied* gemeint ist, wenn die Liebste sagt:

Wer küsst mich mit dem Kuss seines Mundes,
denn während er mich verletzt,
lässt mich die allzu grausame Liebe vergehen.

Andere nennen es *Schlaf,* wie der Psalmist sagt:
Dann werde ich meinen Augen Schlaf gewähren,
Meine Augenlider werden in Schlummer sinken,
Und ich werde dort in Frieden ruhen.

So spricht die Seele wie ermattet, da sie in sich selbst tot ist, und im ersehnten Ziel lebt.

======

Wer von Leidenschaft ergriffen, sei auf sein Herz bedacht,
Denn mein's hat sich zu fernen Wegen aufgemacht.
Von grausamer, erbarmungsloser Hand entführt,
Verweilt es, wo es schmachtet, stirbt und Glück verspürt.

Ruf's in Gedanken zu jeder Stunde zu mir her,
Doch wie ein verrückter Falke hat es mich betrogen,
Des Freundes Hand erkennt's nicht mehr,
Kehrt nicht zurück, ist in die Ferne fortgeflogen.

Schöne Bestie, deren Fessel so viel Glück und so viel Leid
dem Herz, der Seele und der Spiritualität verleiht,
Mit ihren Stacheln, Gluten, Zwängen,

Mit ihren Blicken, Formen, Klängen.
Wer wird, was vergeht, brennt und nimmer kehrt zurück,
Heilen, erfrischen und befrei'n aus seinem Glück?

======

Hier ist die leidende Seele nicht schon wahrhaft unzufrieden, sondern spricht im Empfinden wahrer Liebesqualen, als ob sie ihre Rede für ähnlich leidenschaftlich Verliebte halten würde, als ob sie nicht auf ihre Weise glücklich darüber wäre, ihrem Herzen die Freiheit gegeben zu haben, das dorthin fliegt, wohin es nicht gelangen kann, das nach jenem greift, was es nicht erringen kann, und das in die Arme nehmen will, was es nicht umgreifen kann. Denn obgleich es sich vergeblich von ihr entfernt, entflammt es mehr und mehr für das Unendliche.

Cicada: Warum, oh Tansillo, befriedigen in solchem Fortschreiten die Qualen das Gemüt. Woher kommt dieser Drang, dieser Anreiz, immer weiter über das hinausgehen zu wollen, was es bereits hat?

Tansillo: Das will ich dir jetzt erklären: Sobald das Bewusstsein zur Wahrnehmung eines bestimmten und klaren geistigen Bildes gelangt ist, und das Wollen zu einem Empfinden, das dieser Wahrnehmung entspricht, macht das Bewusstsein dort nicht halt, denn sein eigenes Licht regt es an, an das zu denken, was jede Art von Erkennens- und Wünschenswertem in sich enthält, bis es mit dem Bewusstsein die Erhabenheit der Quelle aller Ideen, den Ozean aller Wahrheit und aller Güte begreift. Deshalb ist jeglicher Anblick, der sich ihm zeigen mag und von ihm verstanden wird, der Grund aus dem Gezeigten und Verstandenen darauf zu schließen, dass es darüber hinaus anderes, Größeres und noch Größeres gibt, so dass es immer auf eine bestimmte Weise sucht und in Bewegung bleibt. Immer sieht es, dass alles Erreichte ein Maß hat, so dass es ihm nicht an sich genügen kann, ihm nicht das Gute an sich geben kann, nicht das Schöne an sich zeigen kann, weil es nicht das Universum ist, nicht das absolute Sein, sondern darauf beschränkt ist, diese Natur zu sein, diese Gestalt, diese Form, die sich dem Bewusstsein zeigt und dem Gemüt vor Augen steht. Vom eingeschränkten und begrenzten Schönen, das somit nur am Schönen teilhat, geht es immer weiter zum wahren Schönen, das keine Grenze hat und das von nichts umschlossen wird.

Cicada: Dieses Voranschreiten scheint mir eitel und leer.

Tansillo: Gewiss nicht. Denn es wäre weder naturgemäß noch sinnvoll, wenn das Unendliche umschlossen wäre, noch kann ihm ein Ende gegeben werden, denn sonst wäre es nicht unendlich, aber es ist sinnvoll und naturgemäß, das Unendliche, da es unendlich ist, unendlich anzustreben. Doch dieses Streben ist auf keine Weise eine physische Bewegung, sondern eine wahrhaft metaphysische. Sie gelangt nicht vom Unvollkommenen zum Vollkommenen, sondern bewegt sich im Kreis auf den Stufen der Vollkommenheit, um zu jenem unendlichen Mittelpunkt zu gelangen, der weder Gestalt noch Gestaltung hat.

Cicada: Wie, so frage ich mich, kann man durch Umkreisen zum Mittelpunkt gelangen?

Tansillo: Das kann ich nicht wissen.

Cicada: Warum sagst du es dann?

Tansillo: Weil ich es sagen und dir zum Betrachten überlassen kann.

Cicada: Wenn du nicht behaupten willst, was zum Unendlichen strebe, sei gleich jenem, das durch die Bewegung auf dem Umkreis zum Zentrum gelangen will, so weiß ich nicht, was du sagen willst.

Tansillo: Etwas anderes.

Cicada: Nun, wenn du dich nicht erklären willst, so will ich dich auch nicht verstehen. Aber sag' mir, wenn du willst, was ist darunter zu verstehen, wenn er sagt, *sein Herz wurde von grausamer, erbarmungsloser Hand entführt?*

Tansillo: Das ist als Gleichnis oder Metapher zu verstehen, das daraus entnommen wurde, dass für gewöhnlich jemand als erbarmungslos bezeichnet wird, der sich nicht oder nicht vollständig genießen lässt, und der mehr Verlangen als Genuss gewährt, denn wer nur einiges genießt, wird nicht glücklich bleiben, sondern sich sehnen, schmachten und vergehen.

Cicada: Was für Gedanken sind es, mit denen er das Herz zurücklocken will, damit es seine ungestüme Suche beendet?

Tansillo: Die sinnlichen und sonstigen natürlichen Empfindungen, welche die Lenkung des Körpers überwachen.

Cicada: Was haben diese mit dem Herzen zu tun, da sie es doch in keiner Weise fördern oder unterstützen können?

Tansillo: Mit ihm haben sie nichts zu tun, aber mit der Seele, die sich nicht mehr für ihre anderen Aufgaben interessiert und sie vernachlässigt, wenn sie sich zu sehr einer einzigen Aufgabe und einem einzigen Streben widmet.

Cicada: Warum nennst du ihn *verrückt*?

Tansillo: Weil sein Wissen zu groß geworden ist.

Cicada: Man pflegt für gewöhnlich jene verrückt zu nennen, deren Wissen zu gering ist.

Tansillo: In der Tat werden jene verrückt genannt, deren Wissen nicht der Norm entspricht, weil sie entweder herabsinken und weniger verstehen, oder weil sie höher streben und mehr Bewusstsein haben.

Cicada: Ich sehe, du sagst die Wahrheit. Nun sag mir aber noch: Was sind die *Stacheln, Gluten, Zwänge*?

Tansillo: Stacheln sind die Neuigkeiten, die das Fühlen beleben und wachrufen, damit es aufmerkt. Gluten sind die Strahlen der sich zeigenden Schönheit, die entzünden, wer sich ihr zuwendet. Zwänge sind die Bereiche und Bedingungen, die das Auge der Aufmerksamkeit fesseln und zugleich die Kräfte mit dem Ziel vereinen und verbinden.

Cicada: Was bedeuten *Blicke, Formen, Klänge*?

Tansillo: Blicke sind die Strahlen, mit denen das Ziel sich zeigt, als ob es uns anblicken würde, Formen sind die Lehren, mit denen es begeistert und lehrt, Klänge sind die Merkmale, durch die es ohne Unterlass erfreut und beglückt, so dass das Herz süß vergeht, lieblich brennt und beständig bei seinem Tun bleibt. Es fürchtet, seine Wunden könnten heilen, sein Feuer könnte verlöschen und seine Ketten könnten sich lösen.

Cicada: Nun fahr fort!

Tansillo:

======

Meine hohen, tiefen und wachen Gedanken,
Wollt ihr entflieh'n der Seele mütterlichen Schranken?
So zielt mit eurem Bogen und sicherer Hand
Dorthin, wo das hohe Ideal entstand!

Dass ihr die Bestie trefft auf diesen steilen Wegen,
Dem steht der Wille des Himmels entgegen.
Doch helft meinem Herz und holt es aus jenem Land,
Wo's weilt verborgen in der wilden Göttin Hand.

Wappnet euch mit der Liebe der heimischen Glut!
Und dass ihr mir ja das Sehen hemmt,
Damit ihr mir nicht werdet fremd,

Und dort als Gefährten meines Herzens ruht!
Zumindest macht mir kund
Von so großer Wonnen und Freuden Grund!

======

Hier beschreibt er die natürliche Sorge der Seele, die auf die Fortpflanzung achtet, denn sie hat mit der Materie Freundschaft geschlossen. Sie sendet die bewaffneten Gedanken aus, die von den Beschwerden der unteren Natur aufgefordert, angespornt und ermuntert werden das Herz zurückzurufen. Die

Seele gibt ihnen Verhaltensregeln, damit sie sich nicht selbst verlieben und vom Ziel betört werden, denn sonst könnte es sie leicht ebenfalls verführen und als Gefährten des Herzens gefangen halten. Sie sagt, dass sie sich mit Liebe wappnen sollen, mit jener Liebe, die sich am heimischen Feuer entzündet, das Freund der Fortpflanzung ist, der sie verpflichtet sind und in deren Delegation, Dienstpflicht und Truppen sie sich befinden. Sodann befiehlt sie ihnen, das Sehen zu unterdrücken und die Augen zu schließen, um nicht eine andere Schönheit und Güte zu erblicken als jene, die ihnen als Freundin und Mutter gegenwärtig ist. Zum Abschluss sagt sie, wenn sie eine andere Aufgabe übernehmen sollten, so dass sie sich nicht wiedersehen können, dann sollen sie ihr wenigstens Nachricht von den Absichten und dem Befinden ihres Herzens geben.

Cicada: Bevor du mit anderem fortfährst, bitte ich dich, mir zu erklären, was die Seele meint, wenn sie zu den Gedanken sagt: *Und dass ihr mir ja das Sehen hemmt!*

Tansillo: Das werde ich dir erklären: Alle Liebe entsteht aus dem Sehen, die geistige Liebe aus dem geistigen Sehen, die sinnliche aus dem Sehen mit den Sinnen. Nun hat dieses Sehen zwei Bedeutungen, denn entweder bedeutet es die Sehfähigkeit, das ist das Bewusstsein oder der eigentliche Sehsinn, oder es bedeutet das Benutzen dieser Fähigkeit, das heißt das Anschauen des materiellen oder geistigen Objekts mit den Augen oder dem Bewusstsein. Wenn also die Gedanken ermahnt werden, das Sehen zu unterdrücken, ist es nicht auf die erste Weise zu verstehen, sondern auf die zweite, denn diese ist der Ursprung der daraus folgenden Gefühle und des sinnlichen oder geistigen Verlangens.

Cicada: Das wollte ich von dir hören. Wenn nun das Benutzen der Sehfähigkeit die Ursache des Guten und Schlechten ist, das aus dem Sehen hervorkommt, warum lieben und begehren wir dann zu sehen? Und warum lieben wir das Göttliche mehr, als wir es kennen?

Tansillo: Wir wollen sehen, weil wir das Gute des Sehens erkennen, weil wir wissen, dass sich durch die Ausübung des Sehens das Schöne zeigt, und so begehren wir zu sehen, weil wir das Schöne begehren.

Cicada: Wir begehren das Schöne und Gute, aber das Sehen ist weder schön noch gut, es ist vielmehr der Vergleich oder das Licht, durch das wir nicht nur das Schöne und Gute, sondern auch das Grausame und Hässliche sehen. Mir scheint, das Sehen kann ebenso schön oder gut sein, wie der Anblick weiß oder schwarz sein kann. Wenn deshalb das Sehen - also die Ausübung - weder schön noch gut ist, wie gelangt es dann in unsere Wünsche?

Tansillo: Wenn nicht um seiner selbst willen, dann wird es gewiss wegen anderem begehrt, denn dieses andere könnten wir ohne das Sehen nicht erkennen.

Cicada: Was antwortest du, wenn von jenem anderen weder die Sinne noch das Bewusstsein etwas wissen? Wie, frage ich, kann etwas begehrt werden, ohne dass es gesehen wurde, wenn von diesem überhaupt nichts bekannt ist, wenn weder das Bewusstsein noch die Sinne je ihre Kräfte darauf richteten, wenn sogar ungewiss ist, ob es geistig oder sinnlich wahrnehmbar ist, ob es körperlich oder unkörperlich ist, ob es eines ist oder zwei oder vieles, ob es auf die eine oder auf die andere Weise existiert?

Tansillo: Hierauf antworte ich, dass es in den Sinnen und im Bewusstsein ein Verlangen und ein Streben zum Wahrnehmbaren im Allgemeinen gibt. Denn das Bewusstsein will alles Wahre erkennen, um alles geistig wahrnehmbare Schöne und Gute zu begreifen, die Fähigkeiten der Sinne wollen alles sinnlich Wahrnehmbare erkunden, um zu erkennen, wie viel Gutes und Schönes es für die sinnliche Wahrnehmung gibt. Dies ist der Grund, warum wir uns genauso danach sehnen, das Unbekannte und niemals Gesehene zu erblicken wie das Bekannte und bereits Gesehene. Daraus folgt nicht, dass das Verlangen nicht aus dem Wissen hervorkommt, und dass wir etwas begehren könnten, von dem wir nichts wissen, sondern ich denke, es steht sogar entschieden und unverbrüchlich fest, dass wir nichts Unbekanntes begehren können. Aber wenn es auch in seiner Existenz als Einzelnes verborgen ist, so doch nicht in seiner Existenz im Allgemeinen, wie sich in jeder Sehfähigkeit alles Sichtbare und in der Kraft des Bewusstseins alles geistig Wahrnehmbare als Anlage befindet, und wie in der Anlage die Tendenz zu ihrer Verwirklichung liegt, so enthält die eine wie die andere Fähigkeit die Tendenz zu ihrer universalen Verwirklichung, wie etwas von Natur aus als gut Betrachtetes. Nicht zu Tauben oder Blinden sprach deshalb die Seele, als sie ihren Gedanken riet, das Sehen zu unterdrücken, das zwar nicht die direkte Ursache des Verlangens ist, aber seine erste und wichtigste.

Cicada: Was verstehst du unter dem zuletzt Gesagten?

Tansillo: Ich denke, dass es nicht die sinnlich oder geistig wahrnehmbare Gestalt oder Form ist, die an sich erregt, denn wenn man die sich den Augen zeigende Gestalt erblickt, bedeutet dies noch nicht, sie zu lieben. Doch ab dem Moment, in dem das Gemüt diese Gestalt in sich selbst aufnimmt, nicht mehr als sichtbar, sondern als vorstellbar, nicht mehr aus Einzelteilen bestehend, sondern als Ganzes, nicht mehr als Objekt, sondern als Gutes und Schönes, dann entsteht ganz plötzlich die Liebe. Dieses Sehen ist es also, von dem die Seele die Augen ihrer Gedanken abhalten will. Hierbei pflegt der Anblick das Gefühl dazu anzuregen, mehr zu lieben als es sieht, denn, wie eben gesagt, denkt es stets, - durch das Wissen um das Gute und Schöne im Allgemeinen - dass es über die erkundeten Arten des Guten und Schönen hinaus weitere und weitere gibt bis ins Unendliche.

Cicada: Aber warum wollen wir uns am äußeren Anblick erfreuen, nachdem wir doch das Bild des Schönen gesehen und in unser Gemüt aufgenommen haben?

Tansillo: Weil das Gemüt immer lieben will, was es liebt, und deshalb immer sehen will, was es sieht. Es will, dass jenes Bild, das aus dem Sehen hervorgekommen ist, sich nicht abschwächt, nachlässt und verschwindet. So will es dieses Bild immer und immer wieder sehen, denn was sich für das innere Empfinden verdunkeln könnte, wird wieder deutlich erhellt durch das äußere Bild, denn es ist die Ursache des inneren Empfindens, und deshalb für seine Bewahrung nötig. Entsprechend verhält es sich beim Verstehen und Betrachten, denn wie das Sehen sich auf das Sichtbare bezieht, so bezieht sich das Bewusstsein auf das geistig Wahrnehmbare. Ich glaube also, dass ihr jetzt verstehen könnt, warum und auf welche Weise die Seele es meinte, als sie sagte: *Hemmt das Sehen!*

Cicada: Ich verstehe schon. Berichte mir nun, was aus seinen Gedanken wurde!

Tansillo: Es folgt die Klage der Mutter über die genannten Söhne, die gegen ihren Befehl die Augen öffneten, dem Glanz des Ziels verfielen und in der Gesellschaft des Herzens blieben. Sie sagt:

======

Nun habt auch ihr, grausame Söhne mein,
Um die Qualen zu vermehren, mich verlassen,
So dass ich klage in endloser Seelenpein,
Denn kein Hoffen habt ihr mir gelassen.

Wofür, geiziger Himmel, soll ich noch empfinden?
Wofür soll ich diese zerstörten Kräfte binden?
Wenn nicht, um mich als Beispiel vorzuführen,
Wie es ist, so große Qualen zu verspüren.

Um Himmels willen, meine Kinder, ich flehe!
Lasst das geflügelte Feuer in diesen Fallen!
Damit ich wenigstens einige von euch wiedersehe.

Befreit euch aus der Göttin grausamen Krallen!
Doch, ach, keiner kehrt zurück und ist bereit,
Spät zu mildern meine Qualen und mein Leid.

======

Hier bin ich Elende, meines Herzens beraubt, alleine gelassen von meinen Gedanken, verlassen von der Hoffnung, die ich so sehr in sie alle gehabt hatte! Nichts blieb mir als das Gefühl meiner Armut, meines Unglücks und meines Elends. Warum bin ich nicht auch noch von diesen verlassen? Warum eilt mir nicht der Tod zu Hilfe, nun, da ich meines Lebens beraubt bin? Wofür habe ich meine natürlichen Fähigkeiten, wenn sie keine Anwendung finden? Wie soll ich mich alleine von geistigen Bildern wie von einem geistigen Brot ernähren, wenn dieses Wesen auf Zusammensetzung beruht? Wie soll ich mich in der vertrauten Gemeinschaft dieser lieben und teuren Gliedmaßen bewahren, die ich um mich verwoben habe, in denen ich die elementaren Eigenschaften harmonisch anpasste, wenn mich all mein Denken und Fühlen verlassen hat und zum immateriellen und göttlichen Brot strebt. Kommt schon, ihr meine untreuen Gedanken, mein meuterndes Herz! Es leben die Sinne von Sinnlichem und das Bewusstsein von Geistigem. Dem Körper soll mit Materie und Körperlichem gedient werden, und das

157

Bewusstsein soll mit seinen Zielen zufrieden sein, damit diese Zusammensetzung bestehen bleibt und seine Gestaltung sich nicht auflöst, in der durch die Spiritualität die Seele mit dem Körper verbunden wurde. Wie soll ich Unglückliche diese schreckliche Trennung meiner Teile und Glieder aushalten, die mehr die Folge eines inneren Werks als von äußerer Gewalt ist? Warum erfrecht sich das Bewusstsein den Sinnen Befehle zu erteilen und sie ihrer Nahrung zu berauben? Diese wiederum widersetzen sich ihm, wollen auf ihre eigene Art leben und nicht auf die Art von anderem, denn sie und nicht jenes können diesen Körper aufrechterhalten und für sein Wohl sorgen, und gerade deshalb müssen sie auf ihr eigenes Wohlbefinden und ihre eigene Lebensweise achten und nicht auf die von anderem. Es gibt keine Harmonie und keine Eintracht, wo Einförmigkeit herrscht, wo ein Sein alles Sein für sich beanspruchen will, sondern nur, wo es Ordnung und Ähnlichkeit von Verschiedenem gibt, wo alles seine eigene Natur wahrt. Es sollen sich also die Sinne nach Art des Sinnlichen nähren, das Fleisch nach Art des Fleisches, die Spiritualität nach Art der Spiritualität, das Denken nach Art des Denkens, ohne sich zu vermischen und zu behindern. Es genügt, wenn der eine die Regeln des anderen nicht verdirbt oder verletzt, denn wie es nicht richtig ist, dass die Sinne das Gesetz des Verstandes schmähen, so ist es ebenso schändlich, wenn dieser jene mit seinen Regeln knechten will, am meisten aber ist das Bewusstsein ein Wanderer und Fremder, während die Sinne am ehesten zu Hause und in ihrer eigenen Heimat sind.

Ihr seht, meine Gedanken, wie die einen von euch verpflichtet sind, zu bleiben und sich um das Heim zu kümmern, und die anderen dort draußen auf die Jagd gehen können. Dies ist das Gesetz der Natur, und deshalb auch das Gesetz des Schöpfers und Ursprungs der Natur. Ihr sündigt, wenn ihr alle dem Zauber des Bewusstseins erliegt und den anderen Teil von mir der Todesgefahr aussetzt. Woher kommt nur diese melancholische und abartige Laune, die wahren und natürlichen Rechte des euch anvertrauten wirklichen Lebens zu verletzen für Ungewisses, das es nur in den Abgründen weit jenseits eures fantastischen Denkens gibt? Scheint euch natürlich, dass jene, die Menschen oder Tiere sind und keine Götter, kein menschliches oder tierisches Leben führen wollen, sondern ein göttliches? Es ist das Gesetz des Fatums und der Natur, dass jedes sich an die Bedingungen seiner Existenz anpasst. Denn während ihr nach dem kärglichen Nektar der Götter lechzt und euch mit der leeren Hoffnung auf anderes quält, verliert ihr, was ihr hier seht und euch zu eigen ist. Glaubt ihr, die Natur ließe sich schmähen und würde euch ein anderes Gut geben, wenn ihr das von ihr bereits erhaltene so närrisch verachtet?

Zum zweiten Mal, das wolle wohl bedenken,
Wird der gekränkte Himmel dem nichts schenken,
Des undankbarer Frevelmut
Missachtet hat das erste Gut!

Mit diesen und ähnlichen Gründen verteidigt die Seele die Interessen des schwächeren Teils, um die Gedanken zur Fürsorge für den Körper zu ermahnen. Doch diese zeigen sich ihr - nach langer Zeit - nicht mehr in derselben Gestalt, in der sie aufbrachen, sondern nur, um ihre Rebellion auszurufen und sie zu zwingen, ihnen als Ganzes zu folgen. Deshalb beklagt sich die Leidende in dieser Form:

======

Oh weh, Aktaions Hunde, undankbare Meute,
Die ich zum Hain der Göttin hab' entsandt,
Kein Hoffen bringt ihr mir zurück, das mich erfreute,
Auch wenn ihr kommt zum heimatlichen Strand.

Zu qualvoll ist mir eure Kunde,
Verwehrt das Leben, reißt tiefe Wunde.
Verlass mich Leben! Lass mich zur Sonne streben!
Wie soll mein Doppelfluss denn ohne Quelle leben?

Ach, dass mich vom Gewicht der Erde
Die Natur endlich befreien werde!
Dann will ich mich von hier erheben,

Mich rasch zum hohen Ziel begeben,
Um zusammen mit meines Herzens Glut
Zu hegen uns'rer süßen Küken Brut.

======

Die Platoniker sind überzeugt, dass der höhere Anteil der Seele immer das Bewusstsein ist, denn dort entspricht ihre Seinsweise mehr dem eines bewussten Wesens als dem der Seele, besonders da die Seele ihren Namen von der Belebung und dem Erhalt des Körpers ableitet. Denn dasselbe Wesen, das in der Höhe die Gedanken zusammen mit dem erhöhten Herzen nährt und bewahrt, fühlt sich im unteren Teil dazu bestimmt, jene voll Trauer gleich Rebellen zurückzurufen.

Cicada: Dann sind sie doch wohl nicht zwei gegensätzliche Wesen, sondern eines, das an die zwei Endpunkte eines Gegensatzes gebunden ist?

Tansillo: Ganz richtig. Wie der Sonnenstrahl, der hier die Erde berührt, sich niederen und dunklen Dingen zuwendet, um sie zu beleuchten, zu beleben und zu entzünden, dort dem Element des Feuers verbunden ist, dem Gestirn, aus dem er hervorkommt, das sein Ursprung ist, von dem er ausstrahlt, und der die eigentliche und ursprüngliche Grundlage seiner Existenz ist, so befindet sich die Seele an der Grenze zwischen der körperlichen und unkörperlichen Natur. Sie erhebt sich einerseits zu Höherem und neigt sich andererseits zu Niederem herab. Hieraus kannst du ersehen, dass dies nicht auf das Gebot einer örtlichen Bewegung zurückzuführen ist, sondern auf den Einfluss der einen oder anderen Macht oder Kraft. Gleich wie der Sinn sich zur Vorstellung, die Vorstellung zum Verstand, der Verstand zum Bewusstsein, das Bewusstsein sich zum Geist erhebt, wird die Seele sodann völlig zu Gott und bewohnt die geistige Welt. Von dort wiederum wandelt sie sich und kehrt zurück zur Welt der sinnlichen Wahrnehmung durch das Bewusstsein, den Verstand, die Vorstellung, die Sinne bis zu allem Belebten.

Cicada: Ich habe wahrlich verstanden, dass die Seele, die sich auf der untersten Stufe des Göttlichen befindet, zurecht wieder in einen sterblichen Körper hinabsteigt und von dort wieder zu den göttlichen Stufen zurückkehrt. Deshalb gibt es drei Grade bewusster Wesen: Bei den ersten überwiegt das Bewusstsein das Animalische, sie werden bewusste Wesen des Himmels genannt, bei den zweiten überwiegt das Animalische das Bewusstsein, sie werden menschliche bewusste Wesen genannt, bei den dritten ist beides ausgeglichen, und dies sind die Dämonen und Heroen.

Tansillo: Die geistige Wahrnehmung kann immer nur das Benachbarte, Nahe, Bekannte und Vertraute begehren. So kann sich auch das Schwein nicht wünschen, ein Mensch zu sein und nichts begehren, was dem menschlichen Verlangen entspricht. Es wälzt sich lieber im Dreck als auf einem Bett aus feinem Linnen, und liebt es, sich mit einer Sau zu paaren und nicht mit der schönsten Frau, welche die Natur hervorbringen kann, denn das Verlangen folgt dem Gesetz der Art. Bei den Menschen kann man Ähnliches beobachten, je nachdem sie der einen oder anderen Art von Tieren ähnlich sind: Die einen haben etwas von Vierfüßlern, die anderen von Vögeln, und manche haben eine besondere Verwandtschaft, die ich nicht nennen will, und durch die sie von einer bestimmten Art von Bestien beeinflusst werden. Wenn es nun dem Geist - der sich durch die Verbindung der Seele mit der Materie unterdrückt fühlt - gestattet wird, sich zur Betrachtung eines anderen Daseins zu erheben, zu dem die Seele gelangen kann, könnte er sicher das eine vom anderen unterscheiden und um der Zukunft willen das Gegenwärtige gering schätzen. Wie ein Tier, das den Unterschied zwischen seinem und dem Dasein eines Menschen spüren könnte, zwischen seinem eingeschränkten Dasein und dem bevorzugteren Dasein eines Menschen, und das glaubt diesen Zustand auch erreichen zu können, den Tod, der ihm den Weg dorthin öffnet, seinem gegenwärtigen Leben vorziehen würde. Wenn hier die Seele klagt: *Oh weh, Aktaions Hunde*, wird sie vorgestellt, als ob sie nur aus den niederen Kräften bestehe, gegen die sich der Geist auflehnt, und dabei das Herz, nämlich sämtliche Emotionen und das ganze Heer seiner Gedanken, mit sich führt. Da sie nur das gegenwärtige Dasein erfahren hat und kein anderes, dessen Existenz sie genauso wenig glauben wie kennen kann, beklagt sie sich über die Gedanken, die sich ihr spät zuwandten, und wohl mehr sie mit sich nach oben nahmen, als sich von ihr Vorschriften machen zu lassen. Da sie unter dem Zwist zwischen der gleichzeitigen Liebe zur Materie und zum Geistigen leidet, fühlt sie sich zerrissen und gespalten, so dass sie schließlich dem stärkeren und wirksameren Antrieb nachgeben muss. Sobald sie sich kraft der Kontemplation über den Horizont des natürlichen Empfindens erhebt oder auch entführt wird, kann sie mit reineren Augen den Unterschied zwischen dem einen und dem anderen Leben erkennen. Sie wird übermannt von den hohen

Gedanken, es zieht sie nach oben und sie ist im Körper wie erstorben. Obwohl sie im Körper lebt, existiert sie dort wie tot, belebt den Körper zwar, aber ist abwesend, wenn er handelt, nicht weil es im lebendigen Körper kein Handeln gibt, sondern weil das Handeln des zusammengesetzten Körpers nachlässig, matt und wie überflüssig ausgeführt wird.

Cicada: So sagte ein bekannter Gottesgelehrter, der behauptete bis in den dritten Himmel entführt worden zu sein, dass er begeistert von diesem Bild sich nach der Auflösung seines Leibes gesehnt habe.

Tansillo: Ebenso ergeht es der Seele, die zuerst über das Herz jammerte und sich dann über die Gedanken beklagte. Nun aber sehnt sie sich danach, mit ihnen zur Höhe zu streben, und bedauert ihre Verbindung und ihre Vertrautheit mit der Materie des Körpers. Sie sagt: *Verlass mich Leben!* - das körperliche - und hindere mich nicht, *von hier* zu meinem Geburtshaus, *zur Sonne, zu streben*: Lass mich! Damit nicht weiter Tränen aus meinen Augen strömen, weil ich entweder dir nur sehr schlecht beistehen kann oder meinem Gut fernbleiben muss. Lass mich! Denn weder ist es natürlich noch möglich, dass diese beiden Bäche sich *ohne ihre Quelle* ergießen, ohne mein Herz. Weshalb, fragt sie, sollen hier unten zwei Ströme von Tränen fließen, wenn ihre Quelle, mein Herz mit ihren Nymphen, mit all meinen Gedanken, nach oben fortgeflogen ist? So entwickelt sich allmählich ihr Verdruss und ihre Klage zum Hass auf alles Niedere, was sie deutlich mit diesen und den folgenden Worten ausdrückt: *Ach, dass mich vom Gewicht der Erde die Natur endlich befreien werde!*

Cicada: Das verstehe ich sehr gut, und auch, was du daraus für unsere zentrale Erörterung entnehmen willst: Die Grade der Liebe, der Emotionen, der Leidenschaften entsprechen den Graden des helleren oder dunkleren Leuchtens der Erkenntnis und des Bewusstseins.

Tansillo: Ganz richtig! Hierdurch kannst du jene Lehre verstehen, die für gewöhnlich den Pythagoreern und Platoniker zugeschrieben wird, und die besagt, dass die Seele diese beiden Entwicklungen nach oben und nach unten durchläuft, weil sie sowohl für sich selbst als auch für die Materie sorgen muss. Denn entweder regt sie das Verlangen nach ihrem eigenen Gut an, oder sie wird von der Vorsehung des Schicksals angetrieben.

Cicada: Nun aber, mit Verlaub, erkläre mir noch kurz, was du von der Seele der Welt denkst: Kann sie sich auch aufwärts und abwärts bewegen?

Tansillo: Wenn du nach der Welt im gewöhnlichen Sinn fragst, in dem sie das Universum bedeutet, so behaupte ich, dass sie unbeweglich ist, nicht belebt und nicht gestaltet, da sie unendlich ist, und weder Größe noch Maß hat. Doch sie ist ein unendlicher Raum, in dem es unendlich viele bewegliche Welten gibt, unendlich viele große Lebewesen, die Sterne genannt werden. Wenn du nach der Bedeutung fragst, die sie bei den wahren Philosophen hat, wenn sie nämlich jede Weltkugel, jeden Stern bedeutet, wie diese Erde einer ist, oder der Körper

165

der Sonne, des Mondes und andere, so denke ich, dass deren Seele sich weder nach oben noch nach unten, sondern im Kreis bewegt. Da sie aus höheren und niederen Kräften zusammengesetzt ist, wendet sie sich mit den höheren Kräften der Gottheit zu und mit den niederen zur Masse, die sie bewahrt und belebt innerhalb der Grenzen von Zeugung und Tod dessen, was auf dieser Welt lebt. So dient sie ewig dem eigenen Leben, denn gemäß der göttlichen Vorsehung wird sie immer in derselben Größe und in derselben Form mit der göttlichen Wärme und dem göttlichen Licht im selben gleichbleibenden Sein erhalten.

Cicada: Ich bin zufrieden mit dem, was ich hierzu vernommen habe.

Tansillo: Die unterschiedlichen Einzelseelen neigen somit gemäß den verschieden Stufen des Auf- und Abstiegs zu verschiedenen Gestalten und Vorlieben. Ebenso entwickeln sie unterschiedliche Arten und Formen der Leidenschaft, Liebe und Sinnlichkeit. Diese entsprechen nicht nur der Stufenleiter der Natur und der Reihenfolge verschiedener Leben, welche die Seele in verschiedenen Körpern einnimmt, wie die Pythagoreer, die Sadduzäer und andere, und indirekt auch Platon ausdrücklich meinten, sondern auch der Stufenleiter der menschlichen Emotionen, denn der Mensch in seinem ganzen Potenzial zeigt alle Arten des Seienden.

Cicada: An den Emotionen kann man also die Geister erkennen, und ob sie nach oben oder nach unten streben oder von oben oder von unten kommen, ob sie ein Tier oder doch wahrlich göttlich sein werden, entsprechend ihrem tatsächlichen Sein, wie es die Pythagoreer verstanden, oder nur entsprechend einer emotionalen Analogie, wie man für gewöhnlich glaubt. Denn wie Plotin und andere Platoniker gemäß der Lehre ihres Meisters sagten, darf es nicht sein, dass die menschliche Seele zur Seele eines Tieres wird.

Tansillo: So ist es. Um also wieder zu unserer Erörterung zurückzukommen, so ist die beschriebene Seele von der tierischen Leidenschaft zur heroischen Leidenschaft gelangt, wenn sie sagt: *Dann will ich mich von hier erheben, mich rasch zum hohen Ziel begeben, um zusammen mit meines Herzens Glut zu hegen unserer süßen Küken Brut.* Im selben Sinn fährt er fort und sagt:

=====

Oh Schicksal, wann werd' ich diesen Berg besteigen,
Der mich zur erhab'nen Pforte meines Glückes führt,
Der mir jenen Schatz, jene selt'ne Schönheit gibt zu eigen,
Der wilden Schmerz mit starkem Troste kürt?

Der meine Glieder wieder wird verbinden,
Wo meine matten Kräfte nicht mehr schwinden,
Wo spirituelle Kraft den Gegner wird besiegen,
Wo des Irrtums Angriff wird stets unterliegen,

Wo das Streben erlangt, was es erstrebt,
Wo sich hoch oben das Ziel erhebt,
Wo weilt das Gut, das nur einer kann versteh'n,

Wo jeder Makel wird vergeh'n,
Wo's ist erlaubt, im Glück zu sein,
Wie jener sagt, der alles prophezeit allein.

======

Oh *Schicksal*, Fatum, unwandelbare göttliche Vorsehung, *wann werde ich diesen Berg besteigen*, wann werde ich zu solcher Geisteshöhe gelangen, zu jener hohen Pforte, wer wird mir Zutritt gewähren, so dass ich das innerste Heiligtum berühren kann, wo ich jene *erlesenen*, seltenen *Schönheiten* wie Begreifbares und Zugemessenes erblicken kann? Wann wirst *du wilden Schmerz mit starkem Troste küren* – mich von den strengen Fesseln lösen, in die mich die Mühen verstrickten – du, *der meine Glieder wieder wird verbinden* und vereinen, die zerrissen und *getrennt* waren? Denn es ist die Liebe, welche die Teile des Körpers wieder miteinander verbindet, die getrennt waren wie ein Gegensatz vom anderen getrennt ist, und welche *die Kräfte* des Bewusstseins, die in ihrem Wirken *schwinden*, *nicht dem Tod überlässt*, sondern ihnen neue Kräfte einflößt, so dass sie zur Höhe streben können. Wann, so frage ich, werde ich wieder völlig gestärkt sein, um mich frei und ungebunden zum Flug zu erheben, um für mein ganzes Wesen ein Nest zu bauen, wo es mir bestimmt ist, hart an der Überwindung all meiner Fehler zu arbeiten, wo *meine spirituelle Kraft stärker ist als ihre Gegner*, weil keine Beleidigung sie mehr treffen, keine Missbilligung sie besiegen und keine Täuschung sie mehr in die Irre führen kann? Denn wer zu diesem *erstrebten* Ort gelangt, den er tapfer *erstrebt*, sodann hoch oben die Anhöhe erreicht, wo sich sein Ziel voll Adel *erhebt*, wird das Gut an sich nehmen können, das nur von einem einzigen genommen werden kann, von ihm selbst. Denn jeder andere erhält es gemäß seiner eigenen Aufnahmefähigkeit, und dies nur er *allein* in seiner ganzen Vollkommenheit. Nun werde ich ein glückliches Dasein erlangen, *wie jener sprach, der alles prophezeit*, jenes hohe Wesen, in der das Aussprechen von allem dasselbe ist wie das Erschaffen von allem, *wie spricht* und erschafft, wer alles *vorherbestimmt*, als der Schöpfer und der Ursprung von allem, für den Sprechen und Vorherbestimmen in Wahrheit Erschaffen und Beginnen ist. Hier siehst du, wie auf der Stufenleiter des Höheren und Niederen das Gefühl der Liebe voranschreitet, wie sich das Bewusstsein und die Empfindung von einem geistig wahrnehmbaren und erkennbaren Ziel zum nächsten fortbewegt, oder von diesem zu jenem.

Cicada: So sagt der größte Teil der Weisen, die Natur erfreue sich an diesem wechselseitigen Kreislauf, der sich in der Umdrehung ihres Rades zeigt.

Ende des vierten Dialogs

Cicada: Lass mich nun einen Blick darauf werfen, denn gerne würde ich die Bedeutungen dieser Leidenschaften begreifen, die in der Reihenfolge dieses Ritterheers dargestellt werden.

Tansillo: Du siehst, dass sie die Insignien ihrer Emotionen und Schicksale zeigen. Wir wollen sie nicht auf Grund ihrer Namen oder ihres Äußeren betrachten. Es genügt, wenn wir beim Sinnbild ihres Wappens verweilen und dem Motto, das in die Gestaltung des Bildes eingefügt wurde. Zur besseren Erklärung werden wir die Inschriften lesen, die des Öfteren dem Wappen hinzugefügt wurden.

Cicada: In Ordnung. Das Wappen des ersten ist in vier farbige Bereiche aufgeteilt. Ein Feuer ist unter einem bronzenen Kessel gemalt, aus dessen Öffnungen mit großer Kraft Dampf entweicht. Rundherum steht geschrieben: *At regna senserunt tria. (Aber drei Reiche haben es gespürt.)*

Tansillo: Zu erkennen ist, so denke ich, dass das Feuer den Behälter mit dem Wasser erwärmt und die Kraft der Hitze das nasse Element verdünnt und ausdehnt. Es verwandelt sich in

Dampf, der viel mehr Raum benötigt, und wenn er nicht leicht entweichen kann, mit sehr großer Kraft und einem lauten Knall das Gefäß sprengt und zerstört. Doch wenn es eine Öffnung gibt, durch die er leicht entweichen und verdampfen kann, strömt er mit geringerer Heftigkeit und allmählich heraus, und im selben Maß, in dem sich Wasser in Dampf verwandelt, löst sich der Dampf in Dunst auf und verweht in der Luft. Dies ist ein Sinnbild für das leidenschaftliche Herz, das wie auf einer gut vorbereiteten Feuerstelle von der Flamme der Liebe ergriffen wird. Ein Teil seines lebendigen Wesens leuchtet im Feuer auf, der andere kocht in Form von tränenreichem Weinen in der Brust über, ein weiterer fliegt im tief ausatmenden Seufzen in die Luft fort.

Allerdings sagt er: *Aber drei Reiche haben es empfunden*, wobei dieses *„aber"* die Kraft hat, einen Unterschied, eine Verschiedenheit oder einen Gegensatz auszudrücken, als ob es zeigen wollte, dass es noch anderes gibt, was dasselbe empfinden könnte, es jedoch nicht tut. Dies wird in den folgenden Reimen unter dem Bild klar verdeutlicht.

======

Ich irdisch' Ding, aus meinen beiden Lichtern quellen
So viele Wasser zu des tiefen Meeres Wellen.
Was meine Brust so sehr beengt,
Als viele Seufzer in die weiten Lüfte drängt.

Das Feuer, das sich hoch aus meinem Herz erhebt,
Ohne zu verlöschen empor zum Himmel schwebt.
Mit meinen Tränen, Seufzern, meiner Glut
Zoll ich dem Wasser, der Luft, dem Feuer den Tribut.

Meine Teile zu Wasser, Luft und Feuer dringen,
Aber meine Göttin ist so grausam,
So schändlich und infam,

Dass weder meine Tränen sie bezwingen,
Noch will sie auf mein Rufen hören,
Noch kann meine Glut ihr Mitleid beschwören.

======

Die zugrundeliegende Materie, versinnbildlicht durch das *irdisch Ding,* ist hier sein leidenschaftliches Wesen. Er vergießt aus den *beiden Lichtern,* aus seinen Augen, reichlich Tränen, die zum Meer strömen. Er entlässt aus der Brust viele, tiefe Seufzer in die weite Luft. Die Glut seines Herzens kühlt nicht ab auf dem Weg durch die Luft wie ein winziger Funke oder eine schwache Flamme, verwandelt sich nicht in Rauch oder eine andere Form, sondern mächtig und voll Kraft erreicht sie die wesensverwandte Sphäre, wobei sie viel eher von anderem etwas aufnimmt, als selbst von der eigenen Substanz etwas abzugeben.

Cicada: Ich habe alles gut verstanden. Nun weiter!

Tansillo: Der nächste gibt sich durch ein Wappen zu erkennen, das ebenfalls in vier unterschiedliche Farben aufgeteilt ist. Auf dem Bild streckt die Sonne ihre Strahlen zur Oberfläche der Erde aus. Ein Schriftzug umschlingt es: *Idem semper, ubique totum (Immer dasselbe und überall als Ganzes)*

Cicada: Ich sehe, dass die Interpretation nicht ganz einfach sein wird.

Tansillo: Der Sinn ist umso vorzüglicher, je weniger allgemeinverständlich er ist. Du wirst erkennen, dass es nur einen einzigen gibt, der nicht weit hergeholt zu werden braucht. Bedenke, dass die Sonne, obwohl sie sich in den verschiedenen Zonen der Erde abhängig von der Zeit, vom Ort oder vom Gebiet jeweils anders zeigt, trotzdem für die gesamte Erdkugel immer dieselbe ist und stets an jedem Ort alles bewirkt! An welchem Punkt der Ekliptik sie auch immer ist, stets führt sie Winter, Sommer, Herbst und Frühling herbei, so dass der Erdkugel an sich, als Ganzes, alle vier Jahreszeiten zuteilwerden. Nie ist es heiß an einem Teil, wenn es nicht an einem anderen kalt ist, wie sie für uns im Wendekreis des Krebses am heißesten ist und am kältesten im Wendekreis des Steinbocks. Dieselbe Ursache ist es, die für einen Teil den Winter bringt, für einen anderen Sommer und für jene in der Mitte milde Temperaturen, wo abhängig vom Breitengrad Frühling oder Herbst ist. So fühlt die Erde immer Regen, Stürme, Wärme und Kälte, und sie könnte in der Tat nicht hier feucht sein, wenn sie nicht an einem anderen Ort trocken wäre, und die Sonne könnte sie nicht auf einer Seite erwärmen, wenn sie nicht auf der anderen Seite davon ablassen würde.

Cicada: Schon bevor du deinen Vortrag beendet hast, verstehe ich, was du sagen willst: Wie die Sonne immer alle ihre Einwirkungen der Erde zuteilwerden lässt, und diese sie immer alle als Ganzes empfängt, so macht ihn das Ziel seiner Leidenschaft mit seinem aktiv einwirkenden Leuchten zum passiven Ausgangspunkt der Tränen, die das Wasser sind, des glühenden Verlangens, welches das Feuer ist, und des Seufzens, das sicherlich der Dampf ist, der gezeigt wird, wie er vom Feuer ausgehend zu Wasser oder vom Wasser ausgehend zu Feuer wird.

Tansillo: Dies wird nun sehr treffend gezeigt:

======

Wenn die Sonne sinkt zum Steinbock nieder,
Fließt reicher der Regen in jedem Bach und Fluss.
Kommt sie zurück zum Äquinoktium wieder,
Bläst lauter sein Horn jeder Postillon des Äolus.

Die Sonne umso höher dort am Himmel prangt,
Je näher sie zum heißen Krebs gelangt.
Meine Tränen, Seufzer, Gluten vergehen nimmer,
Und bestehen bei Kälte, Milde, Hitze immer.

Stets ist der Strom meiner Tränen ebenso groß,
Wie heftig ist der Seufzer und der Gluten Los.
Und das viele Wasser und die Flammen

Mindern nicht die Seufzer, die der Brust entstammen.
So unendlich steigert sich der Hitze Wut,
Wie ich Seufzer und Tränen stets entlud.

======

Cicada: Diese Zeilen erklären den Sinn des Mottos nicht ebenso gut wie die vorhergehende Erörterung, sondern sie zeigen eher dessen Folgen und Begleitumstände.

Tansillo: Richtiger wäre es zu sagen, dass die Zeichnung im ersten Teil nur verdeckt enthalten ist, und im zweiten Teil das Motto sehr klar erläutert wird, wie auch das eine und das andere sehr treffend in der Gestalt der Sonne und der Erde dargestellt wird.

Cicada: Kommen wir zum dritten!

Tansillo: Der Dritte zeigt in seinem Wappen einen nackten Knaben, der sich auf einem grünen Rasen räkelt und den Kopf auf die Arme stützend zum Himmel blickt, wo über den Wolken ein Gebäude zu sehen ist mit Wohnräumen, Türmen, Parkanlagen und Gärten voll Früchten. Ich sehe auch ein Schloss, das aus Feuer besteht, und in der Mitte eine Inschrift mit den Worten: *Mutuo fulcimur. (Wir stützen uns gegenseitig.)*

Cicada: Was will dies ausdrücken?

Tansillo: Ich verstehe, dass sein leidenschaftliches Wesen durch den nackten Knaben versinnbildlicht wird, der schlicht und rein allen Zufällen der Natur und des Geschicks ausgesetzt ist. Er baut sich mit der Stärke seiner Vorstellungskraft ein Luftschloss, unter anderem auch einen Turm, dessen Baumeister die Liebe ist, dessen Baustoff die Glut der Liebe ist, und dessen Erbauer er selbst ist, und er sagt: *Wir stützen uns gegenseitig*, was bedeutet: Ich erbaue und stütze euch dort mit meinem Denken, und ihr stützt mich hier mit der Hoffnung. Ihr würdet nicht existieren ohne die Vorstellungskraft und das Denken, mit denen ich euch gestalte und stütze, und ich würde nicht mehr leben ohne die Erholung und den Trost, die ihr mir gebt.

Cicada: In der Tat gibt es für ein leidenschaftliches Herz keine noch so eitle und leere Träumerei und keine noch so phantastische Vorstellung, die ihm nicht als wirksamere und wahrere Medizin dienen könnte als irgendein Kraut, Balsam, Mineral oder anderes, was die Natur hervorbringt.

Tansillo: Die Magier vollbringen mehr durch den Glauben als die Ärzte durch die Tatsachen, und bei den schwersten Krankheiten hilft den Kranken oft mehr, den Worten jener zu glauben, als die Taten dieser zu verstehen. Doch lies nun die Reime!

======

Wenn ich zuweilen heftig glühe in meinen Träumen,
Erbaue ich aus diesem Feuer mir ein Schloss,
Das hoch über den Wolken meiner Fantasie entspross,
Damit die Spiritualität sich erholt in seinen Räumen.

Wenn das grausame Schicksal ein wenig wendet seine Wut,
So dass die edle Schöne erkennt die fatale Glut,
Und keine Verachtung fühlt für meine Not,
Oh, wie selig sind dann meine Schmerzen und mein Tod!

Doch sie, oh Jüngling, kennt nicht deine Ketten, deine Flammen,
Die Menschen und selbst Götter binden
Und zu Leid und Pein verdammen.

Sie kann nicht deine Hitze oder Last empfinden.
Doch dir, oh Amor, die Pforten offen stünden,
Wenn ihr voll Mitleid wollt von meinen Qualen künden.

======

Cicada: Er zeigt, was ihn in der Fantasie erquickt und seine Spiritualität ermutigt, ist die Vorstellung - da er ebensoweit vom Wagnis, sich zu erklären und sein Leid zu gestehen, entfernt ist, wie er im tiefsten Leid verstrickt ist - dass sich das harte und aufsässige Schicksal ein wenig ändern könnte - vielleicht will das Schicksal ihm ja endlich ein etwas freundlicheres Gesicht zeigen - so dass sich das hohe Ziel ohne Verachtung oder Empörung zeigt. Denn dann würde er keine Freude für so selig, kein Leben für so glücklich halten, wie er durch einen solchen Erfolg seine Leiden für selig und seinen Tod für glücklich halten würde.

Tansillo: Damit zeigt er Amor deutlich, dass er nicht deshalb Zugang zu seiner Brust gefunden hatte, weil er die gewöhnlichen Waffen benutzte, mit denen er Menschen und Götter gefangen zu nehmen pflegt, sondern nur, weil sein glühendes Herz und seine ungestüme Spiritualität ihm Zutritt gewährten. Deshalb müsse ihm nun die Barmherzigkeit den Weg frei machen und ihn jenes schwer zu erreichende Gemach betreten lassen.

Cicada: Was bedeutet hier dieser Falter, der um eine Flamme flattert und fast verbrennt, und was bedeutet dieses Motto: *Hostis non hostis (Feind, kein Feind)*?

Tansillo: Nicht schwer zu verstehen ist die Bedeutung dieses Falters, der von der Anmut des Glanzes verführt, unschuldig und vertrauensvoll in die tödliche Flamme taumelt. *Feind* steht einmal für die Wirkung des Feuers, *kein Feind* für die Gefühle des Falters. Der Falter erleidet passiv die Feindschaft, ohne aktiv feindlich gesinnt zu sein. Die Flamme ist *ein Feind* wegen der Glut, *kein Feind* wegen des Glanzes.

Cicada: Was steht nun auf der Inschrift?

Tansillo:

======

Über die Liebe will ich nimmer mich beklagen!
Kein Glück soll es ohne Liebe für mich geben.
Will doch immer ihren Schmerz ertragen!
Will doch niemals, dass mir fehle dieses Streben!

Sei's heiß, sei's kalt, in Finsternis und Sonnenschein,
Stets werde ich derselbe wahre Phönix sein.
Keines andern Schicksals Machtgebot
Löst diesen Knoten, den nicht lösen kann der Tod.

Der spirituellen Kraft, der Seele, dem Herzen in der Brust
Gibt's keine Freiheit, kein Leben, keine Lust,
Kann nichts so heilsam, so willkommen und so gütig sein,

So süß, so mild, so klar und rein,
Wie diese Not, dies Joch und dieser Tod
Von Natur, von Willen und von Schicksals Gebot.

======

Hier weist das Bild auf die Ähnlichkeit zwischen seiner Leidenschaft und der des Falters hin, der sich nach dem Licht sehnt. Die Verse weisen sodann auf den großen Unterschied zwischen beiden hin und auf deren Verschiedenartigkeit. Denn es wird allgemein angenommen, dass der Falter nicht wie bisher zum Licht streben, sondern sogleich davor fliehen würde, wenn er sein Verderben vorhersehen könnte, denn in seinen Augen wäre es ein Unheil, sein Leben zu verlieren und im feindlichen Feuer zu verglühen. Doch ihm gefällt es ebenso sehr in den Flammen der Liebesglut zu vergehen wie angezogen von ihrer Schönheit diesen seltenen Glanz zu bewundern. In ihm darbt er aus natürlicher Zuneigung, aus willentlicher Entscheidung und auf Geheiß des Schicksals. Ihm unterwirft er sich und geht dem Tod entgegen, und dies viel freudiger, entschlossener und feuriger, als unter irgendeinem anderen Genuss, der sich dem Herzen zeigen könnte, unter einer anderen Freiheit, die der Spiritualität gewährt werden könnte, und unter einem anderen Leben, das sich für die Seele finden ließe.

Cicada: Sag an, warum spricht er: *Stets werde ich derselbe wahre Phönix sein?*

Tansillo: Weil er es für richtig hält, den Grund für seine Beständigkeit zu nennen, denn der Weise verändert sich mit dem Mond, der Dumme verändert sich wie der Mond. Doch er ist wie der einzige Phönix immer derselbe.

Cicada: Gut! Was bedeutet dieser Palmenzweig, um den das Motto steht: *Caesar adest (Caesar ist zugegen)?*

Tansillo: Ohne viel zu diskutieren, kannst du es der Inschrift auf der Tafel entnehmen:

===

Zerstreut waren deine Veteranen, unvereint.
Da zeigst du dich, von Pharsalus der Sieger!
Dein bloßer Anblick, Caesar, stärkt die Krieger,
Sie erhoben sich zum Sieg über den kühnen Feind.

Als mein Gut, das dem der Götter gleicht,
Meinen Gedanken stärkte das Gefieder,
Sprach die Seele stolz: „Ihr seid verboten! Weicht!"
Doch stärker als die Kraft der Liebe kehren sie wieder.

Denn dies höchste Gut mit seinem Bild allein,
Zieht von neuem in die Gedanken ein.
Und mit der göttlichen Stärke und Macht

Beendet's jede Fehde, jede Schlacht.
Es regiert in stetem Frieden mich fortan,
Lässt nicht vergeh'n der Ketten und der Flammen Bann.

===

Manchmal rebellieren die Kräfte der niederen Seele wie ein gewaltiges feindliches Heer, das erprobt, kundig und gut organisiert im eigenen Gebiet kämpft. Es empört sich gegen den fremden Gegner, der vom Berg des Bewusstseins herabkommt, um die Bewohner der Täler, Sümpfe und Ebenen zu bändigen. Angesichts des mächtigen Feindes und der Schwierigkeit der abschüssigen Schluchten müsste der Angreifer gewiss den

Kürzeren ziehen und zugrundegehen, wenn nicht mit Hilfe der Kontemplation wahrlich eine Bekehrung zum Glanz der geistigen Bilder stattfinden würde, durch die sich die unteren Grade den höheren zuwenden.

Cicada: Was sind dies für Grade?

Tansillo: Die Grade der Kontemplation sind wie die Stufen des Lichts, das es in der Finsternis überhaupt nicht gibt, etwas im Schatten, mehr in den Abstufungen der Farben von einem Ende, dem Schwarz, bis zum anderen, dem Weiß, stärker ist es im Glanz, der von glatten und durchsichtigen Körpern ausstrahlt, wie von einem Spiegel oder vom Mond, noch stärker in den Sonnenstrahlen, am hellsten und ursprünglichsten aber in der Sonne selbst. Ebenso ist es angeordnet in den Kräften des Erkennens und Begehrens, bei denen sich stets die vorhergehende der nächstfolgenden zugehörig fühlt. Durch die Hinwendung zu jener, die sie nach oben zieht, erstarkt sie gegen die untere, die sie herabzieht, wie der Verstand durch die Hinwendung zum Bewusstsein nicht mehr vom Erkennen oder Wahrnehmen der sinnlichen Empfindungen verführt oder überwältigt wird, sondern vielmehr diese nach Art von jenem zügelt und korrigiert. Wenn deshalb der Wunsch nach Erkenntnis im Gegensatz zum sinnlichen Verlangen steht, und sich durch die vollzogene Umkehr seinen Augen das Licht des Bewusstseins zeigt, wird er die verlorene Kraft zurückbekommen, die Nerven stärken, die Gegner in Schrecken versetzen und überwinden.

Cicada: Wie denkst du, geschieht diese Bekehrung?

Tansillo: Mit Hilfe von drei Vorbereitungen, die der kontemplative Denker Plotin im „Buch von der geistigen Schönheit" beschrieb: *Die erste ist die Bereitschaft, sich in Einklang mit dem Gleichnis Gottes zu begeben* und den Blick abzuwenden von allem, was sich unterhalb der eigenen Vollkommenheit befindet, was also zu gleichrangigen oder niedrigeren Formen gehört. *Die zweite ist, alles Verlangen und alle Gedanken auf Höheres zu richten. Die dritte ist, alles Wollen und Fühlen an Gott zu binden.* Denn daraus kommt mit Gewissheit die Berührung des Göttlichen hervor, das sich sodann in allem zeigt und bereitwillig in jene einfließt, die ihm ihr Bewusstsein aktiv zuwenden und sich ihm mit leidenschaftlichem Verlangen öffnen und aussetzen.

Cicada: Es ist also keine körperliche Schönheit, die sie betört?

Tansillo: Gewiss nicht, denn darin gibt es keine wahre und unveränderliche Schönheit, und deshalb kann sie auch keine wahre und unveränderliche Liebe auslösen. Die Schönheit, die man in den Körpern sieht, ist unwesentlich und schattenhaft wie anderes, das sich auflöst und mit der Veränderung des Einzelwesens verändert und zerstört wird, das oft von einem schönen zu einem hässlichen wird, ohne dass sich in Wahrheit an der Seele etwas geändert hätte. Das besonnene Urteil erkennt deshalb das wahre Schöne, wenn es sich jenem zuwendet, das die Schönheit im Körper bewirkt, und ihn schön gestaltet. Dies ist die Seele, die ihn als solchen hervorgebracht und geformt hat. Sodann steigt das Bewusstsein weiter hinauf und erkennt sehr wohl, dass die Seele unvergleichlich schöner ist als die Schönheit, die im Körper sein kann. Doch es meint nicht, sie könne an sich und von Anfang an schön sein, denn sonst gäbe es nicht diese Verschiedenheit in den Arten der Seelen, von denen die einen weise, liebenswürdig und schön sind, andere dumm, abscheulich und hässlich. Es muss sich also zu jenem höheren Bewusstsein erheben, das an sich schön und an sich gut ist. Dies ist der einzige und höchste Anführer, der allein durch sein Erscheinen die streitbaren Gedanken erleuchtet, ermutigt, stärkt und ihnen unter Verachtung jeder anderen Schönheit und Ablehnung jedes anderen Guts den Sieg gewährt. Sein Anblick ist es, der hilft, jede Schwierigkeit zu überwinden und jede Gewalt zurückzuschlagen.

Cicada: Alles verstanden. Aber was bedeutet: *Es regiert in stetem Frieden mich fortan, lässt nicht vergeh'n der Fessel und der Flammen Bann?*

Tansillo: Dies verstehe ich als Beweis, dass jede erdenkliche Art von Liebe die Fesseln umso enger, das Joch umso fester und die Flammen umso brennender empfinden lässt, je größer ihr Reich und je sicherer ihre Herrschaft ist. Ganz im Gegensatz zu den gewöhnlichen Herrschern und Fürsten, die umso größere Gewalt und Zwang gebrauchen, je weniger Einfluss sie haben.

Cicada: Mach weiter!

Tansillo: Hier sehe ich das Bild eines fliegenden Phönix, zu dem ein Knabe hochblickt, der inmitten von Flammen brennt. Dort ist auch das Motto: *Fata obstant. (Die Schicksale stehen entgegen.)* Aber du verstehst es besser, wenn du die Tafel liest:

======

Sonnenvogel, unvergleichlich, wunderschön,
Lebst auf des heiteren Arabiens Höh'n.
Dein Alter gleicht der Welt an Tag und Jahr.
Was du warst, das bist du, ich bin, was ich nicht war.

Voll Leid sterb' ich in glühender Liebespein,
Neues Leben geben dir die Sonnenstrahlen.
Ich brenn an jedem Ort, du an einem nur allein.
Phoebus dich verbrennt, mich des Cupidos Qualen.

Meines kurzen Lebens Tod
Entsteht aus tausend Formen der Not.
Du kennst des langen Lebens vorbestimmtes Ende.

Ich weiß nicht, welch rastlose Gestaltenwende
Mir wird das blinde Schicksal wiederum bereiten.
Doch du bist sicher ins Licht zurückzuschreiten.

======

Aus dem Sinn dieser Verse ist ersichtlich, dass in diesem Bild der Gegensatz zwischen dem Schicksal des leidenschaftlich Liebenden und dem Schicksal des Phönix gezeigt wird, und dass das Motto: *Die Schicksale stehen entgegen*, nicht bedeutet, dass das Schicksal dem Knaben oder dem Phönix oder beiden entgegensteht, sondern dass ihre Schicksale nicht gleich sind, sondern verschieden, und das Schicksalslos des einen entgegengesetzt ist zu dem des anderen. Der Phönix ist der, der er war, denn derselbe Stoff erneuert sich durch das Feuer und wird wieder zum Körper des Phönix, und dieselbe Spiritualität und dieselbe Seele gestalten ihn. Der Liebende ist der, der er nicht war, denn dasselbe Wesen, das jetzt ein Mensch ist, hatte vorher irgendeine andere von zahllosen unterschiedlichen Gestalten. Man weiß, was der Phönix war, und man weiß, was er sein wird. Aber dieses Einzelwesen kann nicht in dieselbe oder eine ähnliche natürliche Gestalt zurückkehren, es sei denn durch viele und ungewisse Zwischenstufen. Der Phönix tauscht im Anblick der Sonne den Tod für das Leben, jener tauscht im Anblick der Liebe das Leben für den Tod. Der Phönix entzündet sein Feuer auf einem aromatisierten Altar, der Liebende findet es und trägt es in sich, wohin immer er geht. Jener hat ein vorbestimmtes Ende eines langen Lebens vor sich, diesen erwartet das ungewisse Ende eines kurzen Lebens, das zu unendlich vielen unterschiedlichen Zeitpunkten und aus zahllosen verschiedenen Gründen und Anlässen beendet werden kann. Wenn jener sich entzündet, weiß er, dass er die Sonne wiedersehen wird, dieser ist sich dessen nicht gewiss.

Cicada: Was glaubst du, kann das bedeuten?

Tansillo: Es bedeutet den Unterschied zwischen dem niederen Bewusstsein, das ungewiss, vielfältig und vielförmig ist und als potenzielles, mögliches oder empfangendes Bewusstsein bezeichnet wird, und dem höheren Bewusstsein, das vielleicht jenes ist, das die Peripatetiker die unterste der Bewusstheiten nannten, die unmittelbar jeden einzelnen Menschen beeinflusst und als tätiges oder wirkendes Bewusstsein bezeichnet wird. Diese einzige spezifisch auf Menschen wirkende Bewusstheit, die jeden Menschen individuell beeinflusst, gleicht dem Mond, der keine andere Erscheinungsform annimmt als jene einzige, die sich durch die Drehung zur Sonne als der ersten und universalen Bewusstheit ständig erneuert. Das Bewusstsein der zahlreichen individuellen Menschen jedoch wendet sich wie die Augen den zahllosen und unterschiedlichsten Objekten zu, so dass es die unendlich vielen unterschiedlichen Stufen aller natürlichen Gestalten begreift. Deshalb ist das Einzelbewusstsein ungestüm, schwankend und unsicher, während das universale ruhig, beständig und sicher ist, und zwar sowohl im Begehren als auch im Begreifen. Wie du selbst leicht daraus entnehmen kannst, wird deshalb ebenso die Natur des Wahrnehmens und Verlangens der Sinne als veränderlich, ungenau, unbeständig und unsicher bezeichnet, und die Natur des Begreifens und Begehrens des Bewusstseins als bestimmt, ruhig und beständig. Der Unterschied der sinnlichen Liebe, die unsicher und wahllos liebt, zur bewussten Liebe ist, dass diese auf ein bestimmtes und einziges zielt, zu dem sie sich hinwendet, von dem ihr Denken erleuchtet wird, das ihre Emotionen entzündet, das sie entflammt, veredelt und in der Einheit, Identität und Beständigkeit bewahrt.

Cicada: Was aber bedeutet dieses Bild der Sonne mit einem Kreis im Innern und einem Kreis außerhalb und dem Motto: *Circuit (Sie kreist)?*

Tansillo: Die Bedeutung dieses Sinnbilds hätte ich niemals verstanden, wenn sie mir nicht der Zeichner selbst erklärt hätte. Nun weiß ich aber, dass dieses *Circuit* sich auf die Bewegung der Sonne auf dem Kreis bezieht, der innerhalb und außerhalb von ihr gezeichnet ist. Dies stellt dar, dass dieselbe Bewegung gleichzeitig geschieht und geschehen ist, weshalb sich die Sonne immer auf allen Punkten der Kreisbahn befindet. Denn da sie sich in einem Augenblick bewegt, folgt, dass sie sich gleichzeitig bewegt und bewegt wurde, und dass sie gleichermaßen auf dem ganzen Umkreis ist, so dass Bewegung und Ruhe in einem zusammentreffen.

Cicada: Dies habe ich aus den Dialogen "Vom Unendlichen, dem Universum und den zahllosen Welten" begriffen, wo erklärt wird, auf welche Weise die göttliche Weisheit das Allerbeweglichste ist - wie Salomon sagte - und gleichzeitig das Allerfeststehendste, wie alle sagen, die es verstanden haben. Fahr nun fort, mir die Darstellung zu erklären.

Tansillo: Er will sagen, dass seine Sonne nicht wie jene ist, die in einer täglichen Bewegung von vierundzwanzig Stunden um die Erde kreist - wie allgemein geglaubt wird - und mit der planetaren Bewegung in zwölf Monaten, wodurch sie die vier verschiedenen Jahreszeiten bewirkt, die jeweils an vier Hauptpunkten des Tierkreises enden. Da seine Sonne die Ewigkeit selbst ist, und folglich zugleich alles besitzt und alles erschafft, umfasst sie gleichzeitig und als eines Winter, Frühling, Sommer und Herbst, und auch gleichzeitig und als eines Tag und Nacht, denn sie ist alles für alles überall und an jeder Stelle.

Cicada: Wende jetzt deine Worte auf das Bild an!

Tansillo: Da es hier nicht möglich ist, die ganze Sonne an allen Punkten des Kreises zu zeichnen, sind zwei Kreise gezeichnet. Einer, der sie enthält, um zu zeigen, dass sie sich auf ihm bewegt, ein anderer, der von ihr enthalten wird, um zu zeigen, dass sie auf ihm bewegt wurde.

Cicada: Diese Darstellung ist aber keineswegs verständlich und treffend.

Tansillo: Genug, dass sie die verständlichste und treffendste ist, die er zeichnen konnte. Wenn du glaubst, es besser machen zu können, kannst du gerne diese entfernen und eine andere Zeichnung an ihre Stelle setzen, denn diese steht bloß da, um die Seele nicht ohne Körper zu lassen.

Cicada: Was sagst du über dieses *Circuit?*

Tansillo: Dieses Motto in seiner ganzen Bedeutung zeigt den Sinn so gut er gezeigt werden kann, denn es zeigt, was sich dreht und was gedreht wurde, das heißt die gegenwärtige und die abgeschlossene Bewegung.

Cicada: Sehr gut! Da die Kreise nur ungenügend die Art einer solchen Bewegung und Ruhe zeigen können, muss es genügen, dass sie nur die Bewegung auf einem Kreis darstellen. So bin ich zufrieden mit dem Thema und der Form des heroischen Wappens. Lies nun die Verse!

Tansillo:

======

Die Sonne, deren Licht im Stier sich mild ergießt,
Erwärmt im Löwen und lässt die Früchte reifen.
Im Stachel des giftigen Skorpions verfließt
Der Wärme Kraft sodann und die Welt ergreifen

Des wilden Deukalions eisiger Kräfte Macht,
Und jedes Nass wird zu glitzernder Pracht.
Ob Frühling, Herbst, ob Winter oder Sommerschimmer,
Ich erwärm', entzünd', entflamm' und glühe immer.

Mein Begehren ist so heiß,
Dass es sofort aufflammt wie brennend Eis
Und dass die Funken meiner Glut bis zu den Sternen sprühen

Beim Anblick dessen, das mich lässt so sehr erglühen,
Nie, es mag die Welt im Eis erstarren oder Blumen blühen,
Werden sich je verändern meine stummen Mühen.

======

Hier ist anzumerken, dass die vier Jahreszeiten nicht durch die vier beweglichen Sternzeichen, den Widder, den Krebs, die Waage und den Steinbock versinnbildlicht werden, sondern durch die vier als feststehend bezeichneten Sternzeichen, den Stier, den Löwen, den Skorpion und den Wassermann, denn sie zeigen die Vollendung, den Höhepunkt und die stärksten Auswirkungen dieser Jahreszeiten. Beachte überdies, dass man wegen des Apostrophs (im italienischen Original) im achten Vers lesen kann: *ich erwärme mich, ich entzünde mich, ich entflamme, ich glühe* oder: *du erwärmst, entzündest, entflammst, glühst* oder: *es erwärmt, entzündet, entflammt, glüht.* Außerdem ist zu beachten, dass dies nicht vier Synonyme sind, sondern vier unterschiedliche Bezeichnungen, die ebenso viele Grade der Wirkung des Feuers ausdrücken, das zuerst wärmt, zweitens entzündet, drittens entflammt und viertens verbrennt oder verglüht, was es erwärmt, entzündet und entflammt hat. In seiner Leidenschaft werden sie Hinwendung, Erregung, Begehren und Verlangen genannt, wobei er in keinem Moment eine Veränderung empfindet.

Cicada: Warum nennt er sie Mühe?

Tansillo: Weil das Ziel, das göttliche Licht, in diesem Leben mehr mühsames Wollen als ruhigen Genuss bedeutet, denn unser Geist verhält sich zu ihm wie die Augen der Nachtvögel zum Sonnenlicht.

Cicada: Mach weiter, denn jetzt kann ich durch deine Worte alles begreifen.

Tansillo: Auf dem folgenden Wappen ist ein Vollmond gezeichnet mit dem Motto: *Talis mihi semper ut astro. (Mir stets ebenso wie dem Stern).* Dies bedeutet, dass der Mond sowohl für den Stern, das heißt für die Sonne, als auch für ihn immer genauso ist, wie er hier erscheint, nämlich voll leuchtend auf dem ganzen Umfang des Kreises. Verständlicher wird es dir vielleicht, wenn du das Gedicht hörst, das auf dem Täfelchen steht.

======

Unbeständiger Mond, veränderlicher Mond,
Der bald als Sichel aufgeht, bald verdunkelt,
Bald halb, bald als volle Silberkugel funkelt,
Bald im Norden an Ripheus Bergen leuchtend wohnt.

Sodann wendet sein stets gleiches Kreisen
Und erhellt im Süden Libyen auf seinen Reisen.
Mein Mond stets leuchtet meiner Pein,
Steht immer fest, stets strahlt sein voller Schein.

Ebenso ist auch mein Stern,
Der mal sich gibt, mal ist er fern,
Der stets heiß brennt, stets gleißend blendet,

Der stets sein grausam schönes Leuchten sendet,
So dass dies edlen Antlitz Strahlen
Stets Freude ist und immer Qualen.

======

Mir scheint, er will sagen, dass sich sein Einzelbewusstsein immer *ebenso* zum universalen Bewusstsein verhält, denn es wird ewig in seiner ganzen Hemisphäre von ihm erleuchtet, obwohl es für die niederen Kräfte bald dunkler, bald mehr oder weniger hell leuchtet, je nachdem sie seinem Einfluss ausgesetzt sind. Vielleicht will er auch zeigen, dass sein metaphysisches Bewusstsein - das stets ohne Schwanken tätig ist - sich immer voll Zuneigung der menschlichen Bewusstheit zuwendet, deren Sinnbild der *Mond* ist, denn wie dieser als der unterste aller Sterne bezeichnet wird, der uns am nächsten ist, so ist auch das Bewusstsein, das uns alle in diesem Dasein erleuchtet, das unterste in der Rangordnung der Bewusstheiten, wie Averroes und andere mehr tiefsinnige Peripatetiker schrieben. Für das potenzielle Bewusstsein geht es entweder unter, während es überhaupt nicht aktiv ist, oder *geht auf*, das heißt, erhebt sich aus der Tiefe der verhüllten Hemisphäre und zeigt sich dunkel oder voll, je nachdem es mehr oder weniger das Licht des Bewusstseins spendet, das *bald verdunkelt, bald als volle Silberkugel funkelt*, denn manchmal zeigt es sich im Schatten, im Gleichnis oder als Andeutung, und manchmal offenbart es sich mehr und mehr, wendet sich *gen Süden* oder erhebt sich *gen Norden*, das heißt, entfernt sich immer weiter oder nähert sich wieder an. Doch sein ständig aktives Bewusstsein, das stets gepeinigt ist - denn dies ist nicht der Naturzustand des Menschen, in dem er sich so voller Mühen befindet, stets kämpft und geplagt ist, gefordert, angespornt und beunruhigt, als ob ihn die niederen Kräfte auseinanderreißen wollten – sieht es immer ruhig, feststehend, unveränderlich, immer voll leuchtend und in gleichbleibender glänzender Schönheit. Mal ist es *fern*, soweit es sich ihm entzieht, und mal *gibt es sich*, soweit es sich ihm überlässt. Das *stets heiß brennt* in seinem Empfinden ebenso wie es *stets gleißend blendet* in seinem Denken. So *grausam ist es immer*, weil es ihm entzieht, was es verbirgt, wie sein Leuchten *schön* ist, wenn es sich mitteilt, durch das, was es zeigt. *Stets Qualen ist es*, weil es getrennt von ihm an einem anderen Ort weilt, und stets *Freude* ist's, weil sein Empfinden mit ihm vereint ist.

Cicada: Was bedeutet nun das Motto für das Bewusstsein?

Tansillo: Er sagt: *Talis mihi semper (Mir stets ebenso)*, das heißt, dass dieses Licht durch die stete Hinwendung meines Bewusstseins, meines Denkens und meines Wollens - denn ich will an nichts anderes denken noch anderes verstehen oder begehren - für mich immer gleich bleibt, und dass es mir, soweit mein Begreifen reicht, als Ganzes gegenwärtig ist. Keine Ablenkung des Denkens trennt es von mir und keine fehlende Konzentration verhüllt es, denn es gibt keinen Gedanken, der mich von diesem Licht abwenden könnte, und keine Notwendigkeit der Natur, die mich zwingen könnte, es weniger zu betrachten. *Mir stets ebenso* von seiner Seite, denn es ist unwandelbar in seinem Wesen, seiner Kraft, seiner Schönheit und in seinem Wirken für jene, die ihm gegenüber beständig und unwandelbar sind. Er sagt sodann, *wie auch dem Stern*, denn für die Sonne, von der es erleuchtet wird, ist es immer gleich hell glänzend, denn es dreht sich ihr immer gleichermaßen zu, und diese sendet ihre Strahlen immer gleichmäßig aus. Denn wie sehr auch der physische Mond, den wir mit den Augen sehen, auf der Erde bald dunkel, bald silbern glänzend, bald mehr oder weniger beleuchtet oder leuchtend erscheint, wird er doch von der Sonne immer auf gleiche Weise beleuchtet, denn ihre Strahlen treffen immer die Oberfläche seiner ganzen Hemisphäre, wenn auch zuweilen auf der erdabgewandten Seite. So wird auch unsere Erde auf ihrer ganzen Hemisphäre beleuchtet, obwohl sie im Verlauf ihrer Umdrehungen von der Oberfläche der Meere ihren Glanz nicht gleichmäßig zum Mond sendet - den wir wie die vielen anderen zahllosen Sterne für eine andere Erde halten - wie es auch mit dem Licht des Mondes zur Erde geschieht. Auch verändern sie sich wechselweise, je nachdem der Mond oder die Erde der Sonne näher ist.

Cicada: Wie wird nun der auf einer Hemisphäre leuchtende Mond zum Sinnbild für diese Bewusstheit?

Tansillo: Jedes Bewusstsein hat den Mond als Sinnbild, wenn es am Wirken und an der Kraft teilhat, wenn es das Licht passiv von anderem empfängt. Damit will ich sagen, dass es nicht an sich und von Natur aus leuchtet, sondern beleuchtet wird von der Sonne, der ersten Bewusstheit, die reines und absolutes Licht ist wie auch reines und absolutes Wirken.

Cicada: Alles Abhängige, das keine primäre Wirksamkeit und Ursache ist, ist demnach zusammengesetzt aus Licht und Finsternis, aus Materie und Form, aus der empfangenden und wirkenden Kraft?

Tansillo: So ist es. Überdies ist der Mond auch das Sinnbild für unsere Seele in ihrem ganzen Wesen, denn sie leuchtet für die höheren Kräfte auf der einen Hemisphäre, mit der sie sich dem Licht der geistigen Welt zuwendet, und sie ist dunkel für die niederen Kräfte, wo sie mit der Beherrschung der Materie beschäftigt ist.

Cicada: Mir scheint, dass deine Worte in einem Zusammenhang mit dem folgenden Wappensymbol stehen. Dort ist eine borkige, weitverzweigte Eiche dargestellt, gegen die der Wind bläst. Umschrieben ist das Bild mit dem Motto: *Ut robori robur (Stark wie die Eiche)*. Daneben befindet sich eine Tafel, auf der steht:

======

Uralte Eiche, in die Luft streckst du deine Äste
Und gräbst die Wurzeln in der tiefen Erde Feste.
Kein Erdbeben, keine Sturmesmacht,
Die aus dem Norden der Himmel überbracht,

Noch des schrecklichen Winters Stunden
Werden je dich lösen vom Ort, dem du verbunden.
Du bist ein wahres Sinnbild für meinen Glauben,
Den kein fremdes Unheil mir je kann rauben.

Stets in die gleiche Erde du dich streckst,
Die du umarmst und in der du wächst,
Deren Eingeweide die tiefen Wurzeln bezwingen,

Die dankbar in den bereitwilligen Schoß eindringen.
So ist mein Bewusstsein gebunden an ein einziges Ziel,
Das stets alleine der spirituellen Kraft und den Sinnen gefiel.

======

Tansillo: Im Motto rühmt er sich offensichtlich, dass er in seiner Leidenschaft stark und widerstandsfähig wie eine Eiche ist, ähnlich jenem, der immer derselbe ist, wie der Phönix ein einziger ist, oder wie der vorhergehende mit dem Mond übereinzustimmen, der immer gleich leuchtet und immer gleich schön ist. Doch der Gegenerde zwischen unserer Erde und der Sonne will er gewiss nicht deshalb ähnlich sein, weil sie sich für unsere Augen verändert, sondern weil sie selbst stets das gleiche Maß des Sonnenlichts empfängt. Wie die Eiche will er gegen den Wind aus dem Norden und die eisigen Stürme unveränderlich und standhaft bleiben durch den Halt, den er in seinem Stern findet, in dem sein Fühlen und Wollen wurzelt, wie die beschriebene verwurzelte Pflanze ihre Wurzeln um die Adern der Erde flicht.

Cicada: Ich schätze mehr ein ruhiges Leben, weit weg von den Mühen, die eine solche Duldsamkeit mit sich bringt.

Tansillo: Das ist die Meinung der Epikureer, die richtig verstanden, nicht für so profan zu halten ist, wie die Unwissenden glauben. Denn die Epikureer bestreiten nicht, dass das, was ich sagte, Tugend sei, und sie verneinen nicht die Vortrefflichkeit der Ausdauer, im Gegenteil, sie steigern noch die Vortrefflichkeit, die der gewöhnlichen Auffassung entspricht. Denn sie halten es nicht für die wahre und vollendete Tugend der Stärke und Ausdauer, die Mühen zu spüren und zu ertragen, sondern sie zu ertragen, ohne sie zu spüren. Er hält nicht jene göttliche und heroische Liebe für vollendet, die Sporn und Zügel spürt oder Bedauern und Leid wegen einer anderen Liebe, sondern jene, die tatsächlich kein anderes Verlangen fühlt. Dadurch erlangt er einen Genuss, den keinerlei Missvergnügen beeinträchtigen, beugen oder scheitern lassen kann. Dies heißt, sich dem höchsten Glück in diesem Dasein zu nähern, Genuss zu empfinden ohne Schmerzen zu fühlen.

Cicada: Die gewöhnliche Meinung glaubt nicht, dass dies die Meinung Epikurs sei.

Tansillo: Sie lesen eben seine Bücher nicht, zumindest keine, die seine Anschauungen ohne Neid wiedergeben, im Gegensatz zu jenen, welche über den Verlauf seines Lebens und über die letzten Momente seines Todes lesen. Mit diesen Worten begann er sein Testament: *An diesem letzten und zugleich glücklichsten Tag meines Lebens habe ich Folgendes mit einem ruhigen, gesunden und gelassenen Geist angeordnet. Denn wie sehr mich auch einerseits die heftigen Steinschmerzen quälen, so wird doch dieser ganze Schmerz aufgewogen durch das Vergnügen, das mir meine Werke und die Betrachtung meines Endes gewähren.* Offenbar hat Epikur das Überwiegen des Genusses über das

Leid nicht im Essen, Trinken, Ruhen und in der Wollust gesehen, sondern darin, keinen Hunger, keinen Durst, keine Mühsal und keine Begierde zu empfinden. Daraus kannst du entnehmen, was für uns die vollkommene Beständigkeit wäre. Sie bedeutet nicht, dass der Baum nicht bricht, splittert oder umfällt, sondern dass er sich nicht einmal bewegt. Auf ähnliche Weise soll man die Spiritualität, die Sinne und das Bewusstsein festigen, damit wüste Beschimpfungen sie nicht kränken können.

Cicada: Glaubst du also, es sei wünschenswert, Schmerzen zu erdulden, um Härte zu beweisen?

Tansillo: Was du *erdulden* nennst, ist nur ein Teil der Standfestigkeit und nicht die ganze Tapferkeit, sondern was ich *stark erdulden* und Epikur als *nicht fühlen* bezeichnete. Ein solches Ausbleiben der Empfindung entsteht, wenn alles vom Streben nach Heldenmut, nach dem wahren Guten und dem wahren Glück überwunden wird. So empfand Regulus keine Furcht vor dem Tod, Lukrezia vor dem Dolch, Sokrates vor dem Gift, Anaxarch vor der Marter, Scaevola vor dem Feuer, Cocles vor dem Ertrinken, ebenso wie andere standhaft waren und keine Furcht vor anderen Schrecknissen empfanden, die normale und gewöhnliche Menschen zutiefst entsetzen und peinigen würden.

Cicada: Fahre nun fort!

Tansillo: Im Bild, das hier ersonnenen wurde, siehst du einen Amboss und einen Hammer, den das Motto *Ab aetna (vom Ätna)* umgibt. Aber bevor wir es betrachten, lass uns die Strophen lesen, in denen die Figur des Vulkan vorgestellt wird:

======

Ich kehr' nicht zurück zu des Ätnas siedender Hitze,
Wo ich für Zeus schmiedete seine Blitze!
Hier bleib ich, Vulkan, mit grobschlächt'ger Hand,
Wo sich noch vermessener regt ein Gigant,

Der vergeblich flammenden Zorn gen Himmel sendet,
Und sich zu neuen Werken und Prüfungen wendet.
Besser als am Ätna ist die Werkstatt hier,
Bessere Schmiede, Amboss und Hammer gibt sie mir,

Wo die Brust wie ein Blasebalg voll Macht
Mit ihren Seufzern den Brennofen heftig entfacht.
Wo der Seele niedergestreckt von Schlägen

Sich endlose Qualen und Schmerzen einprägen,
Und wo sodann ein Konzert erklingt,
Das bittere und grausame Pein besingt.

======

Hier werden Leiden und Mühen der Liebe gezeigt, vor allem der gewöhnlichen Liebe, denn sie ist nichts anderes als die Esse Vulkans, des Schmieds, der die Blitze Jupiters herstellt, mit denen die sündigen Seelen gepeinigt werden. Die ungezügelte Liebe trägt die Ursache für ihr Leid in sich selbst. Da Gott uns nahe ist, zu uns gehört und in unserem Innern wohnt, gibt es in uns einen Geist und eine Bewusstheit, die heilig sind. Ihnen dient ein eigenes Empfinden mit seiner Rächerin, die zumindest mit dem Gewissen einer natürlichen Synderesis wie mit einem schweren Hammer die abtrünnige Spiritualität straft. Es überwacht unsere Taten und Emotionen, und wie wir es behandeln, so werden wir von ihm behandelt. Ich denke, dass sich in allen Liebenden der Schmied Vulkan findet. Wie es keinen Menschen gibt, der nicht Gott in sich hat, so gibt es keinen Liebenden, der nicht diesen Gott in sich hat. In allen gibt es ganz gewiss einen Gott, aber welcher in jedem einzelnen wohnt, ist nicht leicht zu erkennen. Wenn man es dennoch untersuchen und unterscheiden wollte, glaube ich, dass es nur die Liebe aufklären kann, weil sie das Ruder führt, die Segel hisst, und dieses komplexe Wesen zügelt, in dem gute oder schlechte Gefühle entstehen. Gut oder schlecht nenne ich die Gefühle, je nach dem Ergebnis der durch sie ausgelösten ethischen Taten oder Gedanken. Was den Rest betrifft, so empfinden für gewöhnlich alle Liebenden irgendwelchen Kummer, denn da die Dinge vermischt sind, gibt es nichts Gutes unter den Gedanken und Emotionen, dem nicht das Schlechte gegenübergestellt oder verknüpft ist, wie es nichts Wahres gibt, dem nicht das Falsche verbunden und hinzugefügt ist. So gibt es keine Liebe ohne Furcht, Überschwang, Eifersucht, Sorgen und anderen Problemen, die aus ihrem Gegensatz hervorkommen, der nur solange quält wie der andere Gegensatz Freude bereitet. Sollte es der Seele in den Sinn kommen, ihre natürliche Schönheit wieder zu erlangen, sich zu läutern, zu erneuern und zu gesunden, so bedient sie sich des Feuers, denn da sie wie mit Erde verklumptes und vermischtes Gold ist, will sie sich mit einer gewissen Strenge vom Schmutz reinigen. Dies gelingt, wenn das Bewusstsein als echter Schmied des Zeus Hand anlegt und seine Kraft zur Geltung bringt.

Cicada: Auf dies scheint sich eine Stelle in Platons Gastmahl zu beziehen, wo es heißt, Amor habe von seiner Mutter Penia, der Armut, das dürre, magere, blasse und kümmerliche Aussehen als Erbe erhalten und barfuß zu gehen und kein Bett und kein Dach über dem Kopf zu haben. Durch diese äußeren Zeichen soll das Leid versinnbildlicht werden, das die Seele durch die einander widerstreitenden Gefühle erdulden muss.

Tansillo: So ist es! Denn die von solcher Leidenschaft ergriffene Spiritualität wird von tiefgründigen Gedanken verwirrt, von drängenden Befürchtungen der Ruhe beraubt und entflammt von glühendem Verlangen, das bei vielen Gelegenheiten angefacht wird. Eine derart angespannte Seele ist deshalb sicher nicht mehr so sorgfältig und wirksam auf die lebenserhaltende Lenkung des Körpers bedacht. Der Körper wird ausgezehrt, mager, erschöpft, blutarm und erfüllt von schwarzgalligen Säften, die, wenn sich nicht eine disziplinierte und reine Seele und noch viel mehr eine klarsichtige und erleuchtete Spiritualität ihrer bedient, zu Wahnsinn, Torheit und brutaler Raserei führen, oder zumindest zu einer gewissen Verwahrlosung und Geringschätzung des eigenen Daseins, die von Platon durch die Barfüßigkeit dargestellt wird. Gebeugt und wie am Erdboden festhängend flattert die Liebe, wenn sie von niederen Zielen ergriffen wird, doch hoch fliegt die Liebe, wenn sie auf edlere Ziele gerichtet ist. Um unser Thema abzuschließen: Von welcher Art auch immer die Liebe ist, immer bedeutet sie Kummer und Leid, so dass sie nicht darum herumkommt, Vulkan als Brennstoff in seiner Schmiede zu dienen. Doch da die Seele etwas Göttliches ist, so ist sie ihrem Wesen nach nicht Dienerin, sondern Herrscherin der Materie des Körpers, und deshalb wühlt es sie noch mehr auf, freiwillig einem Körper dienen zu wollen, an dem sie nichts Befriedigendes finden kann. Wie sehr sie auch am Geliebten hängt, immer wieder regt sie sich so sehr auf, dass sie verunsichert wird und zu taumeln beginnt inmitten all der Seufzer, des Hoffens, der Furcht, der Zweifel, der Eifersucht, der Scham, der Reue, der Sturheit, der Gewissensbisse und anderer mieser Gesellen, die dieser schmutzige, verrußte Gatte der Venus als Blasebalg, Kohlen, Amboss, Hammer, Zangen und andere Folterwerkzeuge in seiner Werkstatt benutzt.

Cicada: Darüber hast du wohl genug gesagt. Wenn's beliebt, lass uns sehen, was nun kommt.

Tansillo: Hier ist ein goldener Apfel reich mit kostbarer Emaille verziert. Um ihn schlingt sich als Motto die Inschrift: *Pulchriori detur (Er werde der Schönsten gegeben).*

Cicada: Eine Anspielung auf die allgemein bekannte Geschichte von den drei Göttinnen, die sich dem Urteil des Paris unterwarfen. Aber lass uns die Verse lesen, die genauer darstellen können, was uns seine ungestüme Leidenschaft hier zeigen will.

Tansillo:

======

Himmlische Venus, Mutter des Schützen, des blinden
dessen machtvoller Bogen kann jeden überwinden.
Die andere ist Pallas, Jupiters Haupt entsprungen.
Die nächste Juno, als Jupiters Gemahlin besungen.

Sie riefen den trojanischen Hirten, der entscheiden solle,
Welcher als der Schönsten er die goldene Gabe geben wolle.
Würde ich meine Göttin mit jenen vergleichen,
Nicht Venus, Pallas oder Juno könnten sie erreichen.

Venus den Liebreiz die schöne Gestalt verleiht,
Pallas leuchtet durch Wissen und Weisheit,
Und die Tochter Saturns wird vom Glanz geschmückt,

Dessen Würde und Hoheit den Donnergott beglückt.
Doch meiner Göttin ist all dies Glück zu eigen,
Wie ihre Weisheit, Würde und Schönheit zeigen.

=======

Hier siehst du, wie er sein Ziel, das wie in einem Einzigen jeden Inbegriff, jede Eigenschaft und jede Art von Schönheit enthält, mit anderen vergleicht, die nur eine Art von Schönheit zeigen, und noch dazu verteilt auf unterschiedliche Individuen. Wie ja auch alleine für die körperliche Schönheit Apelles alle nötigen Attribute nicht in einer einzigen, sondern nur in mehreren Jungfrauen finden konnte. Hier sind nun drei Arten von Schönheit dargestellt. Doch obwohl sich in jeder der drei Göttinnen alle Arten finden lassen, denn Venus fehlt es nicht an Klugheit und Majestät, Juno ist nicht ohne Liebreiz und Verstand und Pallas gewiss nicht ohne Anmut und Würde, werden die anderen Eigenschaften stets von einer einzigen übertroffen, die als die eigentliche gilt, während die anderen für normale Attribute gehalten werden. So ist in jeder dieser drei Göttinnen immer eine Eigenschaft die vorherrschende und sie erklären und verstehen sie als die Herrin über die anderen, denn die anderen Eigenschaften machen nicht ihr Wesen aus, da sie nicht von Anfang an zu ihnen gehören, sondern nur durch Teilhabe und abgeleitet, und wie bei allen abhängigen Dingen ist ihre Vollkommenheit nur graduell entsprechend einem mehr oder weniger, höher oder niedriger.

Doch in der Einfachheit des göttlichen Wesens ist alles als Ganzes enthalten und nicht entsprechend einem bestimmten Maß. In ihm ist nicht mehr Weisheit als Schönheit und Majestät, nicht mehr Güte als Stärke, denn alle Eigenschaften sind nicht nur gleich, sondern ein und dieselbe, wie in einer Kugel alle Dimensionen nicht nur gleich sind - da sie ebenso lang wie breit und tief ist - sondern identisch, denn was wir die Tiefe der Kugel nennen, können wir auch als ihre Länge oder Breite bezeichnen. Ebenso ist in der Gottheit die Erhabenheit ihrer Weisheit gleich der Tiefe ihrer Kraft und der Weite ihrer Güte. In ihr sind alle diese Arten von Vollkommenheit gleich, weil sie unendlich sind. Deshalb muss notwendig die Größe der einen jener der anderen entsprechen. Doch im Endlichen kann die Weisheit größer sein als die Schönheit und Güte, die Güte und Schönheit größer als die Weisheit, die Weisheit und Güte größer als die Macht, und die Macht größer als die Güte und Weisheit. Wenn aber die Weisheit unendlich ist, muss auch ihre Macht unendlich sein, denn sonst könnte sie nicht unendlich weise sein. Wo die Güte unendlich ist, muss auch ihre Weisheit unendlich sein, denn sonst wüsste sie nicht unendlich gütig zu sein. Wo die Macht unendlich ist, müssen auch Güte und Weisheit unendlich sein, denn die Güte und Weisheit der Macht muss ebenso groß sein wie die Macht der Weisheit. Hier siehst du, wie für ihn, der voll Leidenschaft wie berauscht ist von der Gottheit, sein Ziel unvergleichlich höher steht als anderes, das sich von ihr unterscheidet. Wie, so will ich damit sagen, der geistige Anblick des göttlichen Wesens die Vollkommenheit aller anderen Erscheinungen in höchstem Grad umfasst, so wird man entsprechend dem Grad, in dem man fähig ist, an diesem Bild teilzuhaben, alles verstehen und alles bewirken können, und einem Einzigen so sehr freundschaftlich verbunden sein, dass man jede andere Schönheit geringschätzen und als langweilig empfinden wird. Ihr, die wahrlich alles als Ganzes ist, muss deshalb der Apfel in Form einer Kugel, geweiht werden, nicht der schönen Venus, die von Minerva an Weisheit und von Juno an Würde übertroffen wird, nicht der Pallas, denn Venus ist anmutiger und Juno erhabener, und nicht der Juno, die nicht auch Göttin der Weisheit und der Liebe ist.

Cicada: Gewiss, denn den Stufen der Natur und der Wesen entsprechen die Stufen der geistigen Bilder und die Erhabenheit der Leidenschaften und des liebenden Verlangens.

Cicada: Das folgende Bildnis zeigt einen Kopf mit vier Gesichtern, die nach den vier Ecken der Welt blasen und vier Winde in einem Gegenstand darstellen. Über ihm strahlen zwei Sterne, zwischen denen das Motto steht: *novae ortae aeoliae (Neue Stürme sind losgebrochen)*. Ich wüsste gern, was das bedeuten soll.

Tansillo: Mir scheint, der Sinn dieser Devise folgt aus der vorhergehenden. Denn wie dort eine einzige unendliche Schönheit durch einen Gegenstand symbolisiert wurde, wird hier ein ebenso großes Sehnen, Streben, Begehren und Verlangen dargestellt. Ich glaube, diese Winde sollen die Seufzer versinnbildlichen. Aber wir werden es wissen, wenn wir die Verse lesen:

======

Auroras Söhne, des Titanen wilde Brut,
Die ihr erschüttert Himmel, Meer und Erde voller Wut,
Im Streit verstoßen, weil ihr die Rebellion geschürt
Und gegen die erhabenen Götter Krieg geführt.

Ihr seid nicht mehr in den äolischen Höhlen gefangen,
Wo euch meine Macht und meine Zügel bezwangen.
Denn eingesperrt seid ihr in dieser Brust,
Die so viele Seufzer ausstoßen musst.

Ihr wilder Stürme ungestüme Gesellen,
Die ihr aufwühlt aller Meere tobende Wellen,
Nichts sonst kann beenden euren wütenden Tanz,

Als dieser unschuldigen, tödlichen Lichter Glanz.
Denn durch das Schließen oder Öffnen ihrer Lider
Seid ihr empört und beruhigt euch dann wieder.

======

Hier wird offenbar Äolus vorgestellt, wie er mit den Winden spricht, die, wie er gestehen muss, nicht mehr von ihm in den äolischen Höhlen gebändigt werden, sondern von zwei Sternen in dieser leidenschaftlichen Brust. Die beiden Sterne symbolisieren nicht zwei Augen in einem schönen Antlitz, sondern die beiden dem Begreifen zugänglichen Bilder der göttlichen Schönheit und Güte in ihrem unermesslichen Glanz. Sie berühren das bewusste und rationale Verlangen so tief, dass es ebenso unendlich danach strebt, wie er dieses erhabene Leuchten als unendlich groß, schön und gut begreift. Denn solange die Liebe endlich ist, gebunden und erfüllt von Begrenztem, hat sie sich nicht einem Bild der göttlichen Schönheit genähert, sondern einer anderen Gestalt. Doch wenn sie immer wieder von neuem anderes erstrebt, könnte man sagen, dass sie zum Unendlichen strebt.

Cicada: Wie kann das Atmen ein Sinnbild des Strebens sein, und der Wind ein Sinnbild des Verlangens?

Tansillo: Wer in diesem Leben etwas erstrebt, der seufzt danach und atmet damit zugleich auch aus, und deshalb wird die Heftigkeit des Strebens durch die Stärke des Atems symbolisiert.

Cicada: Aber es gibt einen Unterschied zwischen Seufzen und Atmen.

Tansillo: Na ja, das eine soll ja auch das andere nicht wie Gleiches durch Gleiches darstellen, sondern wie Ähnliches durch Ähnliches.

Cicada: Fahr also fort mit unserer Erörterung!

Tansillo: Das unendliche Streben, das sich in den Seufzern zeigt und durch die Winde sinnbildlich dargestellt wird, ist nicht mehr Äolus in den äolischen Höhlen unterstellt, sondern den beschriebenen beiden Lichtern. Sie töten sein leidenschaftliches Wesen nicht nur unschuldig, sondern voll Güte, denn das sehnsüchtige Streben lässt ihn für alles andere ersterben. Ungestüm wird er, wenn sie ihn ausschließen und sich verhüllen, offenbaren sie sich, wird er ruhig. Denn wenn zu Zeiten in diesem Körper Nebelschleier die Augen des menschlichen Geistes verdunkeln, wird die Seele durch dieses Streben umso mehr verwirrt und gequält, aber sobald die Nebel sich auflösen und vertrieben werden, wird sie genug Ruhe finden, um sich an den Bedingungen ihres Daseins zu erfreuen.

Cicada: Wie kann unser endliches Bewusstsein ein unendliches Ziel anstreben?

Tansillo: Mit dem unendlichen Potenzial, das es hat.

Cicada: Aber das ist nichtig, wenn es nie ausgeschöpft werden kann.

Tansillo: Es wäre nichtig, wenn es nach Endlichem streben würde, denn dann hätte das unendliche Potenzial kein Ziel, aber doch nicht, wenn es zum Unendlichen strebt, wo das unendliche Potenzial wahre Vollkommenheit bedeutet.

Cicada: Wenn das menschliche Bewusstsein in seinem Wesen und in seinem Wirken endlich ist, wie und wieso hat es dann ein unendliches Potenzial?

Tansillo: Weil es ewig ist, und um sich immer zu erfreuen, und um weder Ende noch Grenze seines Glücks zu erfahren, denn ebenso wie es an sich endlich ist, ist es unendlich in seinem Ziel.

Cicada: Was ist der Unterschied zwischen der Unendlichkeit des Ziels und der Unendlichkeit des Potenzials?

Tansillo: Dieses ist auf endliche Weise unendlich, jenes ist auf unendliche Weise unendlich. Aber zurück zu uns! Das Motto ist: *Neue Stürme sind losgebrochen*, denn man scheint glauben zu können, dass all die Winde in den Abgründen der äolischen Höhlen in Seufzer umgewandelt wurden, wenn man jene zählt, die aus dem Verlangen hervorkommen, das ohne Ende zum höchsten Gut und zur unendlichen Schönheit strebt.

Cicada: Lass uns nun die Bedeutung dieser brennenden Fackel betrachten, um die geschrieben steht: *Ad vitam, non ad horam (Für das Leben, nicht für die Stunde)!*

Tansillo: Das Beharren in solcher Liebe zum wahren Gut, nach dem sein Verlangen in diesem zeitlichen Dasein voll Leidenschaft brennt. Dies, meine ich, besagt auch die folgende Tafel:

=====

Der Landmann bald sein Feld bebaut,
Wenn im Osten der neue Tag ergraut,
Und wenn die Sonne am höchsten steht,
Er müde von der Hitze in den Schatten geht.

Dann wieder, wenn sein Tagwerk ist vollbracht,
In Dunkelheit und Schlaf versinkt das Erdenrund,
So dass er ruhen kann. Doch mich zu jeder Stund'
Morgens, mittags, abends, in der Nacht,

Treffen die Schläge der strahlenden Flammen,
Die den zwei Bögen meiner Sonne entstammen,
Und wie denn mein Los es will,

Hoch am Himmel stehen fest und still.
Dort brennen sie zu jeder Stunde
Von ihrem Mittagskreis in meines Herzens Wunde.

======

Cicada: Diese Tafel erklärt eher im wörtlichen als im übertragenen Sinn die Bedeutung dieses Bildes.

Tansillo: Es ist nicht schwierig, dir hier den übertragenen Sinn zu zeigen, wobei nur eine etwas genauere Betrachtung nötig ist, um ihn zu sehen. Die *Sonnenstrahlen* sind die Art und Weise, auf die sich uns die göttliche Schönheit und Güte offenbart. Sie sind *flammend*, weil sie das Bewusstsein nicht begreifen kann, ohne in der Folge die Emotionen zu entzünden. *Die beiden Bögen der Sonne* sind die zwei Arten von Offenbarung, welche die scholastischen Theologen die *morgendliche* und die *abendliche* nennen, wobei die uns erleuchtende Bewusstheit wie durch eine dazwischenliegende Luft diesen Anblick überbringt, damit wir ihn entweder im Geist an sich bewundern oder als Wirkkraft in seinen Wirkungen betrachten können. Der Mittagskreis der Seele ist hier der Anteil der höheren Kräfte, wo das vom Bewusstsein entflammte Begreifen den lebendigen Impuls des Gefühls verstärkt, der durch das Herz versinnbildlicht wird, das sich *brennend zu jeder*

215

Stunde quält. Denn alle Früchte der Liebe, die wir in diesem Dasein pflücken können, sind nicht so süß, als dass sie nicht doch eher mit einer gewissen Trauer verbunden wären, und sei es nur durch die Erkenntnis, nicht alle ihre Früchte vollständig genießen zu können. Dies gilt ganz besonders für die Früchte der sinnlichen Liebe, deren Eigenschaften ich nicht besser beschreiben könnte, als der epikureische Dichter:

Aber es geben Reiz und Gestalt des Menschen dem Körper
Nichts zu genießen als Bilder, die, zart und dünne beschaffen,
Oft ein beweglicher Hauch, die leichte Hoffnung, davonführt.
Wie sich im Traume der Dürstende sehnt zu trinken, vergeblich
Nach dem Wasser verlangt, die Glut in den Gliedern zu löschen,
Aber nur Bilder des Trinkens erhascht, und umsonst sich bemühet,
Mitten im Flusse zu trinken wähnet und dürstet:
Also täuscht die Verliebten mit Bildern Venus; sie können
Nie sich ersättigen, selbst wenn vor Augen sie haben den Körper;
Können auch nichts mit der Hand abreiben den zärtlichen Gliedern,
Ob mit irrendem Taumel sie auch umsuchen am Körper.
Hat sie Venus zuletzt mit jeglicher Freude begünstigt,
Dass in der Glieder Verein sie der Jugendblüte genießen,
Und schon ahnet der Körper die Lust, so drücken sie heißer
Sich an die Brust; sie saugen der Lippen Honig, sie pressen
Mit den Zähnen den Mund und hauchen sich tiefer in die Seel' ein.
Aber umsonst; sie können doch nichts dem Körper entreiben,
Können nicht übergehen in des anderen Körper mit ihrem.
(Lukrez, aus "de rerum natura", übersetzt von Karl Ludwig von Knebel)

Ähnlich urteilt er über die Art des Genusses, den wir in diesem Dasein aus dem Göttlichen erlangen können, denn während wir darum ringen, in es einzudringen und eins mit ihm zu werden, leiden wir im Verlangen mehr, als wir im Denken genießen können. Deshalb sagte wohl auch jener weise Hebräer, dass den Schmerz mehrt, wer das Wissen mehrt, denn aus dem größeren Begreifen entsteht ein größeres und stärkeres Verlangen, und diesem folgt ein größerer Groll und Schmerz, wenn das Ersehnte nicht erlangt werden kann. Deshalb sagte ein Epikureer, der ein ruhigeres Leben führen wollte, über die sinnliche Liebe:

Aber entfliehe den Bildern, entreiße der Liebe den Zunder
Ihres Feuers, und wende den Sinn auf anderen Vorwurf:
Wirf den gesammelten Reiz auf andere Körper, und halt' ihn
Nicht für die eine zurück, für die du Neigung gewonnen,
Um dir sichern Verdruss und langen Kummer zu sparen.
Denn es wächst, indem du es nährst, und veraltet das Übel,
Tiefer greifet die Wut mit jeglichem Tage, der Kummer
Lastet schwerer, wofern mit neuen Schlägen die alten
Wunden du nicht betäubst, durch freie Genüsse sie linderst:
Oder auch andernwärts hin den heftigen Trieb des Gemüts lenkst.
Wer die Liebe vermeidet, entsagt deshalb dem Genuss nicht,
Welchen Venus ihm beut: er greifet nach ihren Geschenken
Und entfernet die Pein.
(Lukrez, de rerum natura,
übersetzt von Karl Ludwig von Knebel)

217

Cicada: Was versteht er unter *Mittagskreis des Herzens*?

Tansillo: Den höchsten und stärksten Anteil oder Bereich des Verlangens, in dem es am stärksten, mächtigsten, wirksamsten und am unmittelbarsten aufgeheizt wird. Er meint, diese Emotionen seien nicht wie zu Beginn, wo sie sich regen, nicht wie am Ende, wo sie zur Ruhe kommen, sondern wie in der Mitte, wo sie brennen.

Cicada: Was bedeutet dieser brennende Pfeil, der eine Flamme anstatt einer Stahlspitze hat, und um den sich ein Band schlingt mit der Inschrift: *Amor instat ut instans (Die Liebe bestürmt wie in einem Augenblick)* Sag! Was denkst du dir dazu?

Tansillo: Mir scheint, er will sagen, dass ihn die Liebe niemals loslässt, und dass sie ihn ewig auf gleiche Weise quält.

Cicada: Ich erkenne gut das Band, den Pfeil und das Feuer. Ich begreife auch die Worte *Amor instat*, aber das Folgende kann ich nicht begreifen: nämlich ob die Liebe wie etwas Bestürmendes bestürmt oder ständig bestürmt. Das ist genauso dürftig, wie wenn jemand sagen würde: "Diese Devise hat er entworfen, wie er sie entworfen hat, er führt sie, wie er sie führt, ich begreife sie, wie ich sie begreife, sie taugt so viel, wie sie taugt, ich achte sie, wie ich sie achte."

Tansillo: Wie leicht urteilt und verurteilt doch, wer nicht nachdenkt! Dieses *instans* ist ja kein Partizip des Verbs *instare*, sondern ein Substantiv und bedeutet den Moment der Zeit.

Cicada: Was soll das denn bedeuten: Die Liebe bestürmt wie der Moment der Zeit?

Tansillo: Was will Aristoteles in seinem Buch "Von der Zeit" sagen, wenn er behauptet, die Ewigkeit sei ein Augenblick und alle Zeit sei nur ein einziger Moment?

Cicada: Wie soll das möglich sein, wenn es doch keine noch so kleine Zeitspanne gibt, die nicht mehrere Augenblicke enthält? Meint er vielleicht, dass in einem einzigen Augenblick die Sintflut, der Trojanische Krieg und unsere Gegenwart hier geschieht? Da würde ich gerne wissen, wie sich dieser eine Augenblick in so viele Jahrhunderte und Jahre aufteilen kann, und ob wir nicht genauso gut sagen könnten, dass die Linie nur ein Punkt sei.

Tansillo: Wie die Zeit eine einzige ist, die aber in verschiedenen Zeitabschnitten existiert, so ist der Moment ein einziger in allen verschiedenen Teilen der Zeit. Wie ich derselbe bin, der ich war, bin und sein werde, so bin ich derselbe hier im Haus, im Tempel, auf dem Feld und überall, wo ich bin.

Cicada: Warum glaubt ihr, der Augenblick sei die ganze Zeit?

Tansillo: Wenn es den Augenblick nicht gäbe, so gäbe es die Zeit nicht, denn das Wesen und die Grundlage der Zeit ist nichts anderes als der Augenblick. Es genügt, wenn du das verstehst, denn ich habe keine Lust hier pedantisch das vierte Buch der Physik durchzukauen. Begreife also, dass es heißen soll, die Liebe sei ihm ebenso gegenwärtig, wie ihm die ganze Zeit gegenwärtig ist, weil dieses *instans* keinen Zeitpunkt bedeutet.

Cicada: Dann müssen wir diese Bedeutung irgendwie genauer definieren, wenn es wegen seiner Zweideutigkeit kein lasterhaftes Motto sein soll, bei dem es uns frei steht, seine Worte so aufzufassen, als gebe es seine Liebe nur in einem Augenblick, das heißt in einem minimalen Zeitabschnitt und damit überhaupt nicht, oder ob er meint, es gebe sie immer, wie du es auslegst.

Tansillo: Wenn diese beiden gegensätzlichen Bedeutungen hier möglich wären, so wäre das Motto gewiss ein Scherz. Aber bei genauerer Betrachtung ist es nicht so, denn es kann keinen einzigen Augenblick geben, der wie ein Atom oder ein Punkt ist, in dem die Liebe bestürmen oder beharren könnte. Deshalb muss dieser Augenblick auf andere Weise aufgefasst werden. Aber, um der Schule zu entkommen, lass uns die Strophen lesen!

======

Was eine Zeit getrennt, die and're wird's verbinden.
Mal klagt's, mal freut's, mal baut's, mal reißt es nieder.
Ein Tag bringt Gram, der and're wird viel Freud' empfinden.
Mal müht's, mal ruht's, mal steigt's und sinkt dann wieder.

Eine Zeit entzieht, was die andere hat verschenkt.
Mal treibt's, mal hemmt's, mal gibt es Leben, mal den Tod.
In all den Jahren, Monden, Tagen, Stunden meiner Not
die Lieb' allein beherrscht, verletzt, entbrennt und lenkt.

Immer zerreißt mich dieses Sehnen.
Immer fließen meine heißen Tränen.
Meine stete Sehnsucht ist unendlich schwer.

Immer quält und züchtig sein Gebot.
Immer stiehlt's und entzieht sich allzu sehr.
Immer wühlt's mich auf, stets bringt's den Tod.

======

Cicada: Den Sinn habe ich wohl verstanden. Ich gestehe, dass sich alles gut zusammenfügt. Es scheint mir Zeit, zu anderem weiterzugehen.

Tansillo: Hier siehst du eine Schlange, die im Schnee stirbt, wohin ein Bauer sie geworfen hat. Ein nackter Knabe verbrennt mitten im Feuer. Der Zeichnung hinzugefügt sind manch andere Skizzen und Attribute mit dem Motto: *Idem, itidem, non idem (Dasselbe, auf dieselbe Weise, nicht dasselbe.)* Dies scheint mir eher ein Rätsel zu sein als alles andere, und ich weiß nicht, ob ich es richtig erklären kann. Doch ich denke, es ist ein Sinnbild des gleichen schweren Schicksals, das sowohl den einen wie den anderen gleichermaßen peinigt - und zwar äußerst schmerzhaft und unbarmherzig bis zum Tod - mit unterschiedlichen Mitteln allerdings und aus gegensätzlichen Ursachen, wobei sich Kälte und Hitze als gleich schlimm erweisen. Aber mir scheint, dies erfordert eine längere und gründlichere Betrachtung.

Cicada: Ein anderes Mal. Lies nun die Reime!

Tansillo:

======

Schlange, in Eis und Schnee ermattet liegst,
Dich rollst und windest, zuckst und biegst.
Um zu mindern deine schlimme Pein,
Ziehst bald eine Seite, bald die andere vom Eise ein.

Wenn die Kälte Ohren hätte, dich zu verstehen,
Und du eine Stimme, um zu klagen und zu flehen,
Du hättest, glaub' ich, gute Gründe bereit,
um Gnade zu finden für dein eisiges Leid.

Ich in ewigen Flammen glühe,
Kämpfe, schmelze und verbrühe.
Dem Eise meiner Göttin entkomm' ich nicht,

Denn keine Liebe oder Gnade aus ihr spricht.
Oh je, warum auch kann sie nicht verspüren,
Wie die Gluten meine Qualen schüren!

=====

So flieh doch, Schlange! Du vermagst es nicht.
Willst in dein Loch zurück, dir ist's verwehrt.
Sammelst deine Kräfte, sie sind verzehrt.
Hoffst auf die Sonne, der Nebel ist zu dicht.

Flehst den Bauer um Erbarmen, er hasst des Zahnes Gift.
Beschwörst dein Glück, das dumme hört dich nicht.
Flucht, Zuflucht, Kraft, Mensch, Glück und Sonnenlicht,
Erretten wird dich nichts, weil bald der Tod dich trifft.

Du erstarrst, mir kocht das Blut.
Ich blicke auf dein Eis und du auf meine Glut.
Du ersehnst mein Leid, ich deine Pein,

Weder kann ich deine, noch du meine Rettung sein.
Über unser Schicksal sind wir uns im Klaren,
So lassen wir denn alle Hoffnung fahren.

======

Cicada: Nun lass uns gehen! Auf dem Heimweg wollen wir sehen, ob sich dieser Knoten lösen lässt.

Tansillo: Gut!

Ende des fünften Dialogs
des ersten Teils der heroischen Leidenschaften.

Zweiter Teil der heroischen Leidenschaft

Erster Dialog

Es sprechen: Cesarino, Maricondo

Cesarino: Es heißt, alles in der Welt sei besser und vorzüglicher bestellt, wenn das ganze Universum überall auf ideale Weise im Einklang ist. Man glaubt, dies werde geschehen, wenn alle Planeten das Sternbild des Widders erreicht haben, denn dieses gehöre nicht nur zur achten Sphäre, sondern auch zum unsichtbaren und höheren Firmament, wo sich der andere Tierkreis befindet. Schlimmere und niedrigere Dinge sollen geschehen, wenn die entgegengesetzte Konstellation und Ordnung eintritt, denn die radikalen Veränderungen vom Ähnlichen zum Unähnlichen, von einem Gegensatz zum anderen vollziehen sich kraft dieses Wandels. Der Kreislauf des großen Weltenjahres ist also jener Zeitraum, in dem die unterschiedlichsten Konstellationen und Wirkungen durch die gegenteiligen, mittleren und entgegengesetzten wieder zum Ausgangspunkt zurückkehren. Dies sehen wir auch bei den einzelnen Jahren wie bei unserem Sonnenjahr, wo der Anfang eines Stadiums das Ende des anderen, gegensätzlichen ist und das Ende von diesem der Anfang von jenem. Da wir uns also nun auf dem Tiefpunkt der Wissenschaften befinden, der den Tiefpunkt der Meinungen hervorbrachte, der wiederum den Tiefpunkt der Sitten und des Handelns mit sich brachte, könnten wir eigentlich hoffen zu besseren Zeiten zurückzukehren.

Maricondo: Du weißt, mein Bruder, dass diese Reihenfolge und Ordnung der Dinge völlig wahr und richtig ist. Aber in welchem Stadium wir uns auch gerade befinden, ist aus unserer Sicht das Gegenwärtige immer bedrückender als das Vergangene, und nicht einmal beide zusammen können uns so erfreuen wie die Zukunft, die wir ständig erwarten und erhoffen. Das wird in diesem Bild aus dem alten Ägypten gut versinnbildlicht. Bei der von ihnen gestalteten Statue sitzen auf einem einzigen Rumpf an drei Seiten insgesamt drei Köpfe. Der Kopf eines Wolfes blickt nach hinten, das Gesicht des Löwenkopfes befindet sich in der Mitte und der dritte, der Kopf des Hundes, bewacht die Vorderseite. Dies soll zeigen, dass uns die Vergangenheit in der Erinnerung heimsucht, aber nicht so sehr wie uns die Gegenwart in der Realität quält, doch stets erhoffen wir uns Besseres für die Zukunft, denn dort heult der Wolf, hier brüllt der Löwe und sodann schmeichelt der Hund.

Cesarino: Was bedeutet das Motto, das über der Zeichnung geschrieben ist?

Maricondo: Schau! Über dem Wolf steht *iam (bereits)*, über dem Löwen *modo (jetzt)*, über dem Hund *praeterea (Zukunft)*. Diese Worte bedeuten die drei Teile der Zeit.

Cesarino: Nun lies, was auf der Tafel steht!

Maricondo: So sei es!

======

Ein Wolf, ein Löw', ein Hund erscheinen hier,
Gen Morgen, Mittag, Abend schaut das Tier.
Was ich hatte, hab' und haben werd' in diesem Leben,
Was es mir gab, nun gibt und mir kann geben.

Was ich tat, tu' und einst tun werde,
Im Gestern, Heute, in der Zukunft dieser Erde.
Ich bereu', erleid' und halt mir offen,
Was ich verlor, die Qualen, und das Hoffen.

Sauer, bitter, süß wie Wein
Sind Erfahrung, Ernte, Hoffnungskeim,
Die warnen, drängen, tröstlich sind.

Die Zeit, in der ich lebte, leb' und einst mich wiederfind,
Ist tiefes Schaudern mir, schreckt auf und gibt mir Halt.
Was fort ist, was sich zeigt und in der Ferne widerhallt.

Sehr viel ist's, zu viel, und muss genügen,
Was vorbei, was zur Stunde und sich wird fügen,
Wo Furcht, wo Leid und wo Hoffen sich entfalt.

======

Cesarino: Das ist exakt der Kopf eines leidenschaftlich Lie-benden, obwohl er für fast alle Menschen passt, die auf irgend-eine Weise unter quälenden Gefühlen leiden. Wenn wir auch weder sagen dürfen noch können, dass er für alle Menschen im Allgemeinen passt, so doch für jene, die geplagt waren und sind. Wer nach Herrschaft strebt und sie nun besitzt, wird wahrscheinlich fürchten, sie zu verlieren. Wer sich bemühte, die Früchte der Liebe zu erringen und die besondere Huld der Geliebten gewann, wird wahrscheinlich unter den Stichen der Eifersucht und des Argwohns leiden. Was nun die Zustände der Welt betrifft, so können wir, wenn sie finster und unheilvoll sind, mit Sicherheit Licht und Gedeihen prophezeien, wenn sie jedoch glücklich sind und Gelehrsamkeit herrscht, können wir ohne Zweifel erwarten, dass Dummheit und Unheil folgen werden. Als Hermes Trismegistos sah, in welch großem Glanz des Wissens und der Divination sich Ägypten befand, denn er hielt die Menschen für Gefährten der von ihnen zutiefst verehr-ten Götter und Dämonen, brach er vor Asklepios in jene pro-phetische Klage aus, dass die Finsternis neuer Religionen und Kulte folgen müsse, und dass das Gegenwärtige nur als Mär-chen und Aberglaube weiterleben dürfe. So wurden auch die Hebräer, die Sklaven in Ägypten gewesen waren und in die

Wüste vertrieben wurden, von ihren Propheten mit der Hoffnung auf Freiheit und Vaterland ermutigt. Als sie die Herrschaft über ihr Land errungen hatten und zur Ruhe gekommen waren, wurden sie von Verbannung und Gefangenschaft bedroht. Heute, da es kein Leid und keine Beschimpfung gibt, denen sie nicht ausgesetzt sind, gibt es kein Gut und keine Ehre, die sie sich nicht erhoffen dürfen. Ähnliches trifft auf alle Geschlechter und Zeiten zu, wenn sie überleben und nicht tatsächlich ausgelöscht werden. Denn kraft des Wandels müssen sie vom Leid zum Glück und vom Glück zum Leid gelangen, von ganz unten nach ganz oben und von ganz oben nach ganz unten, von der Finsternis zum Licht und vom Licht zur Finsternis, denn so fordert es die natürliche Ordnung. Sollte sich jenseits dieser Ordnung eine andere finden, die sie untergräbt oder ändert, so glaube ich es und werde nicht darüber streiten, denn ich ziehe hier meine Schlüsse nur kraft der natürlichen Spiritualität.

Maricondo: Wir wissen, dass du kein Theologe, sondern ein Philosoph sein willst, und dass du über Philosophie und nicht über Theologie sprichst.

Cesarino: So ist es! Lass uns sehen, was folgt!

Cesarino: Ich sehe hier ein rauchendes Weihrauchfass, das von einem Arm gehalten wird, und ein Motto, welches lautet: *Illius aram (Sein Altar)*, und sodann folgende Verse:

=====

Wer wird nun meines edlen Verlangens Empfinden
Der Verehrung des Göttlichen weniger würdig finden,
Weil er auf manch andere Inschrift
Meines Votums in den Hallen der Ehre trifft?

Weil mich ruft andere heroische Pflicht,
Wer könnte denken, es zieme sich deshalb nicht,
Dass ich jener in Anbetung bin verbunden,
Für die der Himmel Liebe und Verehrung empfunden?

„Lass mich! Anderes Verlangen, lass mich!
Störende Gedanken: Gebt Ruhe! Sprich!
Warum meint ihr, ich solle bereuen,

Und mich am Anblick der Sonne nicht mehr erfreuen?"
"Warum", fragt euer Mitleid, "ist dein Blick stets gerichtet
Auf das, was im Schauen dich vernichtet?

Warum ist so lieblich für dich dieses Angesicht?"
"Weil dieses Leid mir mehr als jedes Glück verspricht.
Weil nichts mich so selig macht wie dieses Licht."

======

Maricondo: Wie sehr auch jemand, so sagte ich hierzu einst, an eine bloß körperliche Schönheit und den Kult des Äußeren gebunden ist, kann seine Haltung dennoch ehrenhaft und angemessen sein, wenn er nur von der körperlichen Schönheit, die ein Strahl und ein Glanz der Form und des Wirkens der Spiritualität ist, ihre Spur und ihr Schatten, sich zur Betrachtung und Bewunderung der Schönheit, des Lichts und der Majestät des Göttlichen erhebt, so dass er vom Sichtbaren das Herz erhöht zu jenem, das an sich umso vieles vorzüglicher ist und der gereinigten Gesinnung angenehmer, je weiter es von den Sinnen und der Materie entfernt ist. Ach - wird er sagen - wenn die schattengleiche, verdunkelte, vergängliche Schönheit, die auf der Oberfläche der körperlichen Materie abgebildet ist, mir so gut gefällt, mein Fühlen so tief berührt, die meiner Spiritualität, ich weiß nicht welche Ergebenheit für ihre Hoheit einflößt, die mich so sehr gefangen hält, mich so süß fesselt und verlockt, dass sich vor meinen Sinnen nichts zeigen könnte, was mich mehr erfreut, wie wird es mir dann mit dem eigentlichen,

231

ursprünglichen und von Anfang an Schönen ergehen, was wird mit meiner Seele sein, dem göttlichen Bewusstsein, den Geboten der Natur? Deshalb ist es ratsam, dass die Betrachtung dieser Spur des Lichts mich durch die Reinigung meiner Gesinnung anspornt, mit diesem Edleren und Höheren übereinzustimmen und an ihm teilzuhaben, so dass ich mich verwandeln und mit ihm vereinen kann. Da die Natur meinen Augen diese Schönheit zeigte und mir einen inneren Sinn verlieh, der mich befähigt, eine viel tiefere und unvergleichlich größere Schönheit zu erschließen, ist es gewiss ihr Wille, dass ich von jenem niederen Bild zur Hoheit und Erhabenheit eines vollkommeneren Anblicks gelange. Auch glaube ich nicht, dass meine wahre Gottheit, wie sie sich mir in Schatten und Bildern zeigt, es verschmäht in diesen Bildern und Schatten verehrt zu werden und Opfergaben zu erhalten, solange mein Herz und meine Emotionen stets geordnet sind und zu Höherem aufblicken. Denn wer könnte sie in ihrem wirklichen Sein und Wesen verehren, wenn er sie in dieser Form nicht erkennt?

Cesarino: Du machst dadurch deutlich, dass für Menschen mit heroischer Spiritualität alles dem Guten dient, dass sie den Kerker zum Erlangen einer größeren Freiheit nutzen, und dass sie, einmal besiegt, dies in eine Chance für einen größeren Sieg verwandeln. Sehr wohl weißt du, dass die Liebe zur körperlichen Schönheit den gut Veranlagten von höheren Aufgaben nicht nur nicht zurückhält, sondern ihm vielmehr Flügel verleiht, um sie zu erreichen. Denn da der Wunsch nach Liebe in tapferes Streben verwandelt wird, mit dem der Liebende sich bemüht, des Geliebten würdig zu werden, wird er vielleicht auch würdig für noch Größeres, Edleres und Schöneres. Dort ist er entweder zufrieden, das Ersehnte errungen zu haben, oder er erfreut sich seiner eigenen Schönheit und verachtet zu Recht, was von ihm bezwungen und überwunden wurde. Nun wird er entweder ruhen oder sich dem Streben nach erhabeneren und vorzüglicheren Zielen zuwenden. So wird sich die heroische Spiritualität immer weiter bemühen, solange sie sich nicht emporgeschwungen hat zum Verlangen nach der göttlichen Schönheit an sich ohne Gleichnis, Statuen, Figuren und Bildern soweit dies möglich ist, und darüber hinaus, wenn sie so weit zu gelangen weiß.

Maricondo: Du siehst also, Cesarino, weshalb sein leidenschaftliches Wesen gute Gründe hat, nicht gut auf jene zu sprechen zu sein, die ihn als Gefangenen einer niederen Schönheit schmähten, für die er Gelübde abgelegt und Votivtafeln angebracht habe. Dies bedeutet ja nicht, dass er den Stimmen nicht gehorchte, die ihn zu höheren Aufgaben berufen haben, denn diese niederen Dinge sind von den höheren abgeleitet und abhängig und gewähren wie auf einer eigenen Stufenleiter den Zugang zu diesen. Wenn sie nicht Gott sind, so sind sie doch göttlich, sind seine lebendigen Abbilder, und es verletzt ihn nicht, in ihnen verehrt zu werden. Denn wir erhielten einen Befehl von der höchsten Spiritualität, der lautete: *Adorate scabellum pedum eius! (Betet den Schemel seiner Füße an!)* An anderer Stelle sagte ein Gesandter Gottes: *Adorabimus ubi steterunt pedes eius. (Lasst ihn uns dort anbeten, wo seine Füße standen.)*

Cesarino: Gott, die göttliche Schönheit und ihr Glanz strahlen und sind in allem. Deshalb scheint es mir kein Irrtum zu sein, ihn in allen Dingen auf die Weise zu bewundern, auf die er sich in ihnen zeigt. Ein Irrtum wäre es jedoch, anderes so zu verehren, wie es ihm alleine gebührt. Aber was meint er, wenn er sagt: *Lass mich! Anderes Verlangen, Lass mich!*

Maricondo: Er weist die Gedanken von sich, die ihm andere Ziele zeigen, die nicht die Kraft haben, ihn ebenso sehr zu berühren, und die ihm den Anblick der Sonne verdecken, die aus einem Fenster besser zu sehen ist als aus einem anderen.

Cesarino: Wenn er von solchen Gedanken beunruhigt wird, wie kann er dann beständig zu dem Glanz blicken, der ihn vernichtet und ihn doch nicht so befriedigt, dass er ihn nicht auch gleichzeitig heftig peinigt?

Maricondo: Weil es in diesem unserem Dasein voller Konflikte kein Glück gibt ohne das dazugehörige Leid, das ebenso groß ist, wie die vom Glück geschenkte Freude. Denn um wieviel größer ist die Furcht eines Königs vor dem Verlust seiner Krone als die eines Bettlers vor dem Verlust von zehn Dinaren, und um wieviel drängender ist die Sorge eines Herrschers um den Staat als die eines Bauern um seine Schweineherde, wie ja auch die Freuden und der Genuss der einen wahrscheinlich größer sind als die Freuden und der Genuss der anderen. Denn Höheres zu lieben und anzustreben bringt mit größerer Ehre und Glanz auch größere Sorgen, Bedenken und Schmerzen mit sich. Ich denke, dass in diesem Dasein, in dem ein Gegensatz immer mit dem anderen verknüpft ist, die größten Gegensätze stets in derselben Art zu finden sind und folglich im selben Individuum aufeinandertreffen, obwohl die Gegensätze sich nicht verbinden können. Dies gilt auf ihre Weise in der Liebe des Höheren Cupido genauso wie es der epikureische Dichter für die gewöhnliche und sinnliche Liebe schildert:

Der Liebende
Schwanket dahin im Wogen der ungewissen Begierde,
Selbst indem er besitzt. Er weiß nicht, was er zuerst soll
Mit den Augen, den Händen erfassen und sinnlich genießen.
Heißer drückt er an die Brust den Gegenstand des Verlangens,
Scheut nicht des zarten Leibes und beißt mit den Zähnen die Lippen,
Heftet dann Küsse darauf; denn unvermischt ist die Lust nicht.
Heimlich reizet ein Stachel sie noch, selbst das zu verletzen,
Was in ihnen die Wut von solchen Begierden emportreibt.
Aber unterm Genuss hebt Venus selber die Strafe auf,
Und die schmeichelnde Lust bezähmt die Bisse der Lippen.
Auch täuscht immer den Sinn der Verliebten die Hoffnung,
In der Quelle der Brunst die Flammen selber zu löschen.
(Lukrez, aus "de rerum natura",
übersetzt von Karl Ludwig von Knebel)

Mit solchen Reizen also bewirken der Lehrmeister und die Kunst der Natur, dass man vergeht vor Lust über das, was zugleich vernichtet, dass man sich inmitten von Qualen befriedigt und sich quält inmitten all der Befriedigung. Denn nichts entsteht auf völlig friedliche Weise, sondern alles entsteht aus Gegensätzen durch den Triumph und die Macht des einen Gegensatzes über den anderen. Es gibt keinen Genuss der Zeugung, ohne die Vergänglichkeit schmerzlich zu empfinden, und wo Entstehen und Vergehen sich in ein und demselben Wesen verbinden, dort treffen auch Genuss und Trauer zusammen. Dennoch wird es leichter Genuss als Trauer genannt, wenn der Genuss überwiegt und das Empfinden mit größerer Kraft anregt.

Cesarino: Lass uns nun das folgende Bild betrachten! Es zeigt einen Phönix, der von der Sonne in Brand gesetzt wurde und mit seinem Rauch fast den Glanz dessen verdunkelt, was ihn mit seiner Hitze entflammte. Unter ihm steht die Inschrift: *Neque simile, nec par (Weder ähnlich noch gleich)*

Maricondo: Lass uns zunächst die Verse lesen!

======

Der Phönix entflammt im Sonnenstrahl,
Und löst sich auf von Mal zu Mal.
Während er lodernd steht von Glanz umkränzt,
Dankt er schlecht dem Stern, durch den er glänzt.

Denn was er hoch zum Himmel sendet,
Als kalter Rauch und trübe Wolken endet,
So dass er den Glanz vor unserm Blick verbirgt,
Der seine Flammen und seine Glut bewirkt.

Auch meine Spiritualität kann schlecht nur danken
dem göttlichen Glanz, der sie entzündet,
Und der so leuchtet und strahlt in den Gedanken.

Meine Poesie, die von seiner Schönheit kündet,
Verbirgt indes den strahlenden Glanz.
Denn ich löse mich auf und verfließe ganz.

Zu dunklem Rauch nur wird der Klang,
Und so beleidigt seine Schönheit mein Gesang,
Und verstummt vor seinem Glanze bang.

======

Cesarino: Er sagt, wie der Phönix, den der Strahl der Sonne entflammte und der vertraut ist mit Licht und Feuer, zum Himmel den Rauch sendet, der verhüllt, was ihn leuchten lässt, so wurde auch er zur Leidenschaft entflammt und begeistert. Doch seine Loblieder für das edle Wesen, das sein Herz entzündet und in seinen Gedanken erstrahlt, verdunkeln es vielmehr, als dass er ihm für das Licht mit Licht danken könnte, denn aus der Flamme, die sein Wesen auflöst, kommt nur Rauch hervor.

Maricondo: Ohne deine Bestrebungen beurteilen und vergleichen zu wollen, sage ich dir nochmals, was ich dir bereits ein andermal sagte, nämlich dass die Lobpreisung eines der großartigsten Geschenke ist, die ein menschliches Gefühl jemandem darbringen kann. Um das Thema des Göttlichen beiseite zu lassen, sag mir, wer würde einen Achill, einen Odysseus und so viele andere griechische und trojanische Helden kennen, wer hätte Kunde von so vielen großen Kriegern, Weisen und Heroen der Erde, wenn sie nicht durch Lobesopfer zu den Sternen erhoben und zu Göttern geworden wären, wenn nicht auf den Altären der Herzen edler Poeten und anderer Erzähler das Feuer entzündet worden wäre, mit dem durch die Hand und das Gebet berufener und würdiger Priester der Opfernde, das Opfer und der verherrlichte Heros gemeinsam zum Himmel erhoben wurden?

Cesarino: Wohl sprichst du von würdigen und berufenen Priestern, denn die Welt ist heute voller Apostel, die üblicherweise unwürdig sind und deshalb stets andere Unwürdige preisen, wie *asini asinos fricant (Esel sich an Eseln reiben)*. Doch anstatt, dass der eine wie der andere in den Himmel kommt, will die Vorsehung sie samt und sonders in die Finsternis des Orkus schicken. So erweist sich der Ruhm des Feiernden als ebenso hohl wie der des Gefeierten, denn der eine hat eine Strohpuppe als Statue geflochten, der andere ein Holzscheit geschnitzt oder sein Abbild aus Gips gegossen. Ein anderer Götze der Schande und der Schmach weiß noch nicht, dass er nicht auf den Zahn der Zeit oder die Sense Saturns zu warten braucht, um herabgestoßen zu werden, denn bei lebendigem Leib wird er von seinen Schmeichlern noch zur selben Zeit begraben, in der sie ihn preisen, grüßen, ernennen und vorstellen. Das Gegenteil widerfuhr der Klugheit des so sehr gefeierten Maecenas. Auch wenn er keine anderen Verdienste gehabt hätte, als seine dem Schutz und der Förderung der Musen gewogene Gesinnung, hätte er es alleine deswegen schon verdient, durch den Geist so vieler edler Dichter gebührend gefeiert und an die Seite der berühmtesten Heroen gesetzt zu werden, die je das Erdenrund betreten haben. Ihn haben seine eigenen Bestrebungen und der eigene Glanz berühmt und vornehm gemacht, nicht die Abstammung von einem alten Königsgeschlecht oder gar sein Rang als Hofrat des Kaisers Augustus. Ich denke, er wurde über alle Maßen gepriesen, weil er das Versprechen verdiente, das jener Poet ihm gab, als er sagte:

Glücklich sind wir beide, denn wenn meine Verse
Etwas bewirken, wird kein Tag euch
Auf der Erinnerung Tafel löschen,
Solange des Aeneas Haus
Auf dem festen Felsen des Kapitols steht,
Und der römische Bürger die Welt beherrscht.

Maricondo: Das erinnert mich daran, was Seneca sagte, der in einem seiner Briefe auf die Worte Epikurs hinwies, die er an einen Freund gerichtet hatte: *Wenn sich je in deinem Herzen der Wunsch nach Ruhm regen sollte, werden dich meine Briefe bekann-*

ter und berühmter machen, als alles andere, was du ehrst oder wofür du geehrt wirst, und dessen du dich rühmen magst. Ähnliches hätte Homer sagen können, wenn er Achill oder Odysseus begegnet wäre, oder Vergil, wenn er Aeneas und dessen Nachkommen gegenübergestanden wäre, und wie der Moralphilosoph so treffend weiterschrieb, *ist Domeneas durch die Briefe Epikurs bekannter geworden, als all die Herrscher, Satrapen und Könige, von denen der Titel des Domeneas abhing, und deren Andenken in tiefste Vergessenheit geriet. Nicht deshalb lebt Atticus noch in der Geschichte, weil er mit Tiberius und Agrippa verschwägert war, sondern durch die Briefe des Tullius Cicero. Drusus, der Urenkel Cäsars, würde sich nicht in die Zahl großer Namen eingereiht sehen, wenn Cicero ihn nicht dort eingesetzt hätte. Wird aber schließlich nicht doch die Geschichte einen so ungeheuren Zeitraum umfassen, dass nur wenige begnadete Menschen sich noch daraus erheben können?*

Um nun zu unserem Gespräch über jenen zurückzukommen, der einen Phönix in der Sonne brennen sieht und dadurch an sein eigenes leidenschaftliches Streben denkt. Es quält ihn, dass er wie der Phönix für das empfangene Licht und Feuer nur den dunklen und schwachen Rauch aus den Flammen des Brandopfers seiner zerschmolzenen Substanz zurücksenden kann. Deshalb können wir über das Göttliche niemals sprechen, ja nicht einmal denken, ohne ihrer Herrlichkeit mehr zu entziehen als ihr hinzuzufügen. Das Größte, was wir für sie tun können, ist durch Streben und Kühnheit mehr uns selbst als Mensch vor anderen Menschen zu erhöhen, als ihr durch vollendete und vollkommene Taten Glanz verleihen zu wollen. Vor allem darf man dies nicht erwarten, wenn man zum Unendlichen strebt, wo das Eine und das Unendliche ein und dasselbe sind. Es kann nicht von einer anderen Zahl erreicht werden, weil sie keine Einheit ist, und nicht von einer anderen Einheit, weil sie keine Zahl ist, noch von einer anderen Zahl und Einheit, weil sie nicht ebenfalls absolut und unendlich sind. Sehr richtig sagte dazu ein Gottesgelehrter, dass die Quelle dieses Lichts nicht nur unser Bewusstsein, sondern auch das der Götter weit übertrifft, und dass es deshalb angemessen sei, es nicht mit Reden und Worten, sondern mit Stille zu verehren.

Cesarino: Doch nicht mit der Stille von Tieren und anderer, die in ihrem Äußeren den Menschen ähnlich sind, sondern nur mit jener Stille, die edler ist als alles Geschrei, Lärmen und Rufen, das gehört werden kann.

Maricondo: Aber lass uns fortfahren und sehen, was das Weitere bedeutet.

Cesarino: Sag, hast du bereits dieses Bild betrachtet und die Bedeutung dieser Flamme in Form eines Herzens mit vier Flügeln begriffen? Zwei davon haben Augen und die ganze Darstellung ist von leuchtenden Strahlen umgeben. Dort ist auch eine Frage geschrieben: *Nitimur in cassum? (Bemühen wir uns umsonst?)*

Maricondo: Ich entsinne mich sehr wohl, dass es zeigt, wie es seinem leidenschaftlichen Herzen, seiner Spiritualität, seinem Geist und seinen Augen ergeht. Aber lass uns die begleitenden Verse lesen.

=======

Der Geist, der vom heiligen Licht will künden,
Kann so hohes Streben nicht ergründen.
Die Gedanken wollen dem Herzen Freude spenden,
Doch es kann sich nicht vom Leid abwenden.

Die Spiritualität müsste endlich Ruhe finden,
Doch keine Gabe lässt sie Glück empfinden.
Die Augen möchten sich schlummernd schließen,
Doch die ganze Nacht die Tränen fließen.

Oh weh, meine Lichter, wie kann es gelingen,
Den geplagten Augen Linderung zu bringen?
Spirituelle Kraft, wo und zu welcher Zeit

Kann ich heilen dein tiefes Leid?
Und womit könnt' ich dich erfreu'n, mein Herz,
Um zu lindern deinen tiefen Schmerz?

Wann wird die Seele den gerechten Lohn bezahlen
der spirituellen Kraft und meinem Herz
den brennenden Augen und dem Geist für seine Qualen?

======

Weil der Geist sich nach dem göttlichen Glanz sehnt, flieht er die Gemeinschaft der Menge und zieht sich vom normalen Denken zurück. Nicht nur, so meine ich, hält er sich von der Mehrheit der Menschen fern, sondern auch von der Gemeinsamkeit mit ihren Bestrebungen, Meinungen und Urteilen. Denn wer sich des Lasters und der Dummheit erwehren will, ist umso gefährdeter, je größer die Gesellschaft ist, mit der er verkehrt. *In den öffentlichen Spektakeln*, sagte der Moralphilosoph, *schleichen sich durch das Vergnügen die Laster viel leichter ein.* Wer zum hohen Glanz strebt, soll sich so gut er kann in die Einheit zurückziehen, sich so weit wie möglich in sich selbst konzentrieren, damit er nicht den Vielen ähnlich sei, nur weil sie viele sind. Doch sei er kein Feind der Menge, weil sie ihm nicht ähnlich ist. Wenn möglich, stelle er sich mit dem einen oder anderen gut, andernfalls halte er sich an den, der ihm als der Bessere erscheint.

Rede er mit jenen, die er entweder zu Besseren machen kann oder die ihn zu einem Besseren machen können, durch das Licht, das er ihnen geben oder von ihnen empfangen kann. Ziehe er einen einzigen Fähigen einer Menge von Unfähigen vor. Glaube er nicht, wenig erreicht zu haben, wenn er für sich alleine weise ist, und erinnere er sich an die Worte Demokrits: *Unus mihi pro populo est, et populus pro uno (Ein Einziger steht mir für das Volk, und das Volk für einen Einzigen),* und daran, was Epikur an einen Studienfreund schrieb: *Haec tibi, non multis; satis enim magnum alter alteri theatrum sumus. (Dies ist für dich, nicht für die Vielen, denn wir sind einander ein genügend großes Publikum.)*

Während der Geist nach oben strebt, lasse er als erstes die Sorgen der Menge hinter sich, denn dieses Licht verschmäht mühseliges Arbeiten und findet sich nur dort ein, wo die Bewusstheit ist, und zwar nicht irgendeine Bewusstheit, sondern jene, die unter den wenigen, wichtigen und ersten, die erste, wichtigste und einzige ist.

Cesarino: Wie denkst du, strebt der Geist nach oben? Im Wortsinn, wie man zu den Sternen aufsieht? Zum Himmelsreich? Über den kristallinen Himmel hinaus?

Maricondo: Gewiss nicht, sondern indem er sich in die Tiefe seines Geistes versenkt. Dies gelingt ihm nicht dadurch, dass er mit den Augen zum Himmel blickt, die Hände erhebt, die Schritte zum Tempel lenkt oder für die Ohren von Heiligenbildern singt, als ob sie ihn hören könnten. Doch es bedeutet, sich tief in sich selbst zu versenken, denn Gott ist uns nah, er ist mit uns und in uns, mehr als wir selbst in uns sein können, denn er ist die Seele der Seelen, das Leben allen Lebens, das Sein allen Seins. Alles, was du unten, oben oder zusammen mit all den Sternen - oder wie auch immer du sie nennen willst - rundherum siehst, sind Körper, haben dieselbe Gestalt wie diese unsere Erde, auf der wir leben, und in ihnen ist die Gottheit weder mehr noch weniger gegenwärtig als in unserer Erde oder in uns selbst. Zuerst muss er also imstande sein, sich von der Menge in sich selbst zurückzuziehen. Sodann muss er soweit gelangen, dass er jedes mühselige Arbeiten nicht nur nicht schätzt, sondern verachtet, denn umso mehr die Begehrlichkeiten und Laster von innen kämpfen, und die Verderben bringenden Feinde von außen dagegenhalten, desto mehr muss er durchatmen und wieder aufleben, um mit einer völlig konzentrierten Spiritualität - falls möglich - diesen steilen Berg zu bezwingen. Dafür sind keine anderen Waffen und Schilde nötig, als die Größe eines unbeugsamen Gemüts und die Ausgeglichenheit der Spiritualität, die das Gleichmaß und die Spannkraft des Lebens bewahrt. Sie kommt aus dem Wissen hervor und wird von der Kunst der Meditation über das Hohe und Niedere, das Göttliche und das Menschliche gelenkt, worauf jenes höchste Gut beruht. Dazu schrieb ein Moralphilosoph an Lucilius: *Es ist nicht nötig, die Skylla und Charybdis zu durchschwimmen, die Einöden des Apennins oder Skandinaviens zu durchwandern oder die Syrten hinter sich zu lassen, denn der Weg ist so sicher und vergnüglich, wie nur die Natur selbst ihn hatte einrichten können. Es ist nicht* - sagte er - *Gold oder Silber, die uns Gott ähnlich machen, denn dann wären wir ja einem Geldschrank ähnlich, nicht die Gewänder, denn Gott ist nackt, keine Prahlerei oder Ruhm, denn er zeigt sich nur sehr wenigen, ja es kann sogar sein, dass ihn gar keiner kennt, und es denken viele, ja sogar mehr als viele schlecht von ihm.* Es sind nicht all die vielen Eigenschaften und

Güter, die wir normalerweise bewundern, nicht all das macht so reich, was die Menge begehrt, sondern dessen Verachtung.

Cesarino: Gut! Aber sag mir noch, *wie bringt er den geplagten Sinnen Linderung, heilt das spirituelle Leid, erfreut das Herz, bezahlt dem Geist den gerechten Lohn*, so dass er bei all seinem Streben und Mühen nicht fragen muss: *Bemühen wir uns umsonst?*

Maricondo: Dadurch, dass er, obwohl er noch im Leib wohnt, mit seinem besseren Teil nicht mehr im Leib zugegen ist, und dass er sich wie mit einem unauflöslichen Sakrament an das Göttliche bindet und sich ihm zu eigen gibt. So empfindet er für nichts Sterbliches Liebe oder Hass, denn er weiß, dass er zu hoch steht, um Diener und Sklave eines Körpers zu sein, den er als nichts anderes betrachten darf als einen Kerker, der seine Freiheit beschneidet, einen Vogelleim, der sein Gefieder verkleistert, eine Kette, die seine Hände umklammert, eine Schelle, die um seine Füße gelegt wurde, einen Schleier, der seinen Blick täuscht. Aber damit ist er auch kein Diener mehr, kein Sklave, keine Geisel, kein Gefesselter, kein Häftling, kein Opfer von Fallstricken und kein Blinder mehr. Der Körper kann ihn nicht mehr knechten, als er selbst es ihm erlaubt, denn ebenso wie die Spiritualität dem Körper übergeordnet ist, so ist die Welt der Körper und der Materie der Gottheit und der Natur untergeordnet. Dies macht ihn stark gegenüber dem Schicksal, großmütig gegenüber Unrecht, furchtlos gegenüber Armut, Krankheit und Verfolgung.

Cesarino: Dies ist der heroischen Leidenschaft angemessen.

Cesarino: Lass uns nun betrachten, was folgt! Sieh, hier ist das Rad der Zeit, das befestigt ist und sich um das eigene Zentrum dreht! Dort ist das Motto: *Manens moveor (Ich bleibe und bewege mich).* Was verstehst du darunter?

Maricondo: Dies will zeigen, dass es sich im Kreis bewegt, wodurch Bewegung und Ruhe zusammentreffen, denn die Drehung des Kreises um das eigene Zentrum wird als ruhig und feststehend betrachtet im Vergleich zur Bewegung auf einer Geraden. Es ist aber eher als Ganzes ruhig und in seinen Teilen beweglich, wobei sich die Teile im Kreis in zwei verschiedene Richtungen bewegen, denn die einen drehen sich von unten nach oben, andere sind in der Mitte, andere bewegen sich von oben nach unten, andere befinden sich ganz oben oder unten. Dies scheint mir gut die Bedeutung des folgenden Verses wiederzugeben.

========

Was offen zeigt mein Herz, und was es verbirgt,
Schönheit prägt's mir ein, und Ehre nimmt's sodann.
Blinder Eifer hemmt's, doch anderes bewirkt,
Dass all mein Streben zur Seele gelangen kann.

Verweigere ich mich der Mühsal wieder,
Hält das Hoffen, fremde Strenge nimmt den Mut.
Die Liebe erhebt, doch Ehrfurcht drückt mich nieder.
Nun, da ich zur Höhe trachte und zum höchsten Gut,

Hohes Denken, heiliges Sehnen, mächtiges Streben,
von Gemüt, Herz und allem Ringen will ich erheben
Zum ewigen, göttlichen, unermesslichen Ideal.

Es soll mich binden, halten, fesseln diese Wahl.
Geist, Verstand und Sinne sollen nie mich zwingen,
Anderes zu hoffen, zu denken oder zu durchdringen.

Deshalb sollen sie immer von mir sagen,
Er, dessen Augen zur Sonne blicken, will beklagen,
Dass er einst als Endymions Rivale sollte jagen.

========

Wie die ständige Bewegung eines Teils die Bewegung des Ganzen erfordert und treibt, da das Anstoßen des vorangehenden Teils die nachkommenden Teile mit sich zieht, so muss sich notwendig der Antrieb der höheren Teile auf die niederen Teile auswirken, und wenn eine von zwei gegensätzlichen Kräften emporgehoben wird, wird die ihr entgegengesetzte Kraft niedergedrückt. Das Herz als Gesamtheit aller Emotionen schließt oder öffnet sich deshalb, wenn es vom Eifer gehemmt, von kühnen Gedanken erhoben, von der Hoffnung gestärkt oder von der Furcht geschwächt wird. In diesem Zustand und unter diesen Bedingungen wird es immer sein, solange es dem Los der Fortpflanzung unterworfen ist.

Cesarino: In Ordnung. Fahren wir fort! Hier sehe ich ein Schiff auf den Wellen schaukeln, dessen Halteseile am Strand befestigt sind. Darunter steht das Motto: *Fluctuat in portu. (Es schaukelt im Hafen.)* Überlege dir, was es bedeuten mag, und wenn du es gelöst hast, erkläre es!

Maricondo: Das Bild und das Motto haben eine eindeutige Beziehung zum vorhergehenden Motto und Bild, was man nach ein wenig Überlegen leicht erkennen kann. Aber lass mich die Verse lesen:

======

Wenn Helden, Götter, Menschen mir stets raten,
Dem Zweifel zu widersteh'n mit Mut und Taten,
Werd' ich weder Todesfurcht in meiner Brust
Noch körperlichen Schmerz oder Schranken meiner Lust

Künftig achten, dulden oder spüren.
Und weil mein Weg wird klar mich weiterführen,
Werden Hoffen, Glück und Freudenschauer
Mir vertreiben Zweifel, Leid und Trauer.

Jene, die mein Denken, Sprechen und mein Brennen
So ungewiss, vergeblich und so glühend macht,
Wenn würd' erblicken, hören und erkennen

Dieser Gedanken, Taten, Reden Pracht,
Die nicht weiß, macht oder hält, wer auf Erden
Ist im Reiche von Vergeh'n und Werden!

Und sollt' mir trotzen Himmel, Erde, Unterwelt,
Wenn sie erleuchtet, zündet, zu mir hält,
Werd' ich edel, stark und selig werden.

======

Der Sinn dieser Verse lässt sich aus den früheren Erörterungen und Betrachtungen begreifen, vor allem, wo gezeigt wurde, dass die Empfindung des Niederen geschwächt wird und verschwindet, sobald sich die höheren Kräfte entschlossen auf ein erhabeneres und heroischeres Ziel konzentrieren. Die Kraft der Kontemplation ist so groß - wie Jamblichus sagte - dass die Seele zuweilen nicht nur von ihren niederen Aufgaben ruht, sondern darüber hinaus den Körper tatsächlich verlässt. Dies will ich auf keine andere Weise verstehen, als auf die Arten, wie ich sie im "Buch von den Dreißig Siegeln" erklärte, wo ich ebenso viele Formen der Konzentration entwickelte. Einige davon sind verachtenswert, andere bewirken auf heroische Weise, dass man keine Angst vor dem Tod hat, keine körperlichen Schmerzen fühlt, und nicht von der Freude abgehalten werden kann, wenn die Hoffnung, die Lust und der Genuss in der höheren Spiritualität so konzentriert werden, dass sie alles Leid auslöschen, das aus Zweifel, Schmerz und Trauer entsteht.

Cesarino: Aber wer ist jene, von der er fordert, seine Gedanken anzublicken, die sie so ungewiss macht, sein Begehren zu erfüllen, das sie so glühend macht, und seine Erkenntnisse anzuhören, die sie so vergeblich werden lässt?

Maricondo: Er versteht darunter sein Ziel, das den Blick auf ihn richtet, wenn es sich ihm zeigt. Denn die Gottheit erblicken, bedeutet, von ihr erblickt zu werden, wie die Sonne zu sehen zugleich bedeutet, von der Sonne gesehen zu werden. Ebenso bedeutet von der Gottheit erhört zu werden exakt dasselbe wie sie zu hören, und von ihr begünstigt zu werden dasselbe wie sich ihr auszusetzen, so dass aus ein und demselben Einzigen und Unbeweglichen ungewisse und gewisse Gedanken, glühendes und befriedigtes Verlangen, erfüllende und nichtige Erkenntnisse hervorkommen, je nachdem sich der Mensch mit Bewusstsein, Gefühl und Taten vor ihr als würdig oder unwürdig erweist. Wie ein und derselbe Schiffslotse als Ursache des Untergangs oder der Rettung eines Schiffes bezeichnet wird, je nachdem er dort anwesend oder abwesend war, außer der Schiffslotse bewirkte entweder durch seine Fehler oder seine Tatkraft den Untergang oder die Rettung des Schiffes. Doch die göttliche Kraft, die alles in allem ist, gibt oder entzieht sich nur durch des anderen Hinwendung oder Abkehr.

Maricondo: Mir scheint, dass das nächste Bild daraus folgt und damit verknüpft ist. Es zeigt zwei Sterne in Form zweier strahlender Augen mit dem Motto: *Mors et vita (Tod und Leben)*

Cesarino: Lies nun die Verse!

Maricondo: So sei es!

======

Ins Angesicht siehst du von Amors Hand
Mir eingeschrieben die Chronik meiner Pein.
Denn weil dein Stolz kein Ende fand,
Musst ewig ich vom Glück verlassen sein.

Deine schönen Augenlider zu meiner Qual
Verbargen deiner lieblichen Lichter Strahl.
Nicht enthüllt sich des bewölkten Himmels Blau.
Die feindlich düsteren Schatten bleiben trüb und grau.

Um deiner Schönheit willen und meiner Liebe Los,
Die jener gleicht, sei sie auch noch so groß,
Erbarme dich, oh Göttin, verbirg nicht mehr dein Strahlen!

Lass mich nicht länger fühlen diese tiefen Qualen!
Müsst dies für unwürdig meiner großen Liebe halten.
Lass nicht solche Strenge mit so viel Schönheit walten!

Wenn es dich kümmert, ob ich weiterlebe,
Die Pforten deiner süßen Lichter hebe,
Damit dein Blick den Tod mir gebe!

======

Das Angesicht, in dem die Chronik seiner Pein eingeschrieben
steht, ist die Seele, solange sie dem Empfang der höheren Gaben ausgesetzt ist, denen sie sich aufnahmebereit zuwendet,

aber ohne die tatsächliche Vollendung der Vollkommenheit erreicht zu haben, die sie vom göttlichen Regen erwartet. Deshalb heißt es richtig: *Anima mea sicut terra sine aqua tibi. (Meine Seele dürstet nach dir wie trockenes Erdreich.)* An einer anderen Stelle: *Os meum aperui et attraxi spiritum, quia mandata tua desiderabam. (Ich tue meinen Mund weit auf und lechze, denn mich verlangt nach deinen Geboten.)* Weiter sagt er: *Weil dein Stolz kein Ende fand.* Dies ist metaphorisch und als Gleichnis gemeint, wie man zuweilen auch sagt, Gott sei eifersüchtig, zornig, schlafend. Es bedeutet die Schwierigkeit, für die Menge zumindest seine Rückseite sichtbar zu machen, das heißt, sich für sie in erschaffenen Dingen und in den Wirkungen zu offenbaren. So verhüllt er die Lichter seiner Augen mit den Lidern und hellt den trüben Himmel des menschlichen Geistes nicht auf, um sich hinter Mysterien und Gleichnissen zu verbergen.

Da er nicht glaubt, dass alles, was nicht ist, auch nicht sein kann, bittet er das göttliche Licht *um seiner Schönheit willen*, die nicht für alle verborgen sein darf, sich zumindest entsprechend der Auffassungsfähigkeit des Schauenden zu offenbaren. *Um meiner Liebe Los, die jener gleicht, sei sie auch noch so groß*, bedeutet für ihn, ebenso groß wie die Schönheit für ihn begreifbar ist. *Erbarme dich*, nämlich, dass es wie jene sei, die sich erbarmen und die erst spröde und zurückhaltend waren und sich bald darauf als liebenswürdig und huldvoll erweisen. *Lass mich nicht länger fühlen diese tiefen Qualen*, die aus diesem Rückzug entstehen, und dass es nicht erlaube, dass sein *Strahlen*, um dessen willen es ersehnt wird, sich als größer erweise als seine Liebe, mit der es sich mitteile, da alle Arten von Vollkommenheit in ihm nicht nur gleich, sondern identisch sind.

Schließlich bittet er es, dass es ihn durch seinen Rückzug nicht länger leiden lasse, denn das Leuchten seiner Blicke könne ihn töten und ihm gleichzeitig das Leben geben, und deshalb solle es ihn nicht dem Tod überlassen, indem es das liebliche Leuchten seiner Blicke durch die Lider verdecke.

Cesarino: Meint er den Tod der Liebenden, der aus der höchsten Lust hervorkommt, und der von den Kabbalisten *Mors osculi (Tod des Kusses)* genannt wird, und der dasselbe ist wie das ewige Leben, das der Mensch in diesem Leben als Anlage, in Wirklichkeit aber in der Ewigkeit erlangen kann?

Maricondo: Allerdings!

Maricondo: Es wird Zeit, die folgende Zeichnung zu betrachten, die den bereits beschriebenen ähnlich ist, und sich mehr oder weniger an sie anschließt. Hier ist ein Adler, der mit beiden Schwingen zum Himmel emporfliegen will, aber vom Gewicht eines Steins zurückgehalten wird, der an einem seiner

Beine festgebunden ist. Das Motto ist: *Scinditur incertum (Das Unsichere wird gespalten)*. Dies bedeutet sicher die Vielheit, Zahl und Menge der seelischen Kräfte, deren Darstellung dem folgenden Vers entnommen wurde:

Scinditur incertum studia in contraria vulgus.
(In gegensätzliches Streben spaltet sich die unsichere Menge.)

Diese ganze Menge ist im Allgemeinen in zwei Parteien gespalten, obwohl, was auch immer zu einer Partei gehört, auch in der anderen vorhanden ist. Die eine Partei lädt zur Höhe der Bewusstheit und zum Licht der Gerechtigkeit ein, die andere ruft, reizt und drängt auf gewisse Weise nach unten in den Schmutz der sinnlichen Vergnügen und zur Erfüllung der natürlichen Bedürfnisse. Deshalb steht im Gedicht:

======

Ich will Gutes tun, doch es lässt mich nicht.
Obwohl ich bei ihm bin, ist mir fern mein Licht.
Verlass mich selbst, um bei ihm zu sein.
Doch je mehr ich dräng, lässt's mich allein.

Für einen Genuss, schwere Trän' ich wein.
Wenn ich Freude such', erhalt' ich Pein.
Weil zu hoch ich schaue, bin ich blind.
Verlier mich selbst, damit mein Ziel ich find.

Für bittere Freude und süße Qual
Greif ich zum Himmel und falle zu Tal.
Die Güte leitet, es hemmt die Not,

Der Wille erhebt, mein Los mich bedroht,
Verlangen gibt Sporen, Angst die Zügel,
Gefahr verzögert, Streben verleiht Flügel.

Auf gewundenen oder direkten Wegen,
Was schlichtet den Streit und gibt des Friedens Segen,
Wenn eins mich einlädt, und's andere steht mir entgegen?

======

Der Höhenflug entsteht in der Seele aus der Fähigkeit und dem Impuls der Schwingen des Bewusstseins und des bewussten Wollens. Im Einklang mit ihrer Natur wendet sie sich mit diesen zu Gott und blickt zu ihm auf als zum höchsten Gut und ersten Wahren, als zur absoluten Güte und Schönheit. So strebt jedes seiner Natur gemäß zurück zu seinem Ursprung und nach vorne zu seinem Ziel und seiner Vervollkommnung. Dies beschrieb Empedokles sehr gut, auf dessen Lehre, wie mir scheint, der Nolaner sich in diesem Gedicht bezieht:

======

Zurück zum Beginn ihrer Bahn muss die Sonne kreisen.
Zurück zum Ursprung ziehen die Planeten auf ihren Reisen.
Was aus Erde entstand, sinkt zur Erde nieder.
Zu des Meeres Quelle fließen die Ströme wieder.
Woraus Spiritualität entspringt und das Begehren,
Zu dem streben sie, um es als Gottheit zu verehren.
Da all meine Gedanken von der Göttin empfangen,
Kehren sie zurück und werden wieder zu ihr gelangen.

======

Die Kraft des Bewusstseins kommt nie zur Ruhe, ist nie zufrieden mit der erkannten Wahrheit, sondern strebt immer weiter zur unbegreiflichen Wahrheit. So sehen wir, dass das Verlangen, das dem Begreifen folgt, niemals von Endlichem gestillt wird. Deshalb wendet sich das Wesen der Seele keinem anderen Ziel zu als der Quelle ihrer Existenz und ihres Seins. Ihre natürlichen Kräfte sodann, mit denen sie sich der Förderung und Beherrschung der Materie zuwendet, lösen in ihr den Impuls und das Streben aus, dem Niederen von ihrer Vollkommenheit etwas zu geben und ihm zu Hilfe zu eilen nach dem Vorbild der Gottheit, die sich durch ihre Güte mitteilt und entweder unendlich erschafft, dies bedeutet, dass sie dem unendlichen Universum und den zahllosen Welten in ihm das Sein überbringt, oder aber endlich, wenn sie nur dieses Universum schuf, das sich unseren Augen und der gewöhnlichen Meinung zeigt. Deshalb gibt es im Wesen der Seele, die eine einzige ist, diese beiden Arten von Kräften, durch die sie sowohl dem eigenen Gut als auch dem von anderem zugeordnet ist. So wird sie mit einem Flügelpaar dargestellt, mit dem sie zur ersten und immateriellen Kraft strebt, und mit einem schweren Steinblock, durch den sie in den Dingen der zweiten und materiellen Kraft tätig und wirksam ist. Dies ist der Grund, warum seine gesamte leidenschaftliche Gefühlswelt widersprüchlich ist, zwiespältig und voll Pein, und sich eher nach unten wendet, als mühsam nach oben zu streben. Zudem hält sich die Seele in niederem und feindlichem Gebiet auf, in einem Bereich, wo ihre Kräfte geringer sind und wo sie weit entfernt ist von ihrer natürlichen Heimat.

Cesarino: Glaubst du, diese Not kann gelindert werden?

Maricondo: Oh ja! Doch der Anfang ist sehr schwer. Aber mit einem stetig wachsenden und erfolgreichen Fortschritt in der Kontemplation wird es immer leichter, wie beim Flug in die Höhe mit größerer Entfernung von der Erde immer mehr Luft von unten stützt und folglich die Schwerkraft weniger ermüdet. Es kann sogar sein, dass man so hoch hinaufliegt, dass man die Luft für den Rückflug nach unten nur mit Mühe zerteilen kann, wie sehr auch geglaubt wird, es sei leichter die Luft nach unten zur Erde zu durchdringen als nach oben zu den Sternen.

Cesarino: Auf diese Weise wird es mit größerem Fortschritt also immer leichter nach oben zu gelangen?

Maricondo: So ist es, und darum sagte Tansillo mit wohl gewählten Worten:

Und je mehr Luft mich unter meinen Flügeln tragen,
Umso schneller werden mich die Winde jagen
Und ich veracht' die Welt und werd gen Himmel dringen.

Je näher jeder Teil der Körper und der sogenannten Elemente dem seiner Natur gemäßen Ort kommt, umso stärker werden der Antrieb und die Kraft, mit denen er sich bewegt, so sehr, dass er am Ende, ob er will oder nicht, dort ankommen muss. Wie wir das bei den Körpern und den zu ihnen gehörenden Körperteilen beobachten, so müssen wir dies auch für das Bewusstsein beurteilen und dessen Streben zu dem ihm eigenen Ziel als seinem eigentlichen Ort, Vaterland und Endpunkt. Dadurch kannst du nun leicht den ganzen Sinn verstehen, der durch die Gestalt, das Motto und die Strophen dargestellt wurde.

Cesarino: Hier scheint wohl jedes weitere Wort überflüssig.

Cesarino: Jetzt lass uns sehen, was diese beiden strahlenden Pfeile über einem Schild bedeuten, um die geschrieben steht: *Vicit instans (Er siegt augenblicklich)*

Maricondo: Der Krieg in seiner leidenschaftlichen Seele geht weiter. Durch die lange Vertrautheit mit der Materie war sie härter und undurchdringlicher geworden für die Strahlen der göttlichen Bewusstheit und den Anblick der göttlichen Güte. Zu dieser Zeit, sagt er, sei sein Herz mit Diamanten überzogen gewesen, so dass seine erhärteten Gefühle nicht erwärmt oder durchdrungen werden konnten, denn er musste sich gegen die Schläge Amors panzern, mit denen er ihn aus zahllosen Richtungen überfiel. Dies bedeutet, er hatte keine Verletzung gespürt von den Wunden des ewigen Lebens, über die im *Hohen Lied* gesprochen wird, wenn es heißt*: Vulnerasti cor meum, o dilecta, vulnerasti cor meum. (Mein Herz hast du verwundet, meine Geliebte, verwundet hast du mein Herz.)* Diese Wunden werden nicht von Eisen oder einem anderen Stoff zugefügt, auch nicht von der Kraft und Spannung einer Bogensehne, sondern von den Pfeilen Dianas oder Phöbus, also entweder von jener Göttin aus den Einöden der Kontemplation über die Wahrheit, von jener Diana im Rang der zweiten Bewusstheit, die den Glanz widerstrahlt, den sie von der ersten empfängt, um ihn an andere weiterzugeben, die ihr Schauen dafür nicht weit genug öffnen können, oder sie kommen gar vom mächtigeren Gott Apoll, der die Pfeile seines eigenen und keines ihm überbrachten Glanzes aussendet. Aus zahllosen Richtungen sendet er seine Pfeile, seine Strahlen aus, die ebenso zahllos sind, wie es Arten des Seienden gibt, als Zeugen der Güte, des Bewusstseins, der Schönheit und der Weisheit des Göttlichen, so dass die Wahrnehmenden entsprechend verschiedener Stufen zu leidenschaftlich Liebenden werden. Weil sein diamantenes Herz das empfangene Licht von der Oberfläche nicht zurückstrahlen konnte, wurde es von der Wärme und dem Licht aufgelöst und überwältigt, verwandelte sich als Ganzes in ein leuchtendes Wesen, wurde ganz Licht, das in sein Fühlen und Denken eindrang. Dies geschieht nicht sofort am Anfang des Lebens, wenn die Seele von neuem hervorkommt, berauscht vom Wasser der Lethe und vom Trank des Vergessens und der Verwirrung, denn dann ist die Spiritualität tief im Körper eingekerkert, mit dessen Entwicklung sie beauftragt ist. Da sie die Fähigkeit des Empfindens lenkt, kommt sie allmählich zu sich, bis sie über das rationale und logische Denken zum reineren Bewusstsein gelangt, von wo aus ihr Zugang zum Geist gewährt wird, so dass sie sich nicht mehr vernebelt fühlt durch die Ausdünstungen der Säfte, die durch die Übung der Kontemplation im Magen nicht mehr verfaulen, sondern reifen und verdaut werden.

Auf diese Weise verbrachte er, der sich hier von Leidenschaft erfüllt zeigt, *sechs Lustren (sechs Mal fünf Jahre)*. In deren Verlauf gelangte er nicht zur Klarheit des Denkens, die ihn befähigt hätte, sich jenen erlesenen Bildern zu öffnen, die sich allen gleichermaßen anbieten, und die immer an die Tür des Bewusstseins klopfen. Zuletzt hat die Liebe, die ihn von verschiedenen Seiten und verschiedene Male wie vergeblich überfiel - wie man sagt, dass die Sonne vergeblich jenen Licht und Wärme sendet, die sich in den Eingeweiden der Erde und in tiefer Finsternis befinden - *als ich bei diesen heiligen Lichtern*

Ruhe fand, das heißt durch zwei geistige Bilder, die göttliche Schönheit gezeigt, die mit dem Strahl der Wahrheit sein Bewusstsein an sich band und mit dem Strahl der Güte sein Gefühl wärmte. Das materielle und sinnliche *Streben*, das sonst zu triumphieren pflegte, wurde überwunden, obwohl es - trotz der seelischen Vortrefflichkeit - unangetastet blieb. Denn für jene Lichter, die das erleuchtende aktive Bewusstsein und die Sonne der Bewusstheit zeigten, *stand die Pforte offen* durch seine Lichter - jenes der Wahrheit durch die Pforte seines Bewusstseins, jenes der Güte durch die Pforte seines Verlangens - *zum Herzen*, was bedeutet zum Wesen des Fühlens im Allgemeinen. *Es war dieses Pfeiles Doppelspitze, der wie von der Hand eines zornigen Kriegers gesendet wurde*, nämlich umso geschwinder, wirksamer und verwegener, je mehr er sich vorher so lange Zeit als machtlos und nachlässig erwiesen hatte. Als nun das erste Mal sein Denken so erwärmt und erleuchtet wurde, war dies jener Zeitpunkt des Sieges, von dem es heißt: *Vicit instans. (Er siegt augenblicklich.)* Daraus kannst du den Sinn der vorgestellten Figur, ihr Motto und die Worte des Gedichts verstehen:

======

Den Schlägen Amors hielt ich tapfer stand,
Als mein diamant'nes Herz von vielen Seiten
Die Härte seiner Attacken empfand.
Doch mein Wille konnte den Sieg erstreiten.

Eines Tages, es sollte wohl so sein,
Als ich bei jenen heiligen Lichtern Ruhe fand,
Durch meine eigene Sonne für sie allein
Die Pforte zu meinem Herzen offenstand

Und des wutentbrannten Kriegers Hand,
Dem sechs Lustren lang ich widerstand,
Schoss auf mich des Pfeiles Doppelspitze.

Er markierte den Ort, pflanzte am neuen Sitze
Sein Siegesbanner auf, stutzte meine Flügel
Und fesselte sie mit seinem starken Zügel.

Nun verletzt meines süßen Feindes zornige Kunde
ohn' Unterlass seit dieser Stunde
Mit heiligen Waffen meines Herzens Wunde.

======

In einem einzigen Augenblick vollbrachte er Anfang und Vollendung des Siegs. Einzig diese beiden Bilder waren es, die unter all den anderen leichten Zutritt fanden, denn sie enthielten in sich die Wirksamkeit und die Kraft aller anderen. Welch bessere und edlere Gestalt könnte sich zeigen als die jener Schönheit, Güte und Wahrheit, welche die Quelle aller anderen Wahrheit, Güte und Schönheit ist? *Er markierte den Ort,* nahm die Gefühle in Besitz, kennzeichnete sie, drückte ihnen sein Zeichen auf, und *pflanzte am neuen Sitze sein Siegesbanner auf,* hat sie bestätigt, festgelegt und bekräftigt, so dass er sie nicht mehr verlieren kann. Wer einmal ein Bild der göttlichen Schönheit in sich aufgenommen hat, dem ist es unmöglich, anderes zu lieben, denn wie es unmöglich ist, nach anderem zu verlangen als nach dem Guten oder dem Anblick des Guten, so ist es unmöglich, sich von dieser Liebe zu lösen, denn am größten muss das Verlangen nach dem höchsten Gut sein. *Er stutzte meine Flügel,* die gemeinsam mit dem Gewicht der Materie nach unten *zu fliehen pflegten. Nun verletzt meines süßen Feindes zornige Kunde ohn' Unterlass seit dieser Stunde,* schürt die Emotionen, erweckt das Denken, *mit heiligen Waffen meines Herzens Wunde,* mit den wirkungsvollen Übergriffen des bezaubernden Feinds, der so lange Zeit als fremder Wanderer zurückgehalten und fern geblieben war. Nun aber ist er der einzige und vollständige Beherrscher und Lenker der Seele, denn weder will sie anderes noch will sie anderes wollen, weder erfreut sie anderes noch will sie, dass anderes sie erfreut, weshalb sie oftmals sagt:

Süßer Zorn, süßer Kampf, süße Pfeile,
Meine süßen Wunden, meine süße Qual.

Cesarino: Mir scheint, hierzu wurde alles Nötige gesagt. Lass uns nun diesen Bogen und Köcher sehen, der Amor gehört, wie es das Funkeln rundherum andeutet sowie der Knoten in der herabhängenden Schlinge mit dem Motto: *Subito, clam (Plötzlich verstohlen)*

Maricondo: Ich erinnere mich genau, dies in den Versen ausgedrückt gesehen zu haben, aber lass sie uns zuerst lesen:

=====

Gierig die ersehnte Beute zu erringen,
Erhebt der Adler seine starken Schwingen,
Und verkündet allen Tieren, dass ihr Tod
Beim dritten Flügelschlage droht.

Mit wildem Brüllen schreckt der Löwe auf,
Wenn er verlässt den Ruheplatz,
Damit all die Tiere in schnellem Lauf
Sich verstecken vor der wilden Bestie Hatz.

Wenn der Wal aus Thetis Tiefe taucht,
Damit er Proteus stumme Brut verzehrt,
Er einen Wasserstrahl hoch in die Luft ausfaucht.

Der Aar in der Luft, der Leu auf der Erd',
Der Wal im Ozean, sie greifen nicht verstohlen an.
Doch heimlich leise überfällt der Liebe Bann.

Ach! Um jene frohen Tage, die so unbeschwert,
Hat ein einziger Augenblick nur mich betrogen.
Zu ew'gem Liebesleid hat mich verurteilt dieser Bogen.

======

Es gibt drei Reiche, in denen die Wesen leben, die aus mehreren Elementen bestehen: Die Erde, das Wasser und die Luft. Drei Gattungen von Tieren gibt es in ihnen: Landtiere, Fische und Vögel. Drei Arten wurden als Beherrscher von der Natur eingesetzt und bestimmt: in der Luft der Adler, auf der Erde der Löwe und im Wasser der Wal. Da jeder von ihnen in seinem Bereich stärker und mächtiger ist als alle anderen, verhält er sich offen und großmütig oder wie großmütig. So bemerkte man, dass der Löwe, bevor er zur Jagd aufbricht, sein lautes Brüllen im ganzen Wald vernehmen lässt, wie es der Dichter ähnlich von den jagenden Erinnyen erzählt:

Wenn die grausame Göttin bricht auf zur Stunde der Jagd,
Fliegt sie zu ihrem Nest empor und vom höchsten First
Erschallt weithin der Klang aus dem gebogenen Horn.
Der Ruf des Tartarus ertönt, so dass erzittern
Das Dickicht und die Tiefen des widerhallenden Waldes.
(Vergil, Aeneis)

Man weiß auch vom Adler, dass er bei der Jagd zuerst vom Nest aus senkrecht nach oben fliegt und sich wie einer Übereinkunft folgend nach dem dritten Kreisen mit größerer Geschwindigkeit und Gewalt nach unten stürzt, als er im horizontalen Flug erreicht hätte. Die Zeit, die er für das Erreichen der größeren Geschwindigkeit benötigt, nutzt er, um ohne Mühe von weitem seine Beute zu erspähen, die er sich erhofft oder von der er nach dreimaligem Kreisen ablässt.

Cesarino: Gibt es Mutmaßungen, warum er die Beute nicht sofort ergreift, nachdem er sie sieht?

Maricondo: Nicht mit Sicherheit, aber vielleicht will er bis dahin schauen, ob er nicht noch eine bequemere oder einfachere Beute entdeckt. Außerdem glaube ich nicht, dass er das immer so macht, aber doch für gewöhnlich. Nun zu uns! Der Schwertwal oder der Wal ist offensichtlich ein so riesiges Tier, dass er sich nicht durchs Wasser bewegen kann, ohne seine Anwesenheit durch den Rückstoß der Wogen zu verraten. Außerdem gibt es im Meer sicher noch andere Arten von Meerestieren, die während der Bewegung und beim Ausatmen ganze Fontänen schäumenden Wassers ausstoßen. Doch bei jedem dieser drei Herrscher des Tierreichs haben alle schwächeren Tiere die Möglichkeit und die Zeit zu fliehen, denn sie verhalten sich nicht hinterhältig oder heimtückisch. Aber Amor, der stärker und größer ist, und über die höchste Macht am Himmel, auf Erden und im Meer verfügt, müsste, um einen Vergleich zu wagen, einen umso erhabeneren Großmut an den Tag legen, als er stärker ist als diese Tiere, und seine Opfer nicht plötzlich und ohne Vorwarnung überfallen.

Heimlich ins Mark senkt sich die Lust,
Durchglüht mit schleichendem Fieber das Blut,
Hat nicht genug an der Wunde der Stirn,
Sondern frisst sich ein in Nerven und Hirn
Und stachelt unbekannte Schmerzen
Auf in der Jungfrau Herzen.
(Seneca)

Wie du siehst, hat ihn dieser tragische Dichter als *verstohlenes Feuer*, als *heimliche Flamme* bezeichnet, so nannte Salomon ihn einen *verborgenen Quell*, Samuel einen *zarten Lufthauch*. Alle drei wollten damit andeuten, mit welcher Süße, Sanftheit und List im Meer, auf der Erde und am Himmel er sich nähert, als ob er das Universum unter seine Knechtschaft zwingen wollte.

Cesarino: Es gibt keine größere Herrschaft, keine schlimmere Tyrannei, keinen besseren Herrn, keine notwendigere Macht, es gibt nichts Süßeres und Lieblicheres, es gibt keine

Speise, die herber und bitterer wäre, keine grausamere Gottheit, keinen wohlwollenderen Gott, keinen der verräterischer und listenreicher handelte, keinen königlicheren und treueren Schöpfer, und - um abzuschließen - mir scheint, dass die Liebe alles ist und alles wirkt, und dass von ihr alles ausgesagt und ihr alles zugeschrieben werden kann.

Maricondo: Wohl gesprochen! Da die Liebe am meisten durch das Sehen wirkt, welcher der spirituellste aller unserer Sinne ist, der in einem Augenblick ohne mit den Flügeln zu schlagen den Rand der Welt erreicht, und ohne Verzögerung sich über den ganzen sichtbaren Horizont erstrecken kann, wirkt sie flink, verstohlen, unvorhersehbar und unversehens. Ferner ist zu bedenken, dass die Alten sagten, Amor gehe allen anderen Göttern voran, und dabei ist es nicht einmal nötig vorzugeben, dass Saturn ihm den Weg zeige, außer dadurch, dass er ihm folgt. Warum sollte es auch nötig sein, dass die Liebe sich annähert, herankommt oder sich von außen voraussehen ließe, wenn ihr Wohnsitz die Seele selbst ist, ihr Bett das eigene Herz, wenn sie auf derselben Zusammensetzung wie unser Dasein beruht, auf demselben Impuls wie unsere Kraft? Schließlich verlangt alles von Natur aus nach dem Schönen und Guten, und so braucht sie nicht zu diskutieren und zu begründen, damit das Gefühl wahrnimmt und überzeugt wird, denn genauso unverzüglich und augenblicklich verbindet sich das Begehren mit dem Begehrenswerten, wie das Sehen mit dem Sichtbaren.

Cesarino: Nun lass uns sehen, was dieser brennende Pfeil bedeutet, um den sich das Motto schlingt: *Cui nova plaga loco? (Wo droht der nächste Streich?)* Erkläre mir, welchen Punkt er sich aussucht, um ihn zu verletzen.

Maricondo: Es genügt, die Strophen zu lesen, die es uns sagen.

======

Wie viele Ähren auch geschnitten werden
Auf Libyens und Apuliens schönen Erden,
Und die Winde dort verwehen und zerstreu'n,
Wie viele Strahlen auch überbringt der Sonnenschein,

So groß ist dieser heiteren Seele Pein,
- Deren süße Schmerzen sie voll Trauer erfreu'n -
Getroffen von den glühenden Pfeilen zweier Sterne,
Dass es zu glauben verwehren Sinn und Verstand.

Was willst du Amor, süßer Feind mit harter Hand?
Warum quälst und verletzt du mich so gerne?
Eine einzige große Wunde mein Herz ist schon.

Weder du noch ein and'rer könnt' erspäh'n zu meinem Hohn
Eine Stelle, wo er weiter quälen, treffen, brennen kann.
Verschwinde! Gen andere deinen Bogen spann!

Oh schöner Gott, verschwende deine Kräfte nicht,
Wenn du nicht umsonst und entgegen deiner Pflicht
Den zu töten suchst, der bereits starb in deinem Licht!

======

Der ganze Sinn ist wie bei den anderen ein Gleichnis und kann durch die darin ausgedrückte Stimmung begriffen werden. Die zahlreichen Pfeile, die sein Herz getroffen haben und immer noch treffen, symbolisieren die zahllosen Einzeldinge in ihrem Artenreichtum, in denen sich der Glanz der göttlichen Schönheit gemäß ihren Stufen widerspiegelt, und die das Gefühl durch das sich zeigende und erkannte Gute erwärmen. Das eine oder andere wird durch den Vergleich zwischen Fähigkeit und Verwirklichung, zwischen Möglichkeit und Wirklichkeit sowohl grämen als auch ermutigen, sowohl Süßes als auch Bitteres empfinden lassen. Aber wo alles Fühlen als Ganzes Gott zugewandt ist als der Idee der Ideen, wird sich der Geist durch das Leuchten der geistigen Bilder zur Einheit über dem Seienden emporschwingen. Er wird ganz Liebe, ganz Eines und fühlt sich nicht mehr bedrängt von unterschiedlichen

Zielen, die ihn abschweifen lassen, denn er ist eine einzige Wunde, in der alle Gefühle zusammentreffen, ja die sein Fühlen selbst ist. Jetzt ist es nicht mehr die Liebe oder das Verlangen nach Einzeldingen, die ihn bedrängen. Sie können nicht einmal mehr bis zu seinem Verlangen vordringen, denn es gibt nichts, was gerader wäre als das Gerade, nichts Schöneres als die Schönheit, nichts Besseres als das Gute, und man findet nichts Größeres als die Größe selbst, nichts Helleres als dieses Licht, das mit seiner Gegenwart alle anderen Lichter verdunkelt und auslöscht.

Cesarino: Dem Vollendeten, wenn es wirklich vollendet ist, lässt sich nichts hinzufügen. Deshalb kann der Wille nach nichts anderem verlangen, wenn ihm die höchste und größte Vollendung gezeigt wird. Nun kann ich auch den Sinn verstehen, wenn er zu Amor spricht: *Oh schöner Gott, verschwende deine Kräfte nicht, wenn du nicht umsonst und entgegen deiner Pflicht* - dies sagt er sinnbildlich und als Gleichnis - *den zu töten suchst, der bereits starb in deinem Licht!* Denn wer für nichts anderes mehr lebt oder fühlt, von dem er getroffen oder verwundet werden könnte, welchem Anblick könnte er darüber hinaus ausgesetzt werden? Es ist die Klage dessen, der sich an der vollkommenen Einheit erfreut, denn er will sich von allem befreien und sich von der Vielheit zurückziehen.

Maricondo: Das hast du richtig verstanden.

Cesarino: Hier siehst du einen Knaben in einem kleinen Boot, das Stunde für Stunde Gefahr läuft, von den stürmischen Wogen verschlungen zu werden. Schwach und ermattet hat er die Ruder abgelegt. Darüber steht das Motto: *Fronti nulla fides!* (*Traue nicht dem Äußeren!*) Ohne Zweifel bedeutet dies, dass er sich durch das ruhige Aussehen des Wassers verleiten ließ, auf das tückische Meer hinauszufahren, das sich nun unversehens mit tosendem Wellengang zeigt. Zu seinem größten und tödlichen Schrecken kann er den stürmischen Wogen nichts entgegensetzen und lässt nun Kopf, Arme und die Hoffnung sinken. Aber schauen wir uns das Weitere an!

======

Zarter Knabe, band'st verwegen los
Das kleine, schwache Ruderboot.
Das Meer war ja so schön und groß.
Doch plötzlich siehst du, was dir droht.

Die tödlichen Fluten haben dich betrogen.
Des Bootes Bug wild hebt und senkt sich.
Bist starr vor Furcht und schreckst dich
Vor den hoch sich türmenden Wogen.

Überlässt das Ruder schon dem Feind.
Ergeben erwartest du den Tod.
Schließt die Augen vor großer Not.

Wenn keine rettende Hand erscheint,
Wirst du bald fühlen des Schicksals Wut
Über Neugier und trotzigen Übermut.

Dies ähnelt meines harten Loses Pfad,
Als ich nach Amor suchte mit Wort und Tat,
Und nun fühl' die Strenge in seinem Verrat.

======

Wie und wieso die Liebe verräterisch und tückisch ist, haben wir kurz vorher gesehen. Ich sehe aber, es folgt noch ein Gedicht ohne Bild und Motto. Ich denke, es ist die Fortsetzung des vorhergehenden. Lass es uns lesen!

======

Verließ den Hafen, mich zu erproben
und zu erholen von ernst'rem Streben.
Wollt nur ein lust'ges Spiel erleben,
Als ich plötzlich sah des Schicksals Toben,

Das heftige Flammen für mich entfacht.
Umsonst hab ich mich zum Ufer aufgemacht.
Keiner hörte mein Rufen inmitten der Flut,
Um mich zu retten vor feindlicher Wut.

Geschwächt konnt' ich nicht länger fliehen,
Ergab mich meines Schicksals Not,
Sucht nicht mehr Rettung vor dem Tod.

Lass doch jedes weitere Leben ziehen!
Verlängere nicht meine letzte Qual,
Wenn's denn das grausame Los befahl!

Meines harten Schicksals Bild ich hab
Geseh'n in diesem sorglosen Knab',
Der sich im Spiel einer feindlichen Macht übergab.

======

Maricondo: Ich wage nicht, alles begreifen oder bestimmen zu wollen, was sein leidenschaftliches Gemüt hier darstellt. Doch es wird sehr genau der eigentümliche Zustand eines Gemüts beschrieben, das davor zurückscheut, sich einerseits die Schwierigkeit des Werks, die Größe der Mühen und die Tragweite der Aufgabe klar zu machen, und andererseits die Unwissenheit, die fehlende Kunstfertigkeit, die Schwäche der Nerven und die Gefahr des Todes. Er weiß keinen Rat, der geeignet wäre, seine Probleme zu lösen, er weiß nicht, woher oder wohin er sich wenden soll, es zeigt sich kein Ort zu dem er fliehen oder wo er Schutz finden könnte, denn von jeder Seite bedrohen ihn die Wogen schrecklicher und tödlicher Gewalt. *Ignoranti portum, nullus suus ventus est. (Wer den Hafen nicht kennt, dem ist kein Wind günstig.)* Er sieht, dass er sich oft und zu sehr auf das Glück verlassen hat, und dass er sich die Unordnung, den Kerker, das Verderben und den Untergang selbst zuzuschreiben hat. Er sieht, wie das Glück uns verspottet, denn was es uns freundlich in die Hände legt, lässt es uns entweder aus den eigenen Händen fallen und zerbrechen oder von anderen gewaltsam entreißen. Seine Gaben rauben uns den Atem und vergiften uns oder sie lösen zum großen Schaden und Verderben ihres Besitzers Verdächtigungen, Furcht und Neid aus. *Fortunae an ulla putatis dona carere dolis? (Glaubt ihr, das Glück schenkt je ohne Täuschung?)* Doch da jede Stärke, die sich nicht erproben kann, vergeblich ist, jeder Großmut, der sich nicht gewähren lässt, nichtig, und alles fruchtlose Bemühen nutzlos, siehst du, wie sich die Angst vor dem Unglück auswirkt, die schlimmer ist als das Unglück selbst. *Peior est morte timor ipse mortis. (Schlimmer ist die Angst vor dem Tod als der Tod selbst.)* Aus Angst erleidet er vorher bereits alles, was er zu erleiden fürchtet: vor Schreck erstarrte Gliedmaßen, Nerven-schwäche, Zittern im Körper, Erstickungsängste. So stellt er sich das vor, was ihm noch gar nicht geschehen ist, und dies ist sicher weitaus schlimmer, als es ihm in Wirklichkeit je geschehen könnte. Was ist es doch für eine Riesendummheit wegen etwas Zukünftigem zu leiden, das noch gar nicht eingetreten ist und das in der Gegenwart gar nicht spürbar ist?

Cesarino: Dies sind Betrachtungen an der Oberfläche der Geschichte dieser Figur. Doch im Zusammenhang mit seiner heroischen Leidenschaft, denke ich, bezieht es sich auf die Schwäche des menschlichen Gemüts, das auf der Suche nach dem Göttlichen plötzlich in den Abgrund der unbegreiflichen Erhabenheit stürzt, wo die Sinne und die Vorstellungskraft verwirrt und überwältigt werden, wo er weder weiß, wie er nach vorne noch wie er zurückgelangen kann, noch wohin er sich wenden könnte, wo sich das eigene Sein auflöst und vergeht, nicht anders als ein Tropfen Wasser sich im Meer auflöst oder ein schwacher Hauch, der schwindet und seine eigene Substanz im unermesslich großen Luftraum verliert.

Maricondo. Sehr gut! Aber nun lass uns diese Erörterung auf dem Nachhauseweg fortführen, denn es ist bereits Nacht.

Ende des ersten Dialogs

Zweiter Dialog

Maricondo: Hier siehst du ein brennendes Joch umwickelt mit Schlingen und umgeben von den Worten: *Levius aura (Leichter als Luft)*. Dies bedeutet, dass die göttliche Liebe ihre Untergebenen, Knechte und Sklaven nicht in die Tiefe zieht, nicht zu Boden drückt, sondern sie erhöht, sie erhebt, und ihnen eine Größe verleiht, die über aller Freiheit steht.

Cesarino: Ich bitte dich, erst das Gedicht zu lesen, damit wir den Sinn in der angemessenen Ordnung, Genauigkeit und Kürze betrachten können, selbst wenn sich darin keine Neuigkeit verbirgt.

Maricondo: Er sagt:

======

Wer erweckte zur hohen Liebe meinen Geist,
So dass jede andere Göttin leer und hohl erscheint?
Sie, in der Schönheit und edle Güte sich vereint,
Und die alleine sich als so erhaben erweist.

Sie trat hervor aus des Waldes Schweigen.
Meine Diana, du Jägerin mein, welche Wonne!
Von all den Schönen unter Kampaniens Sonne
Zu Amor sagte ich: "Ihr bin ich eigen!"

"Oh seliger Liebender!", sagt er zu mir,
"Dein glückliches Los bestimmte dir,
Dass du ihr Gefährte seist, der alleine ist gegeben

In ihrem Schoß zu vereinen Tod und Leben,
Die alle Welt mit ihrer göttlichen Grazie schmückt,
Es haben dich Wille und Schicksal mit ihr beglückt.

Im Kerker der Liebe wirst du so viel Wonne erleben,
Dass kein neidvoll Verlangen nach Freiheit dich je bedrückt,
Sei sie Menschen oder Göttern gegeben."

======

Du siehst, wie sehr er glücklich ist unter seinem Joch, seiner Vermählung, seiner Bürde, die ihn an jene fesselt, die er aus dem Wald hervorkommen sah, aus der Abgeschiedenheit, aus der Wildnis, das heißt aus Regionen, die weit entfernt sind von der Menge, von der Unterhaltung, vom gemeinen Volk, und die von wenigen nur durchwandert werden. Diana, der Glanz der geistigen Bilder, ist seine Jägerin, denn mit ihrer Schönheit und ihrer Anmut hat sie ihn zuerst verwundet und ihn dann an sich gebunden. Unter ihrer Herrschaft ist er glücklicher, als er es sonst je hätte sein können. Er nennt sie: *von all den Schönen*, dies bedeutet unter der großen Zahl anderer Bilder, Formen und Ideen und *unter Kampaniens Sonne*, das heißt, inmitten jenes spirituellen Lebensgefühls, das er von Nola kannte, und das sich dort über die Ebene bis zum Horizont Kampaniens ausbreitet. Ihr hat er sich ergeben, sie wurde mehr als jede andere von Amor gepriesen, der meinte, ihretwegen solle er sich glücklich fühlen, da sie unter allem, was sich vor den Augen der Sterblichen zeigen oder verhüllen könnte, die Welt am herrlichsten schmückt und den Menschen schön und glorreich macht. Deshalb sagt er, *sein Geist sei erweckt* zu einer so erhabenen Liebe, dass er *jede andere Göttin*, das heißt jedes Bemühen und Streben nach einem anderen Bild für *leer und hohl* halte.

Wenn er sagt, sein Geist *sei zur hohen Liebe erweckt*, so nimmt er dies als Leitbild, das Herz, soweit es nur möglich ist, durch Gedanken, Streben und Werk zu erhöhen, und sich nicht an Niedrigem zu erfreuen, das unter den eigenen Fähigkeiten liegt, wie jene, die aus Geiz, Nachlässigkeit oder Drückebergerei in diesem kurzen Zeitraum des Lebens an Unwürdigem hängen bleiben.

Cesarino: Es muss aber auch Handwerker, Fabrikarbeiter, Bauern, Dienstboten, Fußvolk, Unedle, Gemeine, Soldaten, Bürokraten und ähnliche geben, denn sonst könnte es keine Philosophen geben, keine Denker, keine verfeinerten Gemüter, keine Herrscher, Anführer, Adligen, Edelleute, Besitzende, Weise und andere, die heroisch und den Göttern ähnlich sein wollen. Wozu sollen wir uns bemühen, die natürliche Ordnung zu zerstören, die das Universum unterteilt in Größere und Kleinere, Höhere und Niedere, Berühmte und Bescheidene, Würdige und Unwürdige, nicht nur in der äußeren Welt, sondern auch in uns selbst, in unserem eigenen Wesen, bis zu jenem Teil unseres Wesens, von dem behauptet wird, dass er immateriell sei? Auch im Bereich des Bewusstseins sind die einen unterlegen, andere überlegen, die einen dienen und gehorchen, die anderen befehlen und herrschen. Doch glaube ich nicht, dies solle als Beispiel genommen werden, dass die Untertanen Vorgesetzte sind und die Unedlen gleich den Edlen. Denn dadurch würde die Rangordnung verfälscht und verkehrt, und am Schluss entsteht so etwas wie Neutralität, eine bestialische Egalität, wie man sie bei manchen abgelegenen Republiken ohne Kultur findet. Siehst du überdies nicht, wie sehr aus diesem Grund die Wissenschaften verkommen sind, weil Pedanten Philosophen sein wollen, die über Natürliches dozieren und sich anmaßen Göttliches zu definieren? Wer erkennt nicht, wie viel Unheil geschah und geschieht, weil solche und ähnliche den *Geist zu hoher Liebe erwecken* wollten? Wer mit Urteilskraft sieht nicht den Vorteil, den Aristoteles, der Lehrer Alexanders für humane Bildung, daraus zog, seine Spiritualität auf Erhabenes anzuwenden, um die Lehre des Pythagoras und der Naturphilosophen zu bekämpfen und ihnen den Krieg zu erklären. Mit seiner logischen Vernunft wollte er Definitionen, Begriffe, gewisse fünfte Essenzen und andere Missgeburten seiner fantastischen Grübeleien als Ursprung und Substanz aller

Dinge einsetzen. Er war mehr am Glauben der gemeinen und dummen Masse interessiert, die leichter mit Sophismen und dem oberflächlichen Anschein geführt und beeinflusst wird als mit der Wahrheit, die sich im Wesen der Dinge verbirgt, ja ihr eigentliches Wesen ist. Er erweckte den Geist nicht, um sein Denken zu vertiefen, sondern um über Dinge zu richten und zu urteilen, die er weder jemals studiert noch richtig verstanden hatte. Ebenso wird in unserer Zeit das bisschen Gute, das er besonders an Methoden des Forschens, Beurteilens und der Metaphysik zu bieten hat, noch mit Hilfe anderer Pedanten verunstaltet, die mit demselben *sursum corda (erhebe dein Herz)* arbeiten und neue Methoden der Dialektik und Verstandesbildung einführen wollen, die um so vieles minderwertiger sind als die des Aristoteles, wie sicher die Philosophie des Aristoteles unsagbar minderwertiger ist als die der antiken Denker. Dies geschah vor allem, weil gewisse Grammatiker, die in den Knabenschulen beim Zerpflücken von Phrasen und Vokabeln alt und grau wurden, ihren Geist erwecken wollten, um neue Arten von Logik und Metaphysik hervorzubringen, mit denen sie über andere richten und urteilen wollen, die sie niemals studierten und bis jetzt auch nicht verstanden haben. Unter dem Beifall der ignoranten Menge - deren Geisteszustand zu ihnen passt – können sie dann ebenso gut den Humanismen und Beweisführungen des Aristoteles den Garaus machen, wie dieser die göttlichen Philosophien anderer niedermachte. Du siehst also, wohin für gewöhnlich der Ratschlag führt, dass alle zum heiligen Glanz streben und andere Aufgaben für nichtig und wertlos halten sollen.

Maricondo:

Ride si sapis, o puella, ride,
pelignus (puto) dixerat poeta;
sed non dixerat omnibus puellis:
et si dixerit omnibus puellis,
non dixit tibi. Tu puella non es.

(Lache, wenn du klug bist, Mädchen, lache!
Sagte, mein' ich, ein Peligner Dichter.
Doch er sagt' es wohl nicht allen Mädchen:
Und wenn er's gesagt hat allen Mädchen,
Dir nicht sagt er's. Denn du bist kein Mädchen.)

So ist das *sursum corda* nicht dazu gedacht, von allen übernommen zu werden, sondern nur von jenen, die Flügel haben. Es ist gut zu erkennen, dass die Pedanterie noch nie mit solchem Enthusiasmus die Weltherrschaft anstrebte wie in unseren Tagen. Sie fabrizieren ebenso viele Wege zu den wahren geistigen Bildern und Objekten der einzigen unfehlbaren Wahrheit, wie es Pedanten gibt. Aber gerade deshalb müssen in unserer Zeit die gut veranlagten spirituellen Seelen erweckt werden, so dass sie bewaffnet mit der Wahrheit und erleuchtet von der göttlichen Bewusstheit ihre hohen Klippen und erhabenen Zinnen der Kontemplation besteigen und den Kampf aufnehmen gegen die düstere Ignoranz. Für sie ist es angemessen, jede andere Aufgabe als leer und hohl zu achten.

Ihnen steht es nicht zu, für Unwichtiges und Nichtiges ihre Zeit zu verschwenden, die unendlich schnell verstreicht, denn mit solch erstaunlichem Ungestüm vergeht die Gegenwart, und mit derselben Geschwindigkeit nähert sich die Zukunft. Was wir gelebt haben, ist nichts, was wir leben ist ein Punkt, und was wir noch zu leben haben, ist noch kein Punkt, kann aber zu einem Punkt werden, der gleichzeitig sein wird und gewesen sein wird. Währenddessen widmet sich der eine dem Verzeichnis von Stammbäumen, der andere will Handschriften entziffern und wieder ein anderer beschäftigt sich mit der Vermehrung sophistischer Spielereien. Schau! Hier ein Buch voller Wortspielereien wie: Cor est fons vite, nix est alba, ergo cornix est fons vite alba. (Das Herz ist die Quelle des Lebens, der Schnee ist weiß, also ist die Krähe die Quelle des weißen Lebens.)

Einer plappert davon, ob das Substantiv oder das Zeitwort zuerst da war, ein anderer ob das Meer oder die Quellen, ein anderer will veraltete Wörter wieder einführen, denn da sich einmal ein antiker Dichter ihrer bediente, will er sie wieder bei den Sternen einreihen, ein anderer ereifert sich wegen der falschen oder richtigen Rechtschreibung, andere und wieder andere beschäftigen sich mit anderen und wieder anderen ähnlichen Lappalien, die eher verachtet als begriffen werden sollten. Sie aber hungern, verzehren sich, bekommen Runzeln, lange Bärte und versauern, während sie solcherlei für die Grundlage ihres höchsten Gutes halten. Damit verschmähen sie ihr Los, dies ist ihr Schild, das sie vor den Schlägen des Schicksals bewahren soll. Mit solchem und ähnlichem kleinmütigen Denken glauben sie, zu den Sternen zu gelangen, den Göttern gleich zu sein und das Schöne und Gute in Händen zu halten, das die Philosophie verheißt.

Cesarino: Es ist gewiss eigenartig, dass die Zeit nicht einmal für das Notwendige reicht, und wie sehr wir auch darauf achten, doch zumeist für Überflüssiges, ja sogar für Gemeines und Beschämendes verschwendet wird. Ist es nicht lachhaft, dass Archimedes oder irgendein anderer dafür gerühmt wurde, dass er, während es in der Stadt drunter und drüber ging, alles zerstört wurde, in seinem eigenen Haus Feuer brannte, und hinter ihm bereits die Feinde standen, in deren Ermessen und Willkür es lag, ob ihm sein Können, sein Kopf und sein Leben genommen wurde, inmitten von all dem das Interesse daran verlor, sein Leben zu retten, nur damit er fortfahren konnte, das Verhältnis zwischen einer Kurve und einer Geraden oder zwischen dem Durchmesser und dem Kreis zu berechnen oder andere ähnliche Mathematik zu betreiben, die zwar für einen Knaben taugen, aber doch nicht für einen, der - wenn noch möglich - beschäftigt mit würdigeren Zielen des menschlichen Strebens alt und grau werden sollte.

Maricondo: Bei diesem Thema finde ich gut, was du selbst vor kurzem gesagt hast, nämlich, dass es in der Welt Personen aller Sorten geben muss, und dass die Zahl der Unvollkommenen, Groben, Unwürdigen und Schurken größer sein muss, und es deshalb nicht anders sein darf als es ist. Das lange Leben eines Archimedes, Euklid, Priscian, Donatus und anderer, die vom Tod überrascht wurden, als sie ihre Zahlen, Linien, Sätze, Konkordanzen, Schriften, Arten von Dialektik, formalen Syllogismen, Methoden, Wissensarten, Arbeitsweisen und andere Einführungen ordneten, ist dazu bestimmt, es der Jugend und den Knaben in jungen Jahren zu ermöglichen, die Früchte des welken Alters zu pflücken und zu nutzen. Denn es ist angemessen, sie in der Jugend zu genießen, damit die Erwachsenen ohne Hindernisse zu Größerem fähig und bereit sind.

Cesarino: Ich weiche vom vorher Besprochenen nicht ab. Ich meine eben jene, die den Rang und den Ruhm der Alten für sich beanspruchen, indem sie andere schlechtere oder zumindest keine besseren Werke schaffen als sie. Sie verbringen ihr Leben mit Betrachtungen über das Wachstum der Ziegenwolle oder den Schatten des Esels, manch andere verbringen ihr ganzes Leben mit dem Bestreben, hervorragend in den für Kinder passenden Studien zu werden, und meistens haben weder sie noch andere etwas davon.

Maricondo: Nun ist genug gesagt über jene, die es weder wagen können noch dürfen, *den Geist zur hohen Liebe zu erwecken*. Lass uns nun die freiwillige Gefangenschaft und das wohltuende Joch unter der Herrschaft der beschriebenen Diana betrachten. Ohne dieses Joch, glaube ich, kann die Seele nicht zu der Höhe zurückkehren, aus der sie herabstürzte, denn es macht sie leichter und beweglicher, und seine Fesseln machen sie freier und schneller.

Cesarino: Fahr also fort!

Maricondo: Um der Reihe nach zu beginnen, fortzufahren und zu enden, denke ich, dass alles, was lebt, je nach der Art wie es lebt, auf irgendeine Weise speisen und sich ernähren muss. Doch der Natur des Bewusstseins kann nur Bewusstes als Nahrung dienen, wie dem Körper nur Körperliches, denn alle Nahrung ist dazu bestimmt in die Substanz des Speisenden überzugehen. So verwandelt sich der Körper nicht in Spiritualität und die Spiritualität nicht in den Körper, denn jede Verwandlung setzt voraus, dass der Stoff, der sich vorher in der einen Form befand, nachher zur Form des anderen gehört. Doch die Spiritualität und der Körper bestehen nicht aus demselben Stoff, weshalb, was vorher zu einem gehörte, nachher nicht zum anderen gehören kann.

Cesarino: Wenn sich die Seele vom Körper ernähren würde, ginge es ihr gewiss am besten dort, wo die Materie am Ergiebigsten ist, wie Jamblichus argumentierte. Wenn wir einen großen, fetten Körper sehen, könnten wir also davon ausgehen, dass er der Wohnsitz eines kräftigen, standfesten, gewandten und heroischen Gemüts ist, und wir müssten sagen: "Oh fette Seele, oh üppige Spiritualität, oh schöner Genius, oh göttliches Bewusstsein, oh edler Geist, geeignet als Gastmahl für die Löwen oder doch eher als Bankett für die Hunde!" Ein runzliger, schwacher und kraftloser Alter kann dann auch nur wenig Witz, Redegewandtheit und Urteilskraft besitzen. Aber fahr fort!

Maricondo: Als einzige Speise des Geistes muss nun jene bezeichnet werden, die er stets begehrt, sucht und ergreift, die ihm besser als alles andere schmeckt, die ihn sättigt und zufriedenstellt, die ihm bekommt und ihn verbessert: Diese Speise ist die Wahrheit. Nach ihr strebt der Mensch unabhängig von seinem Befinden zu jeder Zeit und in jedem Alter, ihretwegen achtet er jede Mühe gering, versucht jedes Forschen, kümmert sich wenig um den Körper, und empfindet Abscheu vor diesem Leben. Die Wahrheit ist unkörperlich, denn keine, sei sie physisch, metaphysisch oder mathematisch, findet sich in einem Körper. Daraus erkennst du, dass das ewige Wesen des Menschen nicht auf den einzelnen Individuen beruht, die geboren werden und sterben. Es ist die einzigartige Einheit - so sagte Platon - nicht die numerische Vielheit, die das Wesen der Dinge ausmacht. Deshalb nannte er die Idee Eines und Vieles, Feststehendes und Bewegliches, denn als unvergängliches Bild ist sie geistig wahrnehmbar und eine einzige, doch wenn sie sich der Materie mitteilt, untersteht sie der Bewegung, dem Werden und Vergehen, ist sinnlich wahrnehmbar und viele. Auf diese zweite Weise hat sie mehr vom Nichtsein als vom Sein, da sie immer wieder anderes und anderes ist, und ewig der Vergänglichkeit unterliegt. Auf die erste Weise aber ist sie seiend und wahr. Ihr seht ferner, dass die Mathematiker einräumen, dass man die wahren Figuren nicht in den natürlichen Körpern findet, denn sie können dort weder durch die Natur noch durch die Kunst hervorgebracht werden. Ihr wisst auch, dass die wahre Natur der übernatürlichen Substanzen über der Materie steht.

Daraus folgt, wer nach der Wahrheit sucht, muss die Seinsweise des Körperlichen überwinden. Ferner ist zu bedenken, dass alles, was sich nährt, von Natur aus eine Vorstellung von seiner Nahrung hat, die er im Gedächtnis bewahrt, und immer - vor allem, wenn sie am meisten benötigt wird - ein Gleichnis und ein Bild von ihr vor Augen hat, und dies umso stärker, je höher und edler der Strebende und das Erstrebte sind. Da deshalb alles ein angeborenes Bewusstsein dessen hat, was zur Erhaltung seiner eigenen Existenz und seiner Art sowie zu deren endgültiger Vervollkommnung nötig ist, hängt der Fleiß, mit dem er seine Nahrung sucht, von einer Art Jagd ab. Deshalb muss auch die menschliche Seele das Wissen, die Veranlagung und die Werkzeuge haben, die für diese Jagd geeignet sind. Hier hilft die Kontemplation, hier wird die Logik angewandt, ein äußerst passendes Werkzeug zum Erjagen der Wahrheit, um zu unterscheiden, zu finden und zu beurteilen.

So durchwandert er den Wald der natürlichen Dinge, wo so vieles im Schatten und unter Laub verhüllt ist, und wo für gewöhnlich die Wahrheit im unzugänglichen Dickicht und in der abgeschiedenen Einsamkeit ihre Höhlen und tiefen Rückzugsorte hat, hinter Dornen und Hecken, durch verflochtenes Unterholz und im Gestrüpp dicht wachsender Pflanzen verborgen. Weitaus besser, mit größerer Sorgfalt und aus edleren und erhabeneren Gründen, als wir die größten Schätze mit großer Umsicht und Sorgfalt zu verstecken pflegen, versteckt sie sich dort, damit sie von den vielen unterschiedlichen Jägern, von denen manche geschickter und geübter sind als andere, nicht ohne große Mühe entdeckt werden kann. Hier suchte sie Pythagoras in den Spuren und Merkmalen, die den natürlichen Dingen eingeprägt sind, nämlich in den Zahlen, die auf gewisse Weise ihre Entwicklung, ihre Gesetzmäßigkeit, ihre Seinsweise und ihr Wirken zeigen, denn in der Zahl der Vielheit, in der Zahl des Maßes und in der Zahl der Bewegung oder des Gewichts, findet sich die Wahrheit und das Sein in allen Dingen. Hier wanderten Anaxagoras und Empedokles, die darüber meditierten, dass die allmächtige und alles hervorbringende Gottheit alles erfüllt, und sie fanden nichts, was so klein gewesen wäre, dass sie nicht glaubten, sie sei in jeder Hinsicht in ihm verborgen, obwohl sie stets dorthin weitergingen, wo sie vorherrschte und auf erhabenere und edlere Weise zum Ausdruck kam. Hier suchten sie die Chaldäer durch Subtraktion, da sie nicht wussten, was bejahend über sie ausgesagt werden könne. Sie gingen ohne die Spürhunde der Beweise und Syllogismen vor und mühten sich immer weiter in die Tiefe zu dringen, indem sie mit der Kraft der Verneinung aller Bilder und aller begreifbaren und geheimen Prädikate abhackten, rodeten und entwaldeten. Hier wanderte Platon wie auf Schleichwegen und baute Unterstände, um die unsicheren und scheuen Bilder in seinen Netzen zu fangen, so dass er sie in die Umzäunung seiner Definitionen treiben konnte. Er dachte, Höheres lasse sich durch Teilhabe und als Gleichnis im Niedrigeren wie im Spiegel erblicken, und dieses in jenem mit größerem

Adel und mit größerer Erhabenheit, und die Wahrheit befinde sich sowohl im einen wie im anderen entsprechend einer klar festgelegten Analogie, Rangordnung und Stufenleiter, auf der immer die unterste Stufe des Höheren mit der höchsten Stufe des Niedrigeren übereinstimme. So schritt er durch Zwischenstufen vom Untersten in der Natur zum Höchsten, wie vom Schlechten zum Guten, von der Dunkelheit zum Licht, von der reinen Möglichkeit zur reinen Wirklichkeit. Hier rühmte sich Aristoteles, er könne zur ersehnten Beute gelangen, wenn er lediglich den Fußstapfen und Spuren folge, wobei er sich von den Wirkungen zu den Ursachen leiten lasse. Dabei ist er von allen Jägern, die ihre Bemühungen dieser Jagd widmeten, am meisten vom Weg abgekommen, denn er konnte ihn nicht einmal von den Fußspuren unterscheiden.

Hier suchen einige Theologen, ausgebildet in irgendeiner Sekte, die Wahrheit der Natur in allen spezifischen natürlichen Formen, in denen sie ihr ewiges Wesen betrachten und ihre spezifischen heiligen Bewahrer des immerwährenden Werdens, Vergehens und Wandels des Seienden. Diese nennen sie lenkende und schaffende Götter, über denen die Form der Formen, die Quelle des Lichts, die Wahrheit der Wahrheiten, der Gott der Götter seinen Wohnsitz habe, durch den alles voll Göttlichkeit, Wahrheit, Sein und Güte ist. Diese Wahrheit wird gesucht wie etwas völlig Unzugängliches, wie ein Objekt, das nicht nur unbegreiflich ist, sondern das überhaupt nicht zum Objekt gemacht werden kann, denn niemandem scheint es möglich, die Sonne zu sehen, den universalen Apoll, das absolute Licht in seiner höchsten und erhabensten Gestalt, wohl aber seinen Schatten, seine Diana, die Welt, das Universum, die Natur in den Dingen, das Licht in der Dichte der Materie, wenn es in der Dunkelheit leuchtet.

Von den vielen jedoch, die auf diesen und vielen anderen Wegen in diesen abgelegenen Wäldern umherschweifen, gibt es nur sehr wenige, die sich selbst an der Quelle der Diana erlegten. Viele geben sich mit der Jagd nach wildem und weniger edlem Getier zufrieden, und der größte Teil kann nicht erkennen, dass er seine Netze nur für den Wind aufgespannt hat, und nichts als eine Hand voll Mücken fängt. Sehr selten, so sage ich, sind die Aktaions, denen vom Schicksal der Anblick der nackten Diana gewährt wird, und die sich sodann in die Schönheit ihrer Natur so sehr verlieben, dass sie gezeichnet vom Licht des doppelten Glanzes der göttlichen Güte und Schönheit sich in einen Hirsch verwandeln und nicht mehr Jäger, sondern Beute sind. Denn das letzte und endgültige Ziel dieser Jagd ist es, jene scheue und wilde Beute zu erringen, durch die der Räuber zur Beute wird, der Jäger zum gejagten Wild. Bei allen anderen Arten der Jagd nach Einzeldingen fesselt der Jäger anderes an sich, das er seinem Bewusstseins einverleibt, doch bei jener göttlichen und allumfassenden Jagd ergreift er die Beute so, dass er notwendig selbst ergriffen, einverleibt und mit der Beute vereint wird. Dadurch verwandelt er sich von einem normalen, gewöhnlichen, bürgerlichen und geachteten Menschen in einen wilden, der wie ein Hirsch in der Wildnis lebt, wie ein Gott unter dem hohen Laubdach des Waldes, in den natürlichen Räumen der zerklüfteten Berge, wo er die Quellen der mächtigen Ströme bewundert, wo er sich rein und unberührt von gewöhnlichen Begierden heilt, wo er freier mit der Gottheit sprechen kann, wo die vielen Menschen, die auf Erden das himmlische Leben zu kosten wünschen, mit einer Stimme sagen würden:

Ecce elongavi fugiens, et mansi in solitudine.
(Siehe! Ich bin in die Ferne geflüchtet und in der Einsamkeit geblieben.)

So zerreißen die Jagdhunde, nämlich die Gedanken an das Göttliche, diesen Aktaion, töten ihn für das gemeine Volk, für die Menge, lösen ihn von den Fesseln der verwirrten Sinne, befreien ihn aus dem fleischlichen Kerker der Materie. Nicht mehr wie durch Ritzen oder Fenster sieht er seine Diana, denn nachdem er die Mauern zerstört hat, ist er ganz Auge und überblickt den ganzen Horizont. So erblickt er alles als ein Einziges, und seine Betrachtungen folgen nicht mehr den Unterscheidungen und Zahlen, die entsprechend der Verschiedenheit der Wahrnehmungsfähigkeiten nur wie durch verschiedene Spalten verwirrt sehen und erkennen lassen. Er erblickt Amphitrite, die Quelle aller Zahlen, aller Bilder, aller Seinsweisen, denn sie ist die Monade, das wahre Wesen allen Seins, und wenn er sie nicht in ihrem eigenen Wesen erblickt, im absoluten Licht, wird er sie in allem sehen, was aus ihr entsteht, das ihr Gleichnis und ihr Bild ist. Denn aus der Monade, welche die Gottheit ist, kommt die Monade hervor, welche die Natur ist, das Universum, die Welt, in der sie sich betrachtet und spiegelt wie die Sonne im Mond, so dass jene ihr Licht empfangen kann, die sich in der Hemisphäre der bewussten Wesen befindet. Dies ist Diana, die als das Eine das Seiende selbst ist, jenes Seiende, das die Wahrheit selbst ist, jene Wahrheit, welche die begreifbare Natur ist, in welche die Sonne und der Glanz der höheren Natur einfließen, denn das Eine ist getrennt in Zeugendes und Gezeugtes, Schöpfer und Schöpfung. Daraus kannst du selbst den Weg, den Adel und den erhabenen Erfolg des leidenschaftlichen Jägers und der Jagd erschließen, durch die er sich rühmt zur Beute Dianas geworden zu sein, der er sich ergibt, um derentwillen er sich für einen glücklichen Gefährten hält und für den glücklichsten aller Gefangenen. Er kann keinen anderen Menschen beneiden, der nicht reicher sein kann als er, und keinen anderen Gott, der es in einer solchen Weise innehat, die von einem Bewohner der unteren Welt unmöglich erlangt, und deshalb weder angemessen gewünscht und noch viel weniger ersehnt werden kann.

Cesarino: Ich habe alle deine Worte gut begriffen, und es hat mir sehr gut gefallen. Aber nun ist es Zeit, nach Hause zu gehen.

Maricondo: In Ordnung.

Ende des zweiten Dialogs

Dritter Dialog

Es sprechen: Liberio, Laodonio

Liberio: Als seine leidenschaftliche Seele einst im Schatten einer Zypresse ruhte und sich von anderem Denken erholte - erstaunlich genug - geschah es, dass sein Herz und seine Augen miteinander sprachen, als ob sie unterschiedliche Lebewesen mit unterschiedlichem Denken und Wahrnehmen wären. Eines beklagte sich über das andere und nannte es den Ursprung des mühevollen die Seele verzehrenden Leids.

Laodonio: Erzähle, wenn du dich an den Sinn ihrer Worte erinnerst!

Liberio: Das Gespräch begann das Herz, das aus der Brust mit folgenden Worten zu hören war:

======

Erste Frage des Herzens an die Augen

Oh meine Augen, wie schmerzt mich so sehr
Die von euch kommende sengende Glut!
Denn mein sterblicher Körper kann nimmermehr
Bewahren eines solchen Feuers Wut.

Nicht alle Meere, nicht das kälteste Eis
Unter des Nordsterns kleinstem Kreis
Könnten dieses Feuer bezwingen
Oder zumindest Kühlung und Zuflucht bringen.

Ihr macht mich zum Knecht einer Hand,
Die mich verschmäht, aber fesselt und bannt.
Bin außen mit der Sonne und im Körper für dich,

Bin die Quelle des Lebens, doch leb' nicht für mich.
Weiß nicht, was ich bin, gehör' der Seele allein,
Doch sie ist nicht mein.

======

Laodonio: Es ist wahrlich das Verstehen, das Sehen, das Erkennen, die das Verlangen entzünden, und sodann mit Hilfe der Augen das Herz entflammen, und je höher und erhabener das Ziel ist, das sich jenen zeigt, umso stärker ist das Feuer und umso mächtiger sind die Flammen. Was muss das nun für ein Anblick sein, durch den das Herz sich so sehr entflammt fühlt, dass es nicht hoffen darf, das Eis der Arktis am kältesten Punkt, wo sich der Polarstern am langsamsten zu bewegen scheint, könne seine Glut kühlen, noch könne alles Wasser der Ozeane seine Flammen mildern! Wie groß muss die Erhabenheit jenes Ziels sein, das es zum Feind seiner eigenen Existenz macht, zum Aufruhr gegen die eigene Seele anstachelt, und es Glück über diese Feindschaft und diesen Aufruhr empfinden lässt, auch wenn es gefesselt ist von einer Hand, die es verschmäht und zurückweist? Aber lass hören, was die Augen erwidern!

Liberio: Diese beklagen sich im Gegenteil über das Herz, und nennen es den Anfang und die Ursache ihrer vielen Tränen. Sie stellen ihre Frage mit folgenden Worten:

======

Erste Frage der Augen an das Herz

Oh Herz, wie lässt du so viel Wasser fließen?
Nicht die Nereiden könnten sich daraus erheben,
Um im Licht der Sonne von neuem zu leben.
Amphitrite gleich könnten sich aus meinen Quellen ergießen

So mächtige Ströme, die sich so hoch erheben
und alles zu überfluten streben,
dass du den Nil, der in Ägypten sich ins Meer ergießt,
nur mehr als sieben kleine Bächlein siehst.

Zwei Lichter hat die Natur überbracht,
Zu lenken diese kleine Welt.
Die ewige Ordnung hast du entstellt,

Hast sie zu ewigen Strömen gemacht.
Und doch gebietet der Himmel nicht Halt,
Wenn Natur vergeht und dauert Gewalt.

======

Laodonio: Gewiss lässt das brennende und tiefbetrübte Herz die Tränen aus den Augen fließen, denn ebenso wie diese in jenem die Flammen entzünden, so lässt jenes in diesen das Wasser überströmen. Aber ich wundere mich über die maßlose Übertreibung, wenn sie sagen, dass das Wasser so tief wäre, dass die Nereiden ihr Haupt nicht daraus erheben könnten, um es der aufgehenden Sonne zuzuwenden, und wenn sie sich mit dem Ozean vergleichen, nicht weil sie so viele Tränen vergießen, sondern weil diese zwei Quellen so große und so viele Ströme vergießen könnten, dass im Vergleich dazu der siebenarmige Nil nur ein kleines Bächlein wäre.

Liberio: Wundere dich nicht über diese maßlose Übertreibung und über dieses Potenzial, das sich nicht verwirklicht! Du wirst alles verstehen, wenn du erst die Folgerungen aus den Argumenten begriffen hast. Zuerst vernimm, was das Herz auf den Vorwurf der Augen antwortet!

Laodonio: Bitte macht es mir verständlich!

Liberio:

======

Erste Antwort des Herzens an die Augen

Ihr Augen, wenn ich aus ewigem Feuer bestehe,
Und aus mir nur sengende Gluten sprühen,
So dass, wer sich mir nähert, wird verglühen,
Und ich durch mein Feuer den Himmel in Flammen sehe,

Warum zerstört euch nicht meine heftige Glut,
Sondern lässt zu, dass das Gegenteil bei euch geschehe?
Warum spürt ihr des Wassers und nicht des Feuers Wut,
Wenn ich nicht aus Wasser, sondern aus Feuer bestehe?

Ja glaubt ihr Blinden denn,
Aus einem so heißen Feuer entbrenn'
Der doppelte Strom, und dass zwei lebendige Quellen

Von Vulkan erhalten ihres Elementes Wellen?
Wie zuweilen der eine Gegensatz neue Kräfte fand
Durch des anderen Widerstand.

======

Du siehst, wie das Herz nicht glauben kann, dass aus einer gegensätzlichen Ursache und Grundlage eine gegensätzliche Wirkung und Kraft hervorkommen kann, so dass es nicht einmal die Möglichkeit einer Antiperistasis einräumen will, das heißt die Energie, die ein Gegensatz auf der Flucht vor seinem anderen Gegensatz gewinnt, indem er sich zusammenballt, verdichtet, zusammenrollt und so seine individuelle Kraft in sich selbst konzentriert, wobei der Vorteil umso wirksamer ist, je geringer die Größe wird.

Laodonio: Sag nun, was die Augen dem Herzen erwidern:

Liberio:

======

Erste Antwort der Augen an das Herz

Ach, oh Herz, du bist von so großer Pein erfüllt,
Dass dein Sinn für alles Wahre bleibt dir fern.
Was in uns sich zeigt, was sich verhüllt,
Ist aller Meere Samenkern,

Der von neuem Neptuns ganze Flut gebiert,
Wenn er je sein großes Reich verliert.
Wie soll entstehen der Flammen Glut
Aus dem doppelten Ursprung aller Flut?

Bist du so dumm, oder glaubst du daran,
Dass das Feuer uns durchqueren kann,
Und tritt aus den Pforten so vieler Fluten,

Damit du spürst unermessliche Gluten?
Glaubst du, die Hitze durchdringe uns ganz,
Wie ein Glas des Lichtes Glanz?

======

Ich will hier nicht über die Koinzidenz der Gegensätze philosophieren, die ich im Buch "Von der Grundlage und dem Einen" betrachtete. Ich will nur wie die gewöhnliche Meinung von der Voraussetzung ausgehen, dass die Gegensätze in derselben Art am weitesten voneinander entfernt sind. So kann der Sinn dieser Antwort leichter verstanden werden, in der die Augen sich als Samen oder Quelle bezeichnen, in deren virtuellem Potenzial sich das ganze Meer befindet, so dass Neptun, selbst wenn er all sein Wasser verlieren würde, aus diesem Potenzial es wieder auffüllen und in die Realität zurückrufen könnte, da es sich in ihm wie in einem wirkenden und materiellen Ursprung befindet. Aber wenn sie sagen, es könne nicht sein, dass die Flamme ihren Sitz und Raum zum Herz durchquere und so viel Wasser hinter sich lasse, halten sie dies dennoch nicht für völlig unmöglich, und zwar aus zwei Gründen: Erstens, weil ein solches Hindernis nicht tatsächlich existieren könnte, wenn nicht auch ein enormer Damm tatsächlich gebaut würde. Zweitens, weil das Wasser, das sich im Moment in den Augen befindet sowohl für die Wärme als auch für das Licht durchlässig ist, denn die Erfahrung zeigt, dass ein Spiegel, ohne selbst erwärmt zu werden, durch das Reflektieren von Lichtstrahlen jede ihm gegenüberliegende Materie entzünden kann. Auch durch ein Glas, einen Kristall oder ein Gefäß voll Wasser dringt der Lichtstrahl, ohne beim Durchqueren deren dichten Körper zu erwärmen, und kann doch einen außerhalb von ihnen liegenden Gegenstand entzünden. Deshalb ist es wahrscheinlich auch wahr, dass dadurch sogar in den Rinnen der Tiefsee trockene und verbrannte Stellen verursacht werden. So kann auf ähnliche Weise, wenn nicht sogar aus Gründen derselben Art die Möglichkeit bestehen, dass das Licht durch das glitschige und dichte Sinnesorgan der Augen hindurch die Emotionen erwärmt und entzündet, ohne dass es zugleich das durchquerte Medium erwärmt. Auch das Licht der Sonne befindet sich auf eine Weise in der durchquerten Luft, auf andere Weise in den lichtempfindlichen Sinnen, auf andere Weise in der allgemeinen Wahrnehmungsfähigkeit und auf wieder andere Weise im Bewusstsein, denn von einer Seinsweise geht es in die nächste über.

Laodonio: Gab es weitere Gespräche?

Liberio: Ja, denn der eine wie der andere versuchte zu ergründen, wie jener ein so großes Feuer und der andere so viel Wasser enthalten könne. Deshalb fragte das Herz ein zweites Mal:

=======

Zweite Frage des Herzens an die Augen

Wenn ins schäumende Meer die Flüsse fließen,
Und die Wassermassen sich ergießen
Bis auf des Meeres tiefsten Grund,
Warum strömt nicht aus deinen Lichtern sodann

Eine doppelte Sturzflut in der Welten Rund,
So dass der Meeresgott mit seiner Flut
Die Reiche der anderen Götter erobern kann
Und Deukalion wieder auf seinem Berge ruht?

Wo ist die überströmende Flut?
Wo ist das Wasser, das lindert meine Glut,
Oder durch das sie vielleicht noch heißer werde?

Keine Träne tropft zur trockenen Erde,
Damit ich nicht meine,
Es sei, wie es vor den Sinnen erscheine.

======

Es fragt, was dies für eine Kraft sei, die sich nicht verwirkliche? Wenn es so viel Wasser gebe, warum Neptun nicht seine Herrschaft über die anderen Elemente ausübe? Wo ist das überflutete Land? Was mildert das brennende Feuer? Wo ist nur ein Tröpfchen, so dass ich den Worten der Augen glauben kann, die meine Sinne so sehr verneinen? Aber die Augen stellen ebenfalls eine neue Frage:

======

Zweite Frage der Augen an das Herz

Wenn Materie des Feuers Form annimmt,
Schwebt sie als flüchtiger Stoff gleich fort
Und fliegt empor zu einem höheren Ort,
Wohin sie geschwinder gelangt als der Wind.

Wenn du dich verzehrst nach der Liebe Wonne,
Warum bist du nicht sogleich bei der hellen Sonne?
Warum weilst du als Fremder in dunkler Erdengruft?
Warum fliegst du nicht empor in die reine Luft?

Kein Flämmchen ist zu erspähen, das glüht,
Und von der Brust hoch in die Luft aufsprüht.
Du bist nicht verbrannt zu Asche und Staub.

Kein Rauch zeugt von der Flammen Raub.
Alles bleibt im eigenen Sein bestehen.
Kein Feuer können Fühlen, Sinne und Denken sehen.

======

Laodonio: Diese Frage ist genauso sinnvoll oder sinnlos wie die andere. Aber lass uns zur Antwort kommen, wenn es sie gibt.

Liberio: Allerdings gibt es sie und zwar eine sehr bedeutungsvolle.

======

Zweite Antwort des Herzens an die Augen

Ein Narr, wen alleine die Sinne bezwangen,
Und der nicht auch dem Denken vertraut!
Meine Flammen können nicht nach oben gelangen,
Denn unendliches Feuer wird niemals geschaut.

Es muss unter den Fluten der Augen verschwinden.
Denn kein Unendliches kann ein anderes überwinden,
Weil die Natur nicht will, dass alles vergeht,
Wenn eine Sphäre der anderen nicht widersteht.

Bei Gott, so verratet mir doch, ihr Augen,
Welcher Weg soll für uns taugen,
Damit man einen von uns beiden sieht,

Um die Seele zu retten vor ihrem harten Los?
Nichts hilft, wenn jedes sich dem Blick entzieht,
Und sei das Mitleid des schönen Gottes auch noch so groß.

======

Laodonio: Wenn es nicht wahr ist, so ist es doch gut erfunden, und wenn nicht, so hat sich doch eins vor dem anderen gut gerechtfertigt. Denn wahrlich, wo zwei Kräfte sind, von denen die eine nicht stärker ist als die andere, muss jedes Einwirken des einen auf das andere enden, denn das eine kann genauso stark widerstehen, wie das andere Druck ausüben kann, und dieses kann ebenso weit vordringen, wie jenes es zurückdrängen kann. Wenn also das Meer unendlich ist und die Kraft der Tränen in den Augen unermesslich, werden sie niemals zulassen, dass aus der in der Brust verhüllten Glut Funken sprühen oder die Gewalt des Feuers hervorbricht, noch werden sie ihre beiden Ströme zum Meer senden können, wenn das Herz sie andererseits mit gleich großer Kraft aufhält. Der schöne

Gott kann deshalb nicht eingeladen werden, sich der gequälten Seele zu erbarmen, da er weder die Träne sieht, die aus den Augen tropft noch die Flamme, die aus der Brust lodert

Liberio: Nun hör dir die folgende Antwort der Augen an:

======

Zweite Antwort der Augen an das Herz

Ach, um uns in die Fluten zu ergießen,
Vergeblich reiche Tränen fließen,
Denn ihr Gegensatz hält sie gefangen,
So dass sie nicht in die Tiefe gelangen.

Des flammenden Herzens unendliche Kraft
Einen Damm für das tobende Wasser schafft.
Kein Doppelstrom fließt an des Meeres Strand,
Denn die Natur verabscheut überflutetes Land.

Nun, gequältes Herz, sag an,
Das sich uns mit gleicher Kraft widersetzen kann,
Wer soll je voll Stolz die Kunde überbringen

Von der unglücklichen Liebe eitlem Ringen,
Wenn unsere und deine Qualen auf Erden,
Umso weniger sich zeigen, je stärker sie werden?

======

Da beide Leiden unendlich sind, halten sie einander in Schach und bedrängen einander wie zwei gleich starke Gegner. Dies wäre unmöglich, wenn beide endlich wären, denn in der Natur gibt es keine absolut genaue Gleichheit. Ebenso wäre es unmöglich, wenn einer endlich und der andere unendlich wäre, denn sicher würde dann der eine den anderen in Besitz nehmen und beide könnten sich zeigen oder zumindest das eine durch das andere. Was sich unter diesen Sätzen der Naturphilosophie und Ethik verbirgt, das zu untersuchen, zu betrachten und zu verstehen überlasse ich allen, die es wollen und können. Nur dies will ich nicht übergehen, nämlich dass nicht ohne Grund das Begreifen der Augen die Emotionen des Herzens als unendliches Meer bezeichnet, denn der Geist, der auf Unendliches zielt, kann dem Bewusstsein kein bestimmtes Ziel geben und somit kann auch das Verlangen nicht mit einem endlichen Gut gestillt werden. Da es darüber hinaus für ihn anderes gibt, ersehnt und sucht er es, denn, wie es allgemein heißt, ist die höchste der niederen Seinsweisen die niedrigste und der Anfang der höheren Seinsweisen, sei es, dass wir die Stufen gemäß den Formen nehmen, die wir nicht für unendlich halten können, oder gemäß ihren Erscheinungen und Arten, durch die, wie wir glauben, das höchste Gut, da es unendlich ist, sich unendlich mitteilt und in die Dinge im Einklang mit ihrer Aufnahmebereitschaft einfließt. Deshalb gibt es für das Universum keine bestimmte Form, wobei ich von Gestalt und Masse spreche, ebenso gibt es kein endgültiges Bild für das Bewusstsein und kein endgültiges Ziel für das Fühlen.

Laodonio: Während diese beiden Seelenkräfte niemals durch ihr Ziel vollendet werden noch werden können, wenden sie sich ihm also unendlich zu.

Liberio: So wäre es, wenn die Unendlichkeit darauf beruhen würde, dass es kein Ziel hat, weil es kein Ziel gibt, oder darauf, dass es ein Ziel hat, das nicht existiert, doch sie ist unendlich und unbegrenzt wegen der größten Fülle des Ziels.

Laodonio: Willst du damit sagen, dass es zwei Arten von Unendlichkeit gibt, eine aus Mangel, die sich auf alles Potenzielle bezieht, wie die Finsternis unendlich ist, die durch das Einsetzen des Lichts beendet wird, und eine andere, die Vollkommenheit bedeutet und die vollendete Verwirklichung ist, wie das Licht unendlich ist, und sein Ende das Fehlen des Lichts und die Finsternis wäre? In diesem Fall begreift das Bewusstsein das Licht, das Gute und das Schöne ebenso weit, wie sich der Gesichtskreis seiner Aufnahmefähigkeit ausdehnt, und die Seele trinkt so viel vom göttlichen Nektar und aus der Quelle des ewigen Lebens, wie sie in sich als seinem Gefäß aufnehmen kann. Dadurch zeigt sich, dass das Licht weit über den Umkreis des Horizonts hinausreicht, in den das Bewusstsein immer weiter eindringen kann, und dass der Nektar und die Quelle des lebendigen Wassers unendlich ergiebig sind, weshalb sich die Seele immer von neuem daran berauschen kann.

Liberio: Daraus folgt nicht die Unvollkommenheit des Ziels noch eine geringere Befriedigung für sein Streben, sondern dass sein Streben vom Ziel umfasst und auf beglückende Weise in ihm aufgenommen wird. Dies prägen die Augen dem Herzen, dem Bewusstsein, ein und erregen im Verlangen eine unendliche Qual süßer Liebe. Dort gibt es kein Leid, weil man nicht hätte, wonach man sich sehnt, sondern Glück, weil man immer findet, was man sucht. Dabei gibt es dort keine Sättigung, denn man kann immer Verlangen fühlen und deshalb auch immer Lust. Es ist nicht wie bei der Speise des Körpers, wo mit der Sättigung der Genuss endet, und es kein Glück vor dem Genuss noch nach dem Genuss gibt, sondern nur während des Genusses, und wenn man eine bestimmte Grenze überschreitet, empfindet man Überdruss und Ekel.

Hier siehst du auf gleichnishafte Weise, wie das höchste Gut unendlich sein muss, und es für den Impuls des Verlangens zum und um dieses angemessen ist, auch unendlich zu sein, damit es nicht zuweilen gar kein Gut ist, wie die Speise, die für den Körper gut ist, im Übermaß zu Gift wird. So siehst du, wie das Wasser des Ozeans diese Flammen nicht löscht, und die Kälte des arktischen Kreises diese Hitze nicht kühlt. Ebenso ist er Gefangener einer Hand, die ihn fesselt, aber verschmäht: Sie fesselt ihn, weil er ihr gehört, doch sie verschmäht ihn, denn - als ob sie fliehen würde - erhebt sie sich umso höher, je mehr er sich zu ihr emporschwingt, und je mehr er sie verfolgt, umso weiter entfernt zeigt sie sich wegen ihrer erhabenen Hoheit, wie diese Worte sagen: *Accedet homo ad cor altum, et exaltabitur Deus. (Es nähere sich der Mensch dem hohen Herzen und Gott wird erhöht).*

Ein solch beglückendes Verlangen beginnt in diesem Leben, und hat in diesem Dasein seine Seinsweise, wo das Herz sagen kann, es sei im Innern mit dem Körper und im Äußern mit der Sonne, während die Seele mit ihrer doppelten Kraft zwei Bestimmungen hat: Die erste ist es, den leiblichen Körper zu beleben und zu gestalten, die andere, über Höheres zu meditieren, denn wie sie von oben empfangen kann, kann sie nach unten zum Körper hin aktiv einwirken. Der Körper ist wie tot und mangelhaft für die Seele, die ihn erst belebt und vervollkommnet, und die Seele ist wie tot und mangelhaft für die höhere, erleuchtende Bewusstheit, das unser Bewusstsein zum Denken erweckt und zu Taten aktiviert. Deshalb heißt es, das Herz sei Beherrscher des Lebens, und nicht, es sei lebendig. Man sagt, es gehöre zur belebenden Seele, diese aber gehöre nicht zu ihm, denn es wird entflammt von der göttlichen Liebe und schließlich in Feuer verwandelt, das entzünden kann, was sich ihm nähert. Da er die Göttlichkeit in sich konzentriert hat, wird er göttlich, und kann somit durch sein Erscheinen in anderen Liebe auslösen, wie im Mond der Glanz der Sonne bewundert und verherrlicht werden kann. Wenn man sodann die Augen betrachtet, wisse, dass sie in diesem Zusammenhang zwei Bestimmungen haben: Erstens dem Herzen etwas einzuprägen, zweitens, vom Herzen Eindrücke zu empfangen, wie auch dieses zwei Bestimmungen hat: Erstens von den Augen Eindrücke zu empfangen, zweitens ihnen Eindrücke zu überbringen. Die Augen nehmen die Bilder wahr und zeigen sie dem Herzen, das Herz verlangt nach ihnen und zeigt sein Verlangen den Augen. Diese empfangen das Licht, geben es weiter und entzünden das Feuer in jenem. Dieses wird erwärmt und entflammt und sendet sein Nass zu den Augen, damit sie es verströmen. So regt zuerst das Erkennen die Emotionen an und sodann regen die Emotionen das Erkennen an. Wenn die Augen anregen sind sie nicht nass, denn sie haben die Funktion eines Spiegels und dienen dazu, abzubilden, doch wenn sie angeregt werden, sind sie getrübt und verändert, da sie nun dazu dienen, das Streben zu verwirklichen. Denn mit dem metaphysischen Bewusstsein wird zuerst das Schöne und Gute erblickt, die sodann vom Wollen begehrt werden, worauf das Bewusstsein sie unermüdlich anstrebt, verfolgt und sucht. Die Augen voll Tränen sind ein Symbol für die Schwierigkeit, das Ersehnte vom Sehnenden zu trennen, denn um nicht zu sättigen oder zu ermüden, schenkt es sich wie für ein unendliches Streben, das immer besitzt und immer erstrebt. Denn die Seligkeit der Götter wird durch das Trinken des Nektars beschrieben und nicht dadurch, dass sie ihn getrunkenen haben, durch das Kosten von Ambrosia und nicht dadurch, dass sie davon gekostet haben, durch das immerwährende Verlangen nach der Speise und den Getränken, und nicht durch die Sättigung und das fehlende Verlangen nach ihnen. So entsteht die Sättigung in der Bewegung und im Begreifen, und nicht in der Ruhe und im Wissen, und sie sind weder gesättigt ohne Verlangen, noch empfinden sie Verlangen, ohne auf gewisse Weise gesättigt zu sein.

Laodonio: *Esuries satiata, satietas esuriens.* (Gesättigter Hunger, hungrige Sättigung)

Liberio: Genau!

Laodonio: Dadurch kann ich verstehen, wie ohne Tadel aber voll Wahrheit und Bewusstsein gesagt wird, die göttliche Liebe vergieße Tränen aus zwei unbeschreiblichen Quellen, denn da sie alles besitzt, liebt sie alles, und da sie alles liebt, besitzt sie alles.

Liberio: Aber hier braucht es noch viele Gespräche, wenn wir die göttliche Liebe verstehen wollen, denn sie ist die Gottheit selbst. Die göttliche Liebe ist leicht zu erkennen in ihren Wirkungen und in der untergeordneten Natur, nicht jene, so will ich betonen, die von der Gottheit in alles Seiende verströmt, sondern jene, die vom Seienden zur Gottheit strebt.

Laodonio: Nun, über dies und anderes sprechen wir ein andermal. Gehen wir!

Ende des dritten Dialogs

Vierter Dialog

Es sprechen: Severino, Minutolo

Severino: Hört nun die Erklärungen der neun Blinden, die von neun individuellen Gründen und Ursachen ihrer Blindheit berichten, obwohl sie alle in einer einzigen allgemeinen Begründung übereinstimmen, einer gemeinsamen Leidenschaft!

Minutolo: Erzähl' vom ersten.

Severino: Obwohl der erste von Geburt an blind ist, beklagt er sich über die Liebe. Er sagt zu den anderen, dass er nicht glauben könne, dass die Natur ihnen übler mitgespielt habe als ihm, denn sie können zwar nicht sehen, haben das Sehen jedoch erfahren, wissen um die Vortrefflichkeit dieses Sinns und um die Herrlichkeit des Sichtbaren, das ihnen geraubt wurde. Doch er sei wie ein Maulwurf zur Welt gekommen, um gesehen zu werden und nicht um zu sehen, und um jenes zu begehren, was er niemals sehe.

Minutolo: Viele haben sich auf bloßes Hörensagen hin verliebt.

Severino: Er sagt, diese hätten wenigstens das Glück, dieses göttliche Bildnis in der geistigen Vorstellung zu bewahren, so dass sie auch als Blinde in ihrer Fantasie das besitzen, was er nie haben kann. Dann wendet er sich mit einem Gedicht an seine Führerin und bittet sie, ihn zu einem Abgrund zu geleiten, damit er nicht länger als grauenvolles Beispiel für die Missgunst der Natur zur Schau gestellt werde. Er sagt:

======

Der erste Blinde spricht:

Beneidenswerte, die ihr einmal gesehen habt!
Ihr leidet, wenn ihr vom Verlust eures Lichtes kündet.
Und doch wart ihr einst mit dem Lichte begabt.
Meins ist nicht erloschen, es wurde nie entzündet.

Meine Qual ist größer als ihr je glaubt.
Mein Leid ist zu Recht am tiefsten zu bedauern,
Sicher hat mir die Natur mehr als euch geraubt,
Denn größeres Leid muss ich betrauern.

Oh Führer, zum Abgrund geh, ich bitte dich!
Dies ist der einzige Weg für mich.
Eine andere Heilung gibt es nicht.

Nur für anderer Sicht, nicht für eigenes Licht,
Kam wie ein Maulwurf ich auf diese Erde,
Damit ich zu einem unnützen Gewicht ihr werde.

======

Hierauf folgt der nächste, der von der Schlange der Eifersucht gebissen wurde, die sein Augenlicht infizierte. Er kommt ohne Führer, wenn nicht die Eifersucht seine Gefährtin ist. Er bittet einige der Umstehenden, wenn es kein Heilmittel für sein Leiden gebe, sich seiner zu erbarmen, damit er seine Pein nicht

länger ertragen müsse. Sie sollen ihn vor sich selbst ebenso verhüllen, wie ihm das Licht verhüllt wurde, und ihn mit seinem
Leid begraben. Er sagt:

======

Der zweite Blinde spricht:

Von ihrer Schreckensmähne hat Alekto aufgehetzt
Den Höllenwurm, der mit giftigem Biss
Die Spiritualität so qualvoll hat verletzt,
Dass er den edlen Sinn des Sehens mir entriss.

Von seiner Führung ist mein Bewusstsein nun verlassen.
Vergeblich erbittet die Seele anderen Segen,
So dass mich straucheln lässt auf all meinen Wegen
Der eifersüchtigen Wut rasendes Hassen.

Wenn kein Zauberlied, keiner Pflanze heilsam Saft,
Noch eines Steines lindernde Kraft
Oder göttliche Gnade mich erlösen kann, so flehe ich,

Dass einer von euch erbarme sich
Und mich begräbt im tiefen Erdenschoß
Zusammen mit meinem quälenden Los.

======

Es folgt ein anderer, der sagt, er sei blind geworden, weil er plötzlich aus der Finsternis herausgetreten sei und ein blendend helles Licht gesehen habe. Denn er, der gewohnt gewesen sei, nur normale Schönheit zu sehen, habe plötzlich vor seinen Augen eine überirdische Schönheit erblickt, eine göttliche Sonne. So wurde sein Gesichtssinn nicht anders verglüht und das doppelte Licht im Bug seiner Seele zerstört - denn die Augen sind wie zwei Signalleuchten, die dem Schiff den Weg erhellen - wie es jenen zu ergehen pflegt, die in kimmerischer Finsternis erzogen wurden und jäh und unversehens die Augen der Sonne zuwenden. In seinem Gedicht bittet er um freien Zugang zur Unterwelt, denn nichts anderes als die Finsternis passe zu einem der Finsternis Unterworfenen. Er sagt:

======

Der dritte Blinde spricht:

Wenn plötzlich die strahlende Sonne blendet
Ein Wesen, das völlige Dunkelheit nur kennt,
Oder der Kimmerer bewölktes Firmament,
Wo die Sonne nur trüb ihr Licht aussendet,

Erlischt in der Seele Bug das doppelt leuchtende Licht,
Und entzieht sich feindlich jeglicher Sicht.
So wurden zerschmolzen meine Augen,
Die nur für normale Schönheit taugen.

Führt mich zum Orkus in meiner Not!
Denn unter euch hier weile ich wie tot.
Soll ich ein Höllenklotz unter Lebenden sein?

Wozu belebt mich der Winde verhasstes Wehen?
Wurde ich deshalb verurteilt zu so großer Pein,
Weil ich es wagte, das höchste Gut zu sehen?

======

Der vierte erblindete auf ähnliche Weise, doch nicht aus demselben Grund wie der vorhergehende. Denn wie jener durch den unvermittelten Anblick des Lichts, so erblindete dieser, weil er es zu lange und zu häufig bewunderte und die Augen unaufhörlich darauf richtete, so dass er die Empfindung für alle anderen Lichter verlor. Er sagt, einzig für dieses eine Licht, das ihn geblendet habe, sei er nicht blind. Denn seiner Sehkraft geschah ähnliches wie dem Gehör, wenn es beständig lautes Lärmen und Brüllen vernimmt und deshalb schwächere Geräusche nicht mehr wahrnehmen kann. So geschah es, wie man sagt, dem katadupischen Volk, das dort lebt, wo sich der mächtige Nil von der Felswand eines gewaltigen Berges als Wasserfall in die Ebene stürzt.

Minutolo: Wie alle, deren Körper und Gemüt geübt sind, mit größeren Problemen fertig zu werden, wegen kleinerer Probleme nicht den Mut verlieren, so ist er wahrscheinlich nicht unglücklich über seine Blindheit.

Severino: Gewiss nicht, sondern er nennt sich freiwillig blind und genießt es, wenn ihm alles andere verborgen bleibt, denn ihn langweilt, was ihn von dem abziehen könnte, was er einzig und allein bewundern will. Währenddessen bittet er jene, die an ihm vorüberwandern, sich als würdig zu erweisen, so dass ihm wegen irgendwelchem bösen Groll nichts Übles geschehe, während er weitergehe mit dem Blick auf sein wichtigstes Ziel, das ihn gefangen halte.

Minutolo: Wiederhole seine Worte.

Severino: Er sagt:

======

Der vierte Blinde spricht:

Von hohen Bergen dröhnt der Nil ins Tal hinab,
Wo das taube Volk der Katadupen wohnt,
Das Tag und Nacht nicht dieser Lärm verschont.
So geschah's auch mir, als ich gerichtet hab

Meine spirituelle Kraft auf der Welt lebend'gstes Licht,
Und mir erlosch für minderen Glanz die Sicht.
Denn als meine Augen diesen Glanz erkoren,
Hab ich jeden anderen Anblick gern verloren.

Ich bitte nur, warnt mich vor dummen Tieren hier,
Und Steinen auf meinen Wegen, und berichtet mir,
Ob sie nach oben oder unten führen,

Damit diese armen Glieder nicht verspüren
Den tiefen Sturz, wenn ich in einen Abgrund gleite,
Da ich alleine meinen Weg beschreite.

======

Dem folgenden Blinden sind die Augen vom vielen Weinen so verschwommen, dass der Strahl seines Gesichts nicht weit genug reicht, um das Sichtbare zu erkennen, vor allem um jenes Licht wiederzusehen, das er, obwohl ihm dies so große Pein bereitete, einmal angeschaut hatte. Außerdem glaubt er, dass seine Blindheit nicht so sehr auf Veranlagung, sondern auf Gewöhnung beruhe, und ihm die Sehkraft für immer geraubt wurde. Denn die von der Seele in den Augen entfachten hellen Funken wurden zu lange und zu heftig von der gegensätzlichen Feuchtigkeit zurückgedrängt und niedergehalten, so dass er nicht glaube - auch wenn die Tränen versiegen würden - die begehrte Sehkraft je wieder erhalten zu können. Nun hört, was er zu den Leuten sagt, damit sie ihn vorbeigehen lassen.

======

Der fünfte Blinde spricht:

Ihr Augen, aus denen ständig Wasser fließt,
Wann wird des Blickes Strahl,
Dessen Funken aus euren Lichtern schießt,
Von neuem durchdringen den dichten Wall,

Damit ich wiedersehe den göttlichen Glanz,
Den Ursprung meiner süßen Qual?
Schwach ist das Licht, zerstört wurde sein Strahl,
Vom Gegensatz bezwungen erlosch er ganz.

Lasst vorbei den Blinden!
Und richtet den Blick auf seine Quellen,
Die tiefer sind als zusammen alle anderen Wellen!

Und wenn ihr wagt mit mir zu streiten,
Wird jener euch den Beweis bereiten,
Dass in meinen Augen sich die Fluten aller Meere finden.

======

Der sechste Blinde kann nicht sehen, weil er durch das übermäßige Weinen so viele Tränen vergoss, dass ihm keine Feuchtigkeit blieb, nicht einmal die dichteren Anteile und die Feuchtigkeit, durch die wie durch eine transparente Linse die Sehstrahlen austreten und von außen die Helligkeit und das wahrnehmbare Bild eindringen. Das Herz war so voll Kummer, dass die ganze Feuchtigkeit aufgebraucht wurde - die auch dazu dient, die vielerlei verschiedenen und gegensätzlichen Teile verbunden zu halten. Ihm blieb nur sein tränenloses Liebesleid, denn das Auge verglühte durch den Sieg des anderen Elements. Deshalb kann er nicht mehr sehen und auch nicht mehr die ständige Verbindung der Teile des Körpers aufrechterhalten. Schließlich trug er den Umstehenden vor, was du nun vernimmst.

======

Der sechste Blinde spricht:

Die Augen sind tot, die Quellen leer,
Das ganze Nass verschwand,
Das Leib, Seele und Spiritualität verband.
Der Kristall meiner Augen der ringsumher

So vieles der Seele überbracht,
Wurde verzehrt vom verwundeten Herzen.
Nun hab' ich verdorrter Blinder voller Schmerzen
Mich zu den Höhlen der Hölle aufgemacht.

Blickt nicht so kleinlich auf meine Klagen!
Lasst mich schnell den Weg einschlagen!
Ich hab' solche Fluten in dunklen Tagen genossen,

So viele Tränen zu meinem Trost vergossen,
Und nun, da alles Nass verschwand,
Öffnet den Pfad zu des dunklen Vergessens Land!

======

Nun erscheint der nächste, der seinen Gesichtssinn durch die heiß züngelnden Flammen verlor, die aus dem Herzen hervorbrachen. Sie verbrannten als erstes die Augen und verschlangen sodann die ganze verbliebene Feuchtigkeit im Wesen des Liebenden, so dass er als Ganzes von Flammen ergriffen wurde, zu Asche verbrannte, und nicht mehr er selbst ist, da das Feuer mit seiner Kraft den ganzen Körper in seine Atome auflöste und in Staub verwandelte, der nicht wieder zusammengefügt werden kann. Denn nur die Kraft des Wassers verbindet und verdichtet die Atome aller Körper, so dass ein lebensfähiges Ganzes entsteht. Trotz alledem fehlt ihm nicht die Wahrnehmung der äußerst heißen Flammen, denn er will sich mit seinem Gedicht Raum für einen Durchgang verschaffen. Er sagt, wer auch immer von seinem Feuer ergriffen werde, würde die Flammen der Hölle nicht als heiß empfinden, sondern als kalt wie Schnee.

=======

Der siebte Blinde spricht:

Die Schönheit, von den Augen dem Herzen verkündet,
Hat in der Brust einen feurigen Ofen gezündet,
Der zuerst die Feuchtigkeit der Augen verglühte,
Und sodann heftige Flammen aufsprühte.

Hierauf hat er all mein Nass verschlungen,
Und mich mit Dürre und Trockenheit bezwungen,
So dass alles als loser Staub verweht,
Sich in einzelne Atome auflöst und vergeht.

Fürchtet euch vor der unermesslichen Qual!
Öffnet den Weg, ihr Leute, ihr habt keine Wahl!
Weichet zurück vor meiner Flammen Schrecken!

Solltet ihr euch an diesem Fieber anstecken,
Ihr würdet glauben, es sei des eisigen Winters Wut,
Wenn ihr erleidet des Höllenfeuers Glut.

======

Es folgt der achte, der blind ist, weil ihn ein Pfeil der Liebe durch seine Augen ins Herz traf. Deshalb klagt er nicht nur über seine Blindheit, sondern auch über seine Wunde, die so heftig brennt, dass er nicht glaubt, ein anderer könne solche Qualen empfinden. Seine Gefühle können leicht folgendem Gedicht entnommen werden:

======

Der achte Blinde spricht:

Tückische List, qualvolle Schlacht, ruchlose Hand,
Schneidende Spitze, verlockende Gier, Sehne gespannt,
Beißende Wunde, gepeinigter Leib, unbarmherzige Glut.
Des stolzen Gottes Ketten, Pfeil und flammende Wut.

Fesselt die Seele, durchbohrt die Augen, entflammt das Herz,
Gibt zugleich Knechtschaft, Blindheit, und Liebesschmerz.
Überall und auf jede Weise empfind' ich zu jeder Stunde
Meiner Augen beraubt die Fessel, die Glut und die Wunde.

Wer ihr auch seid, Mensch, Gott oder Held,
Wo ihr auch seid, auf Erden, bei Zeus oder in der Unterwelt,
Kündet, ich bitte euch, wie, an welchem Ort und wann

Ihr je solche Pein erlebtet, vernahmt oder saht
Auf einem gleichen, ähnlichen oder so großen Grad
Bei Geknechteten, Verdammten oder jenen unter der Liebe Bann!

======

Zum Schluss kommt der letzte, der überdies stumm ist. Er wagt nicht zu sagen, was er am liebsten sagen würde, denn er befürchtet zu beleidigen oder Abscheu zu erregen, und deshalb kann er auch über nichts anderes sprechen. So spricht denn nicht er, sondern sein Führer legt die Gründe dar, die ich, um es einfacher zu machen, nicht erörtere, sondern nur im Wortlaut wiedergebe.

=====

Der Führer des neunten Blinden spricht:

Selig, ihr anderen, die ihr liebt und geblendet seid,
Die ihr könnt' künden den Grund für euer Leid,
Und dank eurer Tränen, Freundschaft und Reinheit
Seid willkommen geheißen und für den Empfang bereit.

Jener, den ich leite, von allen allein
Unter größten Qualen verbirgt seine Glut,
Er kann nicht sprechen, denn ihm fehlt der Mut,
Seiner Göttin zu zeigen seine tiefe Pein.

Seid gnädig und öffnet, öffnet den Durchgang!
Lasst diese leeren Augen hier entlang!
Oh dichte Menge, befreit seinen Weg von trister Hürde,

Während seine erschöpfte Brust beladen mit dieser Bürde
Klopft an die Pforte in höchster Not,
Zu erbitten einen weniger leidvollen und dunkleren Tod!

=====

Hier werden neun Ursachen gezeigt, aus denen der menschliche Geist für das Göttliche erblindet, weil er die Augen nicht darauf richten kann.

Die e r s t e Ursache wird im Sinnbild des ersten Blinden dargestellt. Es ist die Natur der eigenen Art, in der es die erreichte Entwicklungsstufe mit sich bringt, dass er nach Höherem strebt, als er zu begreifen fähig ist.

Minutolo: Da kein natürliches Verlangen sinnlos ist, können wir dies als Beweis nehmen, dass die Seele außerhalb des Leibes auf einer höheren Stufe steht, auf der es ihr möglich ist, sich ihrem Ziel auf vortrefflichere Weise zu nähern und sich mit ihm zu verbinden.

Severino: Sehr gut sagtest du, dass es ohne gewichtigen Grund kein Potenzial und keinen natürlichen Antrieb gibt. Dies ist sogar das eigentliche Gesetz der Natur, das die Dinge lenkt. Deshalb ist es für den gut vorbereiteten Verstand mit Sicherheit wahr, dass das menschliche Gemüt, mit dem er dieses Dasein betritt - wie auch immer es sich verhält, während es sich im Körper befindet - deutlich zeigt, dass er ein fremder Wanderer in dieser Welt ist, denn er strebt nach der universalen Wahrheit und dem universalen Guten und begnügt sich nicht mit dem, was dem Zweck und Nutzen seiner Art dient.

Der z w e i t e Grund, der im Sinnbild des zweiten Blinden dargestellt wird, entsteht aus aufgewühlten Emotionen, wie es bei der Liebe die Eifersucht ist, die einem Holzwurm gleicht, der denselben Ursprung als Feind und Vater hat, denn er nagt an dem Stoff oder dem Holz, aus dem er gezeugt wurde.

Minutolo: Ich glaube nicht, dass es diese in der heroischen Liebe gibt.

Severino: Das ist wahr, wenn es bedeuten würde, dass sie dieselben Ursachen hat wie in der sinnlichen Liebe. Doch ich verstehe sie auf andere Weise, nämlich so, wie sie der Liebe zur

Wahrheit und Güte entspricht. Sie zeigt sich, wenn die Wut hochkocht gegen jene, die sie pervertieren, verderben, verfälschen oder auf andere Weise unrecht behandeln wollen. Diese Eifersucht findet sich bei jenen, die dafür gedemütigt werden bis zum Tod, und die unter würdeloser Behandlung durch dummes Volk und schmutzige Ideologien leiden.

Minutolo: Gewiss kann niemand das Wahre und Gute tatsächlich lieben, ohne Wut über die Menge zu empfinden, wie niemand auf gewöhnliche Weise liebt, ohne um des Geliebten willen eifersüchtig und besorgt zu sein.

Severino: Dadurch wird er in vieler Hinsicht wirklich blind, und aus diesem Grund hält ihn die gewöhnliche Meinung für tatsächlich albern und närrisch.

Minutolo: Ich las eine Stelle, wo stand, dass alle närrisch und verrückt seien, die auf eine abweichende Weise wahrnehmen und sich außerhalb der allgemeinen Wahrnehmung der anderen Menschen stellen. Doch von einer solchen Abweichung gibt es zwei Arten. Denn entweder stehen sie außerhalb, weil sie sich zu einer größeren Höhe erheben als alle, und als der größte Teil erreicht oder erreichen könnte, denn sie werden von göttlicher Leidenschaft beseelt, oder weil sie tiefer sinken, wo sie sich bei Menschen wiederfinden, die mehr als die Vielen, die Meisten und die Normalen an Wahrnehmungs- und Denkstörungen leiden. In dieser Art von Verrücktheit, Wahnsinn und Blindheit findet sich keine heroische Eifersucht.

Severino: Wenn also auch gesagt wird, das viele Lesen habe ihn verrückt gemacht, ist es doch nicht angemessen, ihn dafür zu schmähen.

Der d r i t t e Grund ist im Sinnbild des dritten Blinden zu sehen, wenn sich die göttliche Wahrheit den wenigen, denen sie sich zeigt auf übernatürliche, das heißt auf metaphysische Weise plötzlich und unvermittelt offenbart, wie es einer solchen Kraft entspricht, und nicht gemäß den Gesetzen von Raum und Zeit, die für das physische Forschen gelten, wo das Licht der Natur sichtbar wird, wenn mit Sinn und Verstand vom Erkannten zum Unbekannten weitergeforscht wird, gemäß einer Methode, die Beweisführung genannt wird. So sagte einst ein Gottesmann: *Attenuati sunt oculi mei suspicientes in excelsum. (Geschwächt sind meine Augen vom Schauen in die Höhe.)* Deshalb ist kein nutzloser Zeitaufwand nötig, keine ermüdenden Studien, kein aktives Nachforschen, um sie zu erlangen, sondern sie wird ebenso unversehens empfangen wie das Sonnenlicht unverzüglich für jeden leuchtet, der sich ihm zuwendet und öffnet.

Minutolo: Meinst du damit, dass die Gebildeten und Philosophen für diese Erleuchtung nicht besser vorbereitet sind als irgendein beliebiger Dummkopf?

Severino: In gewissem Sinne nein, in gewissem Sinne ja. Kein Unterschied besteht, wenn der göttliche Geist sich wegen seiner Vorsehung mitteilt ohne Vorbereitung des Individuums, das heißt, wenn er sich mitteilt, weil er diesen individuellen Menschen gesucht und erwählt hat. Ein großer Unterschied besteht jedoch, wenn er gesucht zu werden wünscht und dies erwartet, und sich sodann nach seinem Gutdünken finden lassen will. Auf diese Weise offenbart er sich nicht allen, da er sich nur jenen offenbaren kann, die ihn suchen. Deshalb heißt es: *Qui quaerunt me invenient me. (Wer mich sucht, der findet mich.)* und an anderer Stelle: *Qui sitit, veniat, et bibat. (Wer dürstet, komme und trinke).*

Minutolo: Man kann nicht leugnen, dass auf die zweite Weise das Erkennen in der Zeit erfolgt.

Severino: Du unterscheidest nicht zwischen der Vorbereitung auf das göttliche Licht und seinem Begreifen. Sicherlich leugne ich nicht, dass für die Vorbereitung Zeit, Nachdenken, Forschen und Mühen nötig sind, aber wie es heißt, dass die Erregung Zeit braucht, aber die Zeugung in einem Moment geschieht, wie wir Zeit benötigen, um ein Fenster zu öffnen, aber die Sonne im selben Augenblick hereinstrahlt, ebenso geschieht es auch hier.

Der v i e r t e Grund, der im nächsten Blinden sinnbildlich gezeigt wird, ist nicht wirklich würdelos, so wie jener, der auf der Gepflogenheit beruht, der falschen Meinung der Menge zu vertrauen, die weit entfernt ist von der Meinung der Philosophen, oder auf dem Studium populärer Philosophien, welche die Menge als umso wahrer einschätzt, je mehr sie sich auf die gewöhnliche Meinung berufen. Diese Gepflogenheit ist eines der größten und stärksten zu findenden Hindernisse. Denn – wie zum Beispiel Al-Ghazali und Averroes - ergeht es solchen ähnlich wie jenen, die von Kindheit und Jugend an gewohnt sind, Gift zu essen, das dadurch für sie zu einer süßen und geeigneten Nahrung wird. Andererseits verschmähen sie das wirklich Gute und Süße, das der menschlichen Natur entspricht.

Doch der vierte Grund der Blindheit ist von sehr edler Art, denn er beruht auf der Gewohnheit, das wahre Licht zu schauen, einer Gewohnheit, die bei der Menge, wie gesagt, nicht Einzug halten kann. Diese Blindheit ist heroisch und dieser leidenschaftliche Blinde kann auf edle Weise damit zufrieden sein, denn er kümmert sich genauso wenig darum, wie er in der Tat jedes andere Sehen verschmäht. Von der menschlichen Gemeinschaft erfleht er sich nur freien Durchgang und das Fortführen seiner Kontemplation, denn normalerweise leidet er unter Ränkespielen, und oft werden ihm tödliche Hindernisse in den Weg gestellt.

Die f ü n f t e Ursache wird im Sinnbild des fünften Blinden vorgestellt. Sie beruht auf der Unangemessenheit der Instrumente unseres Erkennens im Verhältnis zum zu erkennenden Ziel. Denn wenn wir für die Kontemplation über Göttliches die Augen öffnen wollen mit Hilfe von Symbolen, Gleichnissen und anderen Bildern, welche die Peripatetiker unter dem Namen Phantasmen zusammenfassten, wenn wir vom Sein zum Spekulieren über das Wesen, von der Wirkung zum Erkennen der Ursache gelangen wollen, so taugen diese Methoden so wenig zum Erlangen dieses Ziels, dass sie vielmehr für eine Erschwernis zu halten sind, wenn sie uns denn glauben lassen wollen, dass die höchste und tiefste Erkenntnis des Göttlichen auf der Verneinung und nicht auf der Bejahung beruhe, und dass die göttliche Schönheit und Güte nichts sei, was wir uns vorstellen können oder vorstellen könnten, sondern dass sie über jedes Maß hinaus unbegreiflich ist, am meisten jedoch in dem Zustand, der von den Philosophen *Spekulation über die Phantasmen* genannt wird, und von den Theologen *Visionen im Gleichnis, im Spiegel und im Geheimnis*. Sie zeigen in Wahrheit nicht die Wirklichkeit, die wahre Gestalt des Seienden oder das Wesen der Idee, sondern ihre Schatten, Abdrücke und Phantome. Wie jene, die sich in einer Höhle befinden, die von Geburt an dem Zugang des Lichts den Rücken zukehren und den Blick auf die hintere Wand gerichtet haben, sehen sie nicht das Wirkliche, sondern die Schatten dessen, was außerhalb der Höhle wirklich existiert. Doch um diesen unverstellten Blick, den er verlor, und von dem er weiß, dass er ihn verloren hat, klagt seine Spiritualität. Sie ist der Platons ähnlich oder übertrifft sie sogar, denn er sehnt sich danach, der Höhle zu entkommen und dorthin zu gelangen, wo er nicht im Widerschein, sondern in der *plötzlichen Verwandlung* sein Licht von neuem erblicken kann.

Minutolo: Ich denke, dieser Blinde weint nicht wegen der Erschwernis durch den widergespiegelten Anblick, sondern wegen jener, die durch das Medium verursacht wird, das sich zwischen seine Sehkraft und sein Ziel stellt.

Severino: Wie verschieden diese beiden Gründe auch bei der Wahrnehmung durch die Sinne und bei der Sicht der Augen sein mögen, so treffen sie doch beim Begreifen durch den Verstand oder das Bewusstsein in einem zusammen.

Minutolo: Ich denke, gelesen und verstanden zu haben, dass jedes Schauen ein Medium benötigt oder eher etwas, das zwischen der Sehfähigkeit und ihrem Ziel vermittelt. Denn wie das Sehen bewirkt wird, wenn das Abbild der Dinge durch das sich in der Luft ausbreitende Licht in gewisser Weise vom Gesehenen zum Sehenden gelangt, so gelangt auch im Bereich des Bewusstseins, wo die Sonne der tätigen Bewusstheit leuchtet, unser Bewusstsein durch das sich gestaltende geistige Bild, das gleich einem Medium aus dem Ziel hervortritt, zum Begreifen des Göttlichen oder Geringerem. Denn wie unsere Augen beim Sehen das Licht des Feuers oder des Goldes nicht in Wirklichkeit, sondern im Bild empfangen, so erkennt das Bewusstsein, auf welcher Stufe es sich auch befinden mag, die Gottheit nicht in ihrem Wesen - denn sonst gäbe es ebenso viele göttliche Wesen wie es bewusst Wahrnehmende gibt - sondern im Bildnis, in dem sie nicht konkret Götter, sondern daraus abgeleitet göttlich sind, so dass die Gottheit und die göttliche Schönheit als einzige über allem erhaben bestehen bleibt.

Severino: Gut erklärt, aber das bedeutet nicht, dass ich meine Worte widerrufe, denn ich habe nichts Gegenteiliges behauptet. Doch ich muss mich näher erklären und genauer ausdrücken. Zuerst will ich klären, dass die unmittelbare Schau, wie ich sie nenne und verstehe, weder diese Art des Mediums entfernt, welche das geistige Bild ist, noch jene, welche das Licht ist, sondern jene, die der Stärke und Dichte des durchsichtigen oder auch völlig undurchsichtigen Körpers im Zwischenraum entspricht. Denn wer durch mehr oder weniger trübes Wasser sieht, oder durch dunstige und neblige Luft, würde glauben, ohne jedes dazwischen liegende Medium wahrzunehmen, wenn er die Möglichkeit hätte, durch saubere, helle und klare Luft zu blicken. Dies alles wird sinnbildlich erklärt mit den Worten: *Von neuem durchdringen den dichten Wall.*

Aber kehren wir zu unserer hauptsächlichen Erörterung zurück: Der s e c h s t e Grund, der im Sinnbild des folgenden Blinden gezeigt wird, wurde von nichts anderem verursacht als von der Schwäche und Unstetigkeit des Körpers, der sich ständig verändert, verwandelt und umgestaltet. Sein Wirken muss den Bedingungen seiner Fähigkeit entsprechen, und die entspricht den Bedingungen seines Wesens und seines Seins. Wie glaubt ihr, sollen Unveränderbarkeit, Stetigkeit, das Sein, die Wahrheit von jenem begriffen werden, das immer wieder anderes ist, immer wieder auf andere Weise gestaltet wird und anderes auf andere Weise gestaltet? Welche Wahrheit, welches Bild könnte dort eingezeichnet und aufgenommen werden, wo die Pupillen der Augen zu Wasser werden, das Wasser zu Dampf, der Dampf zu Feuer, das Feuer zu Luft, und diese immer wieder zu anderem, so dass sich das wahrnehmende und begreifende Individuum im Rad der Veränderung unendlich weiterdreht?

Minutolo: Bewegung ist Veränderung. Was sich immer bewegt, ist immer wieder anderes, verhält sich immer wieder anders und wirkt immer wieder anderes auf andere Weise, denn das Verstehen und Fühlen folgen der Seinsweise und den Bedingungen des Individuums. Was immer wieder anderes ist, sieht auf immer wieder andere Weise, und muss deshalb tatsächlich erblinden für jene Schönheit, die immer auf eine einzige Weise eine einzige ist, welche die Einheit, das Wesen und das sich Gleichbleibende selbst ist.

Severino: So ist es.

Der s i e b t e Grund ist sinnbildlich im Fühlen des siebten Blinden enthalten. Er entsteht aus dem Feuer der Emotionen, durch das manche kraftlos und unfähig werden, das Wahre zu begreifen, weil die Emotionen das Bewusstsein vorwegnehmen. Es sind jene, die lieben bevor sie verstehen, und deshalb sehen sie alles in der Farbe ihres Gefühls. Wer deshalb das Wahre auf dem Weg der Kontemplation begreifen will, muss auf die äußerste Reinhaltung seines Denkens achten.

Minutolo: Wahrlich zeigt sich, wie unterschiedlich die Denker und Forscher sind. Der Fortschritt der einen beruht - entsprechend dem Inhalt ihrer wichtigsten und grundlegenden Lehren - auf Zahlen, der anderer auf Figuren, auf dem Einsetzen und Auflösen der Ordnung, auf der Zusammensetzung und Teilung, auf der Trennung und Sammlung, auf Fragen und Zweifeln, auf der Diskussion und Definition, auf der Interpretation und Entzifferung von Sprachen, Wörtern und Dialekten. Deshalb gibt es Philosophen, die sich Mathematiker, Metaphysiker, Logiker oder Grammatiker nennen. Ebenso gibt es unterschiedliche kontemplative Denker, die sich mit unterschiedlichen emotionalen Vorlieben dem Studium widmen und die niedergeschriebenen Lehren ihren Wünschen entsprechend interpretieren. Dies geht so weit, dass dasselbe Licht der Wahrheit, das in ein und demselben Buch mit denselben Worten ausgedrückt wird, den Zielen vieler verschiedener und gegensätzlicher Ideologien dienstbar gemacht wird.

Severino: Dies zeigt, dass die Emotionen sehr wirksam das Begreifen des Wahren unterbinden können. Trotzdem kann es keiner bemerken, wenn er darunter leidet, wie ein törichter Kranker behauptete, nicht sein gestörtes Geschmacksempfinden, sondern die Speise sei die Ursache für den bitteren Geschmack. Diese Art von Blindheit ist bei jenen festzustellen, deren Augen ihrer Natur beraubt sind, weil ihnen vom Herzen etwas eingraviert und geschickt wurde, das nicht nur die Wahrnehmung, sondern auch alle anderen Seelenkräfte beeinträchtigen kann, wie diese Allegorie zeigt.

Das Sinnbild des a c h t e n Blinden zeigt, dass ein erhabenes geistiges Bild das Bewusstsein ebenso blendet, wie vorher das herrliche sichtbare Bild die Wahrnehmung zerrüttete. Wer Zeus in all seiner Majestät erblickt, verliert das Leben und somit auch seine Sinne, und wer zur Höhe blickt, wird zuweilen von ihrer Hoheit überwältigt. Wer darüber hinaus das göttliche Bild durchdringt, den durchschlägt es wie ein Pfeil. Deshalb sagen die Theologen, das Wort Gottes sei durchdringender als die Spitze eines Schwertes oder eines Dolchs. Dies ist der Ursprung für die Bildung und die Einprägung einer eigenen Spur, über die keine andere eingeprägt oder eingraviert werden kann. Da ihre Form dort festgelegt wurde, kann keine andersartige oder neue sie ersetzen, ohne dass sie weicht, so dass man folglich sagen kann, dass er nicht mehr fähig ist, eine andere aufzunehmen, solange sie diese Stelle innehat und jede andere auf Grund ihrer Überlegenheit verdrängt.

Der n e u n t e Grund wird im neunten Blinden betrachtet, der wegen mangelndem Selbstvertrauen und spiritueller Mutlosigkeit erblindete, die in Wahrheit von der Größe der Liebe verursacht und gelenkt wird, denn er fürchtet, mit seiner Kühnheit zu beleidigen. So heißt es im Hohen Lied: *Averte oculos tuos a me, quia ipsi me avolare fecere. (Wende deine Augen von mir, denn sie machen, dass ich forteile!)* Und so unterdrückt er sein Augenlicht, um jenes nicht zu sehen, was er am meisten begehrt und dessen Anblick er am meisten zu genießen wünscht, und so zügelt er seine Zunge, um nicht mit jenem zu sprechen, mit dem er am liebsten sprechen würde, aus Angst, ein ungebührlicher Blick oder ein unpassendes Wort könnte ihn auf irgendeine Weise erniedrigen und beschämen. Dies pflegt aus dem Begreifen hervorzukommen, dass die Erhabenheit des Ziels seine Fähigkeit und sein Potenzial weit übersteigt. Deshalb sagen die tiefgründigsten und göttlichsten Theologen, dass Gott mehr durch Schweigen als durch Worte verehrt und geliebt werde, wie man auch mehr sehe im Schließen der Augen vor dem Sichtbaren als im Öffnen. Deshalb ist die negative Theologie des Pythagoras und des Dionysius weit berühmter als die darstellende des Aristoteles und der scholastischen Gelehrten.

Minutolo: Lass uns gehen und unterwegs weiter debattieren.

Severino: Wie du willst.

Ende des vierten Dialogs.

Fünfter Dialog

Es sprechen: Laodamia, Giulia

Laodamia: Ein andermal, oh Schwester, wirst du begreifen, was all die Erfahrungen dieser neun Blinden bedeuten. Anfangs waren es neun schöne der Liebe verfallene Jünglinge, die so entflammt waren für den Liebreiz deines Anblicks, doch ohne Hoffnung, die ersehnte Frucht der Liebe zu pflücken, dass sie fürchteten, diese Verzweiflung würde sie in den endgültigen Untergang treiben. So verließen sie die glückliche Erde Kampaniens, und obwohl sie anfangs Rivalen waren, schlossen sie sich nun zusammen und schworen bei deiner Schönheit, einander nie zu verlassen, solange sie nicht alles nur Erdenkliche versucht hätten, etwas Schöneres oder zumindest gleich Schönes wie dich zu finden, jedoch erfüllt von jener Huld und jenem Mitleid, die sie in deinem mit Sprödigkeit bewaffneten Busen nicht entdecken konnten. Dies, so glaubten sie, sei das einzige Heilmittel, das sie von diesem quälenden Joch befreien könne. Am dritten Tag nachdem sie sich mit einem Fest verabschiedet hatten, kamen sie in die Nähe des kirkeischen Berges und spürten den Wunsch, sich die alten Grotten und Heiligtümer der Göttin anzusehen. Als sie dort ankamen, fühlten sich alle inspiriert von der Majestät des abgeschiedenen Orts, den windumbrausten, hochragenden und verwitterten Klippen, der Brandung der Meereswogen, die sich in ihren Klüften brach, und von vielen anderen jahreszeitlichen Schönheiten der Landschaft. Der Kühnste unter ihnen - ich sage dir noch welcher - sprach folgende Worte: "Oh, wenn es doch dem Himmel gefallen möge, dass sich heute wie in anderen, glücklicheren Zeiten die sagenumwobene Circe zeige, die mit Kräutern, Steinen, Giften und Magie der Natur Zügel anzulegen vermochte. Wie grausam sie auch gewesen sein mag, so glaube ich doch, dass sie sich unseres Unglücks erbarmen würde. Unser Flehen und Klagen würden sie sicher erweichen und dazu bewegen, uns entweder ein Heilmittel zu geben oder uns zu helfen, wahrlich süße Rache an unserer grausamen Feindin zu nehmen." Kaum hatte er diese Worte gesprochen, zeigte sich für alle sichtbar ein Palast, der, obwohl er alle Zeichen menschlicher Handwerkskunst aufwies, doch leicht erkennbar weder von menschlicher Hand noch von der Natur errichtet worden war. Wie er aussah, beschreibe ich dir ein andermal. Überwältigt von diesem großen Wunder und bewegt von der Hoffnung, dass eine gnädige Gottheit, die ihnen dies vor Augen gestellt hatte, ihr Schicksal ändern wolle, sprachen sie mit einer Stimme, dass ihnen nichts Schlimmeres zustoßen könne als der Tod, den sie für ein geringeres Übel hielten als das Leben mit einem so großen Liebesleiden. Als sie dort eintraten, war weder eine Türe für sie verschlossen, noch gab es einen Pförtner, der von ihnen eine Erklärung forderte. Endlich fanden sie sich wieder in einem reichen und prachtvollen Saal, wo mit königlicher Majestät - vergleichbar jener, in der Phaeton Apollo vorfand - sich ihnen jene zeigte, von der man sagt, dass sie seine Tochter sei. Als sie erschien, verblassten die Bilder aller anderen Götter, die ihr dienten. Mit huldvollem Blick von ihr willkommen geheißen näherten sie sich, beugten überwältigt vom Glanz ihrer Majestät die Knie zur Erde, und legten der Göttin gemeinsam, und doch jeder mit seinen ganz eigenen Worten, ihre Bitten dar. Schließlich wurden sie von ihr dazu verurteilt, für einen Zeitraum von zehn Jahren als Blinde umherirrend, unglücklich und mühsam alle Meere zu überqueren, alle Flüsse zu überschreiten, alle Gebirge zu übersteigen, alle Ebenen zu durchwandern, bis sie zu guter Letzt das milde Klima des britannischen Eilands erreichten, um den schönen und anmutigen Nymphen, den Töchtern des Themsestroms, zu begegnen. Nachdem sie ihre gebührende Bescheidenheit bekundet hatten, wurden sie dort mit ehrlicher Freundlichkeit willkommen geheißen, und einer von ihnen, ihr Sprecher, der ein andermal genannt werden soll, berichtete mit trauriger und seufzender Stimme von ihrem gemeinsamen Schicksal in folgender Form:

======

Wir, die mit versiegelter Urne, edle Frauen,
Hier erscheinen mit todeswundem Herz,
Nicht der Natur entstammt dies Grauen.
Nein, es ist eines harten Schicksals Scherz.
Lebendig tot wir eingekerkert sind,
Denn jeder einzelne von uns ist blind.

Wir sind neun Seelen, die in vielen Jahren
Suchten Erkenntnis und Wissen zu erfahren,
Durchquerten viele Länder auf vielen Wegen,
Und wanderten einem harten Los entgegen.
Wenn ihr es hören wollt, ihr werdet sagen,
"Oh Tapfere, welch Liebesleid habt ihr ertragen!"

Ruchlose Circe, die prahlt, das Töchterlein
Des schönen Sonnengotts zu sein,
Begrüßte uns nach langer Wanderschaft,
Öffnete eine gewisse Vase sogleich,
Versprühte das Nass aus ihrem Reich,
Und band uns an ihre magische Kraft.

Wir warteten in ruhigem Schweigen,
Auf die Wunder, die ihr Tun wird zeigen,
Bis sie sprach: "Ihr Elenden in eurer Pein,
Völlig blind sollt ihr fortan nun sein!
Nehmt denn diese Frucht,
Die findet, wer zu weit oben sucht!"

"Tochter und Mutter des Schreckens und der Nacht",
- Sagte jeder, der plötzlich blind gemacht -
"Warum bist du nur so gnadenlos
Mit uns'rem Liebesleid und uns'rem harten Los?
Wir kamen zu dir mit uns'rem Schmerz
Und wollten dir sorglos weih'n unser Herz."

Doch nachdem wir zügelten die erste Wut,
Beruhigte sich unser kochendes Blut.
Für sein hartes Los blieb jeder bereit,
Und die Wut wich dem neuen Leid.
Wir flehten, sie möge Mitleid gewähren,
Und weinten viele bittere Zähren.

"Oh edle Magierin, wenn es dir denn gefällt,
Wenn das Streben nach Ruhm dein Herz besticht,
So bitten wir, dass es nicht an Gnade gebricht,
Damit unsere Qual ein wenig Mitleid enthält,
Und heile mit deiner Magierkunde,
Die unserem Herzen zugefügte Wunde!

Wenn, edle Zauberin, deine schöne Hand
Hier uns nicht allzu lange bannt,
Damit keinen von uns der Tod ereilt,
Bevor deine Zauberkunst uns hat geheilt,
Können wir, Magierin, sodann erzählen,
Sie erfreute mehr, als sie konnte quälen."

So sprach sie denn: "Oh, was seid ihr kurios!
Nehmt eine andere Urne denn für euer Los,
Deren Siegel ich selbst nicht lösen kann!
Weit und breit auf allen Stegen
Geht und durchstreift die Welt sodann!
In allen Ländern sucht auf euren Wegen!

Denn das Schicksal will, dass nur der Hand
Von hoher Weisheit und edlem Geist,
Die Keuschheit mit Schönheit verband,
Diese Schicksalsurne darf offen sein.
Anderes Streben sich als nutzlos erweist,
Um für den Himmel diesen Trank zu befrei'n.

Doch wenn besprüht die schöne Hand,
Wer auch immer bei ihr Heilung fand,
Kann die göttlichen Kräfte erfahren,
So dass als herrliche Freude gefällt,
Was erst grausame Schmerzen waren,
Und ihr seht die zwei schönsten Sterne dieser Welt.

Indessen mögen einige sich nicht beklagen
Über die tiefe Dunkelheit an so vielen Tagen,
Die mit Finsternis das Firmament bezwangen.
Denn um ein solch edles Gut zu empfangen,
Genügt keine noch so große Pein,
Um würdig für seinen Empfang zu sein.

Für das, zu dem die Blindheit eure Schritte lenkt,
Müsst ihr alle anderen Güter verachten
Und alle Qualen als Genuss betrachten.
Denn wer den Blick zu richten gedenkt
Auf dieser unvergleichlichen Schönheit Licht,
Benötigt anderen Glanz und Strahlen nicht."

Ach, allzu lange mussten diese müden Knochen schon
Alle Länder dieses Erdenrunds durchstreifen,
Denn endlich müssen wir begreifen,
Die schlaue Bestie hat zu unserm Hohn
Mit falscher Hoffnung uns belogen,
Und die Brust mit ihrer Schmeichelei betrogen.

Spät, doch schließlich haben wir Elenden bemerkt,
Dass diese Magierin nur unsere Not verstärkt,
Uns verspottet und verlängert unsere Pein,
Denn sie glaubt gewiss, es müsse unmöglich sein,
Dass mit solchen Gaben eine Frau
Zu finden ist unter des Himmels Blau.

Wenn auch all unser Hoffen vergeblich ist,
Fügen wir uns frohen Mutes in unser Los.
Woll'n nie entflieh'n Schmerz und Entbehren,
Niemals zögern auf unseres Weges Frist,
Und wenn auch bang und müde bloß
Das ganze Leben uns verzehren.

Ihr schönen Nymphen, die ihr wohnt
An der lieblichen Themse grünem Strand,
Es ist keine Schande, die euch belohnt,
Wenn auch euch nicht gelingt,
Zu enthüllen mit eurer zarten Hand,
Das Los, das diese Urne bringt.

Wer weiß? Vielleicht dass an diesem Strand,
Wo sich zeigt, dass des Flusses Band
Mit seinen Nereiden sich so schnell
Von unten wieder nach oben windet,
Um zurückzufließen zu seinem Quell'
Der Himmel will, dass sie sich findet.

======

Da nahm eine der Nymphen das Gefäß in die Hand und ohne selbst einen Versuch zu wagen, reichte sie das Gefäß weiter von einer zur anderen, ohne dass eine den ersten Versuch wagte. Nachdem es von allen nur betrachtet worden war, stimmten alle gemeinsam darin überein, es mit Ehrfurcht und Demut einer einzigen zu überreichen. Diese schließlich nahm es, nicht so sehr aus Sorge um ihren Ruhm, sondern aus Mitleid und dem Wunsch, diesen Unglücklichen zu helfen. Während sie noch zweifelte und zögerte, öffnete sich das Gefäß unwillkürlich wie von selbst. Wie soll ich dir schildern, wie groß und überschwänglich der Beifall der anderen Nymphen war? Noch weniger dürft ihr erwarten, dass ich dir den Freudenrausch der neun Blinden zeigen kann, die sich, sobald sie hörten, dass die Vase geöffnet wurde, mit dem ersehnten Wasser besprengt sahen, die Augen öffneten, die beiden Sonnen erblickten und nun eine doppelte Freude genossen: Das eine, das verlorene Licht wieder erlangt zu haben, das andere von neuem entdeckt zu haben, was alleine ihnen auf Erden ein Bild des höchsten Gutes zeigen kann? Wie, sage ich, könnte ich euch die Freude und den

Jubel der Stimmen, der Spiritualität und der Körper wiedergeben, die sie sich selbst alle zusammen nicht erklären konnten? Für eine Weile zeigten sie sich als ekstatische Bacchanten, wie jene, die sich im Traum wähnen, und sie schauten drein wie jene, die nicht glauben, was ihnen offen vor Augen steht, bis sich irgendwann der Sturm der Leidenschaft beruhigte, und sie sich zum Reigentanz in Form eines Rades anordneten:

======

Der erste sang und spielte die Gitarre mit diesem Lied:

Oh Felsen, Schluchten, Dornen, Dickicht und Gestein!
Oh Berge, Wälder, Täler, Ströme, Meeresflut!
Wie zeigt ihr euch so herrlich und so klar.
Mit eurer Huld und eurem Gut
Macht ihr den Himmel offenbar.
Oh, selig sollen unsere Wege sein!

Der zweite spielte und sang mit der Mandoline:

Oh, selig sollen unsere Wege sein!
Oh Göttin Circe, wundervolle Pein.
Herrlich, göttlich, huldvoll waren
Die Qualen in all den Monden, Jahren,
Die zu diesem Ziel geleit
Nach so viel Mühe, so viel Leid.

Der dritte spielte und sang mit der Leier:

Nach so viel Mühe, so viel Leid.
Wenn solchen Hafen der Sturm verspricht,
Bleibt nichts weiter, nichts zu tun bereit,
Als dem Himmel dafür zu danken,
Dass die Augen in den Schatten sanken,
Um zuletzt zu zeigen ein solches Licht.

Der vierte sang zur Violine:

Um zuletzt zu zeigen ein solches Licht.
Diese Blindheit ist erhab'ner als jede Sicht.
Diese Mühen sind süßer als jede Wonne.
Denn dieses herrlichsten Lichtes Sonne
Wurde zur Führung auserkoren,
So dass Geringeres der Seele ging verloren.

Der fünfte sang mit der Pauke:

So dass Geringeres der Seele ging verloren.
Hohe Gedanken aus süßer Hoffnung geboren
Spornten an zu dem einzigen Pfad,
Auf dem für uns zu Tage trat
Die herrlichste Schöpfung aus Gottes Schoß,
Und es zeigte sich gütig unser Los.

Der sechste sang mit der Laute:

Und es zeigte sich gütig unser Los.
Damit nicht folge Glück auf Glückliches bloß,
Pein nicht hat neue Pein überbracht.
Ständig soll das Rad sich drehen,
Nach oben und nach unten gehen,
Wie der Wechsel von Tag und Nacht.

Der siebte mit der Harfe:

Wie der Wechsel von Tag und Nacht.
Wie unter dem nächtlichen Sternenzelt
Die Farben des flammenden Tages vergehen.
Wie jener, der lenkt mit seiner Macht,
Und dem ewigen Gebot dieser Welt,
Lässt was unten oben und was oben unten stehen.

Der achte mit Geige und Bogen

Lässt was unten oben und was oben unten stehen.
Wer dieses unendliche Werk bewahrt,
Wird es schnell, mittel oder langsam drehen,
Auf dass er im ewigen Kreisen erlasse
In dieser unermesslichen Masse,
Wie viel sich verhüllt, und was sich offenbart.

Der neunte mit der Kleingeige

Wie viel sich verhüllt, und was sich offenbart.
Denn er mindert nicht, sondern stärkt die Macht
Des einzigartigen Ziels aller Pein.
Es ist im Gebirge und auf den Feldern verwahrt,
In der Seen, Flüsse, Meere, Wälder Pracht,
In Felsen, Schluchten, Dornen, Dickicht und Gestein.

======

Nachdem nun jeder von ihnen sein besonderes Instrument gespielt und seine Sextine gesungen hatte, tanzten sie alle gemeinsam im Kreis und stimmten zum Lob der einzigen Nymphe mit wohltönender Harmonie eine Kanzone an, von der ich nicht weiß, ob ich sie sehr gut im Gedächtnis behalten habe.

Giulia: Lass mich bitte hören, Schwester, woran du dich noch erinnern kannst!

Laodamia:

======

Der Gesang der Erleuchteten

"Nicht länger neid' ich dir, oh Zeus, das Himmelszelt",
Hat Vater Ozean mit hochgezog'ner Braue ihm bestellt,
"Weil mich so sehr beglückt,
Was mein eigenes Reich hold ziert und schmückt."

Antwortet Zeus: "Was soll die Arroganz?
Was erhöhte deines Reiches Glanz?
Du Gott der wilden Wellen!
Welch dreister Mut lässt deine Brust dir schwellen?"

"Du hast", sagte der Meeresgott, "in deinem Teil der Welt
Das flammende Himmelszelt
Und den großen Bereich, der dem Feuer zugeteilt,
Durch den die machtvolle Schar der Planeten eilt.

Unter diesen preist jeder der Sonne glühende Pracht,
Die, so denke ich, nicht so hell strahlt und gefällt,
Wie sie, die mich nun macht
zum herrlichsten Gott dieser großen Welt.

Unter anderem meine tiefe Brust umschließt
Dieses Land, wo die schöne Themse fließt,
Wo der lieblichste Chor verweilt
Der strahlendsten Nymphen weit und breit.

Unter diesen besitze ich eine inmitten all der Schönen,
durch die den Ozean du mehr als den Himmel wirst lieben,
Du, Zeus, du Donnergott mit deinem Dröhnen,
dem unter den Sternen nur der Sonne Glanz geblieben!"

Zeus antwortet: "Oh Gott des Meeres und der Fluten Reich,
Dass ein anderer mehr Glück besitzt als ich in meinem Licht,
Erlaubt das Schicksal nicht.
So seien denn meine Güter deinen gleich!

Es soll bei dir die Sonne mit deinen Nymphen sich vergleichen,
Und kraft des immerwährenden Gebotes soll stattdessen
Jene im Wechsel hier in meinen Bereichen
Als Sonne sich mit meinen Sternen messen."

======

Ich denke, ich habe alles vollständig wiedergegeben.

Giulia: Das entnehme ich daraus, dass kein Satz fehlt, der zur Vollendung des Sinns, und kein Reim, der zur Abrundung der Strophen nötig wäre. Doch ich, da der Himmel es mir vergönnte schön zu sein, glaube, dass mir noch größere Gnade und Gunst gewährt wurde. Denn wie groß auch meine Schönheit sein mag, ist sie doch der Wegweiser, jene einzige und göttliche Schönheit zu finden. Darum danke ich den Göttern, dass zu jener Zeit, als ich noch zu jung war, um die Glut der Liebe in meiner Brust zu fühlen, sie meine ebenso spröde wie einfache und unschuldige Hartherzigkeit als Instrument benutzten, meinen Liebenden eine unvergleichlich größere Gunst zu gewähren, als sie ihnen eine noch so große Freundlichkeit von mir hätte geben können.

Laodamia: Ich versichere dir, dass die Gemüter der Liebenden, die der Zauberin Circe dankbar sind für die dunkle Blindheit, die quälenden Gedanken und die harte Fron, durch die sie ein so großes Gut erlangen konnten, für dich gewiss nicht weniger Dank empfinden.

Giulia: Das wünsche und hoffe ich.

**Ende des zweiten und letzten Teils
der heroischen Leidenschaft.**